普通高等学校体育教育专业主干课教材
全国高等学校体育教学指导委员会审定

体育保健学

Tiyu Baojian Xue

（第六版）

主编　赵　斌　张　钧　刘晓莉

高等教育出版社·北京

图书在版编目（CIP）数据

体育保健学／赵斌，张钧，刘晓莉主编. -- 6 版
. -- 北京 ：高等教育出版社，2018.9（2025.5 重印）
ISBN 978－7－04－050488－0

Ⅰ．①体… Ⅱ．①赵… ②张… ③刘… Ⅲ．①体育保
健学-高等学校-教材 Ⅳ．①G804.3

中国版本图书馆 CIP 数据核字（2018）第 203863 号

策划编辑 范 峰	责任编辑 王 曼	封面设计 张 志	版式设计 童 丹
责任校对 刘丽娴	责任印制 张益豪		

出版发行	高等教育出版社	网 址	http://www.hep.edu.cn
社 址	北京市西城区德外大街 4 号		http://www.hep.com.cn
邮政编码	100120	网上订购	http://www.hepmall.com.cn
印 刷	三河市宏图印务有限公司		http://www.hepmall.com
开 本	787mm × 960mm 1/16		http://www.hepmall.cn
印 张	19.25	版 次	1986 年 7 月第 1 版
字 数	340 千字		2018 年 9 月第 6 版
购书热线	010-58581118	印 次	2025 年 5 月第 19 次印刷
咨询电话	400-810-0598	定 价	39.60 元

本书如有缺页、倒页、脱页等质量问题，请到所购图书销售部门联系调换
版权所有 侵权必究
物料号 50488-00

编委会

前言

党的二十大报告指出"加强教材建设和管理",表明了教材是国家事权,凸显了教材工作在党和国家事业发展全局中的重要地位。

本版教材是在健康中国建设和"体医融合"的大背景下,根据《普通高等学校本科专业类教学质量国家标准》和《普通高等学校体育教育本科专业各类主干课程教学指导纲要》对体育类本科专业人才培养的最新要求和当前的教学需要编写的。本次修订借鉴了第四版和第五版教材成熟的框架体系,进一步梳理了"体育保健学"学科的基本理论和基础知识。

本教材由赵斌教授总体设计和规划,张钧教授和刘晓莉教授对教材内容进行了把关。在编写过程中,编写组召开了多次编写会议,就本版教材的指导思想、框架体系、体例格式、创新与特色等进行了深入研讨。在教材总体思路上,按照"强基础、宽口径、重实践、强能力、提素质"的人才培养要求,强调教材在育人育才中的基本载体作用;在教材编写原则上,按照新时代教材建设的总体要求,努力体现思想性、科学性、系统性、时代性和实用性;在教材内容设计上,强调知识传授、能力培养、价值引领三个方面的统一,突出教材的实用性,强化学校体育和大众体育的内容。本教材可作为体育教育专业本科生的教学用书,也可作为高校教师、中小学体育教师、教练员以及社会体育指导员的参考用书。

本教材由河北师范大学赵斌教授、上海师范大学张钧教授和北京师范大学刘晓莉教授担任主编,首都体育学院荣湘江副教授、华南师范大学杨忠伟教授担任副主编。编写组成员都是有着多年"体育保健学"教学经验的教师,具体分工为:赵斌、刘晓莉(绪论),张钧、杨忠伟(第一章),刘玉倩(第二章),黄丽敏、刘丰彬(第三章),张钧(第四章),杨忠伟、杨艳(第五章),刘晓莉、陈巍(第六章),赵斌、田惠林(第七章),姚鸿恩(第八章),荣湘江、卢红梅(第九章)。全书最后由赵斌、张钧、刘晓莉、荣湘江和杨忠伟统稿。焦伟伟对全书进行最终校对。

在本教材的修订过程中，得到了高等教育出版社体育分社范峰社长和王曼编辑的悉心指导，教材秘书焦伟伟老师做了大量工作。在此，对上述各位教授、专家及老师表示衷心的感谢！

限于专业水平有限，教材中必有不妥与疏漏之处，敬请读者不吝指正。

编 者

2023 年 5 月

目录

绪论

体育不仅可以强身健体、娱乐身心，还可以扬国威、振人心。随着《"健康中国 2030"规划纲要》的颁布和实施，体育作为建设健康中国的重要组成部分，在提高人们身体素质和健康水平，促进人的全面发展，丰富人民精神文化生活，激励人民弘扬追求卓越、突破自我的精神等方面都起着十分重要的作用。但是，体育运动对人体健康也是一把"双刃剑"，轻则达不到锻炼效果，重则会出现运动性伤病，只有通过科学的理论指导并进行适宜的运动锻炼才能达到预期的目标。"体育保健学"正是指导全民进行科学运动的利器。学习这门课程的意义在于：减少体育运动中伤害事故及不适症状的发生，为"健康中国"及全民健康推波助澜，为"大健康"与体医结合增砖添瓦，为群众体育和学校体育保驾护航，彰显"运动是良药""运动是良医"的健身效果。

一、体育保健学的概念

体育保健学是研究人体在体育运动过程中保健规律与措施的一门综合性应用科学。它是伴随着体育运动的发展并在体育运动与医疗保健相结合的进程中逐渐发展起来的一门边缘交叉科学。体育保健学是从卫生保健学的角度去研究不同的体育运动形式与环境对人体带来的不同影响以及人体对体育运动所表现出来的反应与适应，以此来寻找出最符合于个体生理状况的体育运动形式，以增进人体健康，增强体质和提高运动能力。同时，体育保健学还强调将体育运动作为防病治病的一种手段和方法，解决和处理慢性疾病或身体残障性病症，以促进人们身体健康，更好地生活和工作。

体育保健学要研究人体对运动的反应和适应，就必须在认识人体机能活动基本规律的基础上，掌握不同年龄、性别，不同健康状况和不同运动训练水平人群的解剖、生理特点，探讨体育运动对人体结构、机能、素质发展变化的影响。这就需要研究者具备坚实的运动人体科学专业各学科基本理论与知识；在体育教育、运动训练、竞赛的医务监督工作中，在运动创伤的预防、诊治、急救和运动伤病的鉴别、诊断、处理以及运动员伤病的体育康复等实践工作中，具备有一定的预防医学、临床医学、康复医学的基本理论知识与技能。因此，体育保健学不但涵盖了运动人体科学专业各基础理论学科的知识，又涉足了三个医学的研究领域，充分体现了"体医结合"的时代特征及其实践应用性。

综上所述，体育保健学的研究领域广阔，具有多学科集成、协作和实践性强的特点，这就决定了它是一门综合性的应用科学。

二、体育保健学的目的与任务

体育保健学的目的是为体育运动提供保健的措施与方法，最大限度地减少运动过程中的伤害事故，增进体育运动参与者的健康。

体育保健学的主要任务是运用运动人体科学、卫生学、保健学和有关临床医学等领域的基本知识和技能，研究体育运动参与者的身体发育、健康状况和运动训练水平，为科学合理地安排体育教学、运动训练与竞赛提供科学依据，并给予医务监督和指导；研究影响体育运动参与者身心健康的各种外界环境因素，并采取相应的体育卫生措施；研究常见运动伤病的发生、发展规律，伤病后的训练及常见病的体育康复，制订并实施科学的防治措施和伤病康复的手段和方法，以达到维护和促进体育运动参与者身心健康及提高运动成绩的目的。

三、体育保健学的内容

体育保健学的内容包括体育卫生、医务监督、运动创伤与防治以及运动康复4个部分。体育卫生的内容包括健康促进、运动与环境、运动与营养以及不同年龄、性别人群的体育卫生。医务监督的内容包括体育教育、运动训练的医务监督和运动与运动性病症。近年来，随着运动技术水平的不断提高，医学科学和电子技术、超微量分析技术迅速发展，研究的视野已进入分子水平，医务监督的研究范围和工作领域也正向着更为广泛、深入的领域扩展。运动创伤与防治的内容包括运动损伤的急救、运动损伤的预防、运动损伤的处理、常见的运动损伤、按摩，主要是研究运动创伤的病因、机制、诊断、病理、处理、治疗与预防，运动创伤急救的方法与技术等。运动康复的内容包括运动康复的原则与方法、常见慢性病的运动疗法，研究医疗体育理论与实践、运动处方及常用中国传统体育养生方法等。

四、学习体育保健学的意义

学习体育保健学的意义主要有：了解体育保健知识，促进青少年生长发育，提高健康水平；学习体育保健理论与方法，为学校体育及大众健身提供理论依据与安全保障；掌握处理运动伤害方面的技术技能，解决运动引起的各种伤病。

五、体育保健学的发展简史

我国体育保健学课程建立于 20 世纪 80 年代初期。尽管在 20 世纪 50 年代后期，我国一些医学院和体育院校开设了"运动保健"课程，但在"文化大革命"时期，"运动保健"课程也被"三合一"（运动解剖学、运动生理学、运动保健学）的"运动生理卫生"课程所取代。"文化大革命"之后，百废待兴，全国高等院校体育专业均开设了"运动医学"课程。20 世纪 80 年代初期，教育部对全国普通高等学校体育教育（本科）专业教学计划进行全面修订时，考虑到"运动医学"课程的主要任务是研究在竞技体育领域中与运动训练、竞赛有关的医学问题，是为运动训练专业培养高水平教练员、运动员服务的，而体育教育专业的主要任务是培养合格的中等学校体育师资，即培养群众体育、学校体育方面的高级体育人才，因此，根据专业教学计划在课程设置上应紧密围绕培养目标的总体要求，在体育教育（本科）专业的教学计划中终止了"运动医学"课程，新开设了符合人才培养需要的"体育保健学"课程。

在新历史时期的呼唤下，体育保健学这门新兴学科诞生了。20 世纪 80 年代初期，由浙江大学、扬州大学、首都体育学院、福建师范大学、东北师范大学的学科教师在广泛调研，认真、反复讨论的基础上，于 1984 年制订了第一部《体育保健学教学大纲》，从此确立了"体育保健学"的学科体系；1987 年，由高等教育出版社出版了全国体育教育（本科）专业的全国通用教材《体育保健学》（第一版）。1997 年、2001 年和 2006 年，高等教育出版社又相继出版了《体育保健学》第二、第三、第四版教材。时至今日，在高等体育教育新一轮的改革大潮中，随着《普通高等学校本科专业类教学质量国家标准》的颁布与实施，在其指导下，《体育保健学》（第六版）通用教材也已面世。至此，标志着体育保健学与其他相关学科一样，逐步走向成熟。

鉴于学科发展的需要，1985 年由 60 余所高等院校的学科教师代表参加组成了"全国体育保健学研究会"。1997 年，该"研究会"进入中国康复医学会，改名为"中国康复医学会康复体育保健专业委员会"，并决定每年召开一次学术会议。在该学会一年一度的学术论文报告会上，相关学者对具有较高水平的教学研究，科学研究方面成果进行相互交流，有力地促进了体育保健学学科的发展和学术繁荣。2012 年，根据学会发展需要，原专业委员会更名为"中国康复医学会体育保健康复专业委员会"，该学会成为体育保健学课程和运动康复专业教师的一个极好的学术交流平台。

体育保健学与运动医学二者在学科上有着相似的体系，但它们的研究对象、内容与任务却又各有侧重。体育保健学属于群众体育研究的范畴，是为推动全民健身计划纲要的实施服务的，而运动医学则属于竞技体育研究的范畴，是为促进奥运争光战略服务的。伴随着 2008 年北京奥运会的成功举办，中等学校传统体育运动项目的蓬勃开展，高等学校高水平运动队的健康发展以及为促进我国体育改革与发展所提出的"素质教育""健康第一""终身体育"等新的教育理念的形成与发展，自然会赋予体育保健学以更新的研究课题和内容。

六、体育保健学的学习要求

（1）学习体育保健学必须坚持辩证唯物主义的思想、观点和方法。为此，要做到以下几个方面：

正确认识人体结构与机能之间的辩证关系。结构与机能两者之间相互依存、相互制约，结构决定功能，而功能的运用也会对结构产生影响。

正确认识机体局部与整体之间的辩证关系。人体是由各器官、系统组成的一个统一的不可分割的有机整体，各部位既相互联系又相互影响。体育运动就是人体各器官、系统协调配合共同完成的身体活动，这一观点在运动性伤病与医务监督、身体机能评定等问题的研究中得到了深刻的反映。

正确认识机体与外环境的辩证关系。"健康"这一概念的生理学解释应是人体内外环境的高度平衡与统一。世间一切事物的平衡、统一都是相对的，不平衡是绝对的。在体育保健学研究中，要遵循这一客观规律，积极运用各种科学的方法和手段，不断利用环境，改善运动环境，同时调动机体去积极适应外界环境变化和运动负荷对人体的作用，使之从事科学、合理的体育运动，达到促进身体生长发育、增强体质、增进健康、提高运动水平的目的。

正确认识机体先天与后天的辩证关系。俄国著名生理学家巴甫洛夫曾经说过："人是先天与后天的合金。"在优秀竞技体育人才的培养过程中，个人运动能力的先天遗传优势无疑是其成才的首要条件，这一点在运动员科学选材的研究与实践中已得到充分体现。但后天的科学系统训练也是运动员成才的必备条件，一个具有优秀先天运动才能的人，倘若没有接受过系统的运动训练或训练不合理、不刻苦，也不可能成为一名优秀的运动员。

（2）学习体育保健学要掌握运动生命科学的基础理论知识，如运动解剖学、运动生理学、运动生物化学、运动生物力学等。这些学科都是构成体育保健学的基础。无论是学习医务监督，还是运动创伤，都需要这些基础理论知识来支撑。例如，研究运动机能评定，应熟悉运动生理学和运动生物化学知识；研究运动创伤，要了解运动解剖学和运动生物力学知识。体育保健学就是运用这些基础理论知识对人体在运动状态下的身体机能状况进行评定，并据此科学地指导运动实践。体育保健学作为一门应用学科，其价值在于它作为一个"桥梁"把基础理论课程中的理论知识、研究成果与体育运动实践联系起来，更好地为体育教学、运动训练服务，促进体质的增强和运动水平的提高。

（3）学习体育保健学要坚持理论联系实际的良好学风，做到学以致用，不断向实践学习。体育保健学是应用学科，学科内容中很多是实践操作。因此，要密切联系实际，加强实际动手能力的培养，除了理论知识外，还必须有切实的认识与体会。

（4）学习体育保健学要贯彻"预防为主"的方针，树立全心全意为人民服务的思想，发扬"救死扶伤"的精神。

（河北师范大学　赵　斌）
（北京师范大学　刘晓莉）

章前导言

　　本章主要阐述健康的基本概念，影响健康的因素，行为和健康的关系，学校健康促进的概念、实施内容和步骤；介绍健康体适能的概念，体育运动对健康的影响，包括体育运动对健康的促进作用、运动缺乏对健康的影响、过度运动对健康的影响。

学习目标

　　1. 掌握健康的基本概念和影响健康的因素，学校健康促进的实施内容和步骤。

　　2. 熟悉体育运动对健康的影响。

　　3. 了解健康相关的行为及健康体适能。

第一节　健 康 概 述

　　早在 1995 年，世界卫生组织（WHO）在《健康新地平线》中就明确指出："必须将技术和财政资源用于保证持久改进健康状况和更好生活质量上而不是简单地应付眼前的需要。"《"健康中国 2030"规划纲要》中也指出："健康是促进人的全面发展的必然要求，是经济社会发展的基础条件。实现国民健康长寿，是国家富强、民族振兴的重要标志，也是全国各族人民的共同愿望。"改革开放以来，我国健康领域改革发展取得了显著成就，城乡环境面貌明显改善，全民健身运动蓬勃发展，医疗卫生服务体系日益健全，人民健康水平和身体素质持续提高。同时，工业化、城镇化、人口老龄化、疾病谱变化、生态环境及生活方式变化等，也给维护和促进健康带来一系列新的挑战，健康服务供给总体不足与需求不断增长之间的矛盾依然突出，健康领域发展与经济社会发展的协调性有待增强。因此，健康干预必须以人为中心，而不是以疾病为中心。在迎接 21 世纪各种挑战的时候，必须正确理解健康的概念和内涵。

一、健康的概念和影响健康的因素

（一）健康的概念和内涵

早在 1948 年，世界卫生组织就明确指出："健康不仅是免于疾病或虚弱，而是保持身体上、精神上和社会适应的完好状态。"从这个概念上说，健康是一个综合性的概念，它涵盖了身体的、生理的、精神的、情绪的健康，还包括社会和谐、文明、道德和社会适应的完美状态。它超越了医学范畴，扩展到了社会、自然、人文等许多学科。

世界卫生组织指出"健康是基本人权，达到尽可能高的健康水平是世界范围内的一项最重要的社会性目标"，并明确地指出"要实现人人享有卫生保健的目标，必须把健康作为人类发展的中心"。联合国开发计划署提出的人类发展指数，用以综合反映一个国家或地区人类发展的成就，其最主要、最敏感的三项指标为：健康长寿的生活、拥有的知识、体面的生活水平。其中，健康被列为人类发展之首。

世界卫生组织提出了健康的 10 条标志：① 精力充沛，能从容不迫地应付日常生活和工作，而不感到过分紧张和疲劳；② 处事乐观，态度积极，乐于承担任务事无巨细，不挑剔；③ 善于休息，睡眠良好；④ 应变能力强，能适应各种环境的变化；⑤ 对一般感冒和传染病有抵抗力；⑥ 体重适当，身材匀称，站立时头、臂、臀比例协调；⑦ 眼睛明亮，反应敏锐，眼睑不发炎；⑧ 牙齿清洁，无龋齿，无疼痛，牙龈颜色正常，无出血现象；⑨ 头发光洁，无头屑；⑩ 肌肉丰满、皮肤富有弹性，走路轻松。

世界卫生组织提出健康新概念已有半个多世纪，如何正确理解健康的内涵，目前从理论到实践还没有真正解决。我国人民由于受传统观念和世俗文化的影响，长期以来把健康理解为"无病、无伤、无残"，因此只有当他们"生病"（有临床表现）时才会寻求医生的帮助。而当他们"健康"时，却很少或根本想不到寻求健康服务。身体健康与否不能只从外表加以评价，一个看上去非常强壮的人，可能会因为心脏负荷的不协调而猝死；而一个纤细瘦小的人，却可能由于体内功能协调而健康长寿。如有半数以上的高血压病患者不知道自己患高血压病，已知患有高血压病的患者也由于缺乏相关知识，不就医和不坚持服药，最终导致脑卒中、冠心病等严重后果。随着生活条件的改善和饮食结构的改变，糖尿病的发病增加迅猛，许多患者在早期往往没有症状或者症状不明显，直至出现肢体溃烂、视力模糊、心脑血管疾病等严重并发症时才被患者所重视，而此时已给健康带来不可估量的损失。有些疾病一旦出现临床症状，已是病入膏肓，如肺癌、肝癌等。这是由于人们对健康的多层次复杂的内涵缺乏理解造成的后果。

心理健康是整体健康的重要部分。由于人具有社会人和自然人的双重属性，在生活经历中，难免不受社会因素的影响和干扰，如疾病、失业、子女教育、居住和工作环境以及冲动、孤独、紧张、恐惧、悲伤、失落和忧患等情绪。这些影响健康的不利因素，会对人们的身心健康造成不同程度的损害。世界卫生组织的资料表明，致伤残的前10位病因中，有5种是精神性致残，其中抑郁是致残的首位，并有增长趋势。近年来，随着城市化的发展，人们的生活节奏加快，这带来了诸多诱发心理危机的问题，如工作和社会压力、竞争压力的增加、人际关系的复杂、子女教育等问题，这些"都市生活综合征"或"慢性疲劳综合征"都在威胁着人们的身心健康。精神疾病已成为全球性重大的公共卫生问题和社会问题。

现代科学技术和医学的发展，提示了人体的整体性，即人体的生理和心理的统一，人体与自然环境和社会环境的统一。大自然是人和人类社会赖以生存和发展的基础。所以，正确认识并处理好人与环境的关系，是健康科学观的认识论基础，也是探索健康的生态学基础。现代健康观已从过去被动的治疗疾病转变为积极的预防疾病，促进健康；从单纯的生理标准扩展到心理和社会标准；从个体诊断延伸到群体乃至整个社会的健康评价；既考虑人的自然属性，又考虑到人的社会属性；既重视健康对人的价值，又强调人对健康的作用，并将两者结合起来。这种健康与疾病、人类与健康多因多果关系的认识是现代健康观。"人人为健康，健康为人人"是世界卫生组织的一项战略目标。健康是维护社会安定、保障基本人权、提高社会生产力、发展社会和经济的基础，是生活质量的基本标准，是人类发展的中心，也是建设精神文明、反映社会公德的社会进步因素。这就要求每个人不仅要珍惜和不断促进自己的健康，还要对他人乃至全社会的健康承担责任和义务。健康不仅应立足于个人身心健康，同时还要充分考虑到环境的可持续发展和社会文化素质的提高。在积极倡导健康对人类发展的重要性、重视健康对社会进步的价值和作用的同时，还应倡导全社会都应积极参与到促进健康、发展健康的社会变革中，要想获得健康，就必须驾驭健康。

（二）影响健康的因素

影响人类健康的因素非常多，这与人类对健康的认识程度密切相关。世界卫生组织提出新的健康概念后，人们由对疾病影响因素的关注发展为对健康影响因素的关注。目前，学者们逐渐用健康决定因素来分析健康问题。健康决定因素是指决定人体和人群健康状态的因素，可归纳为4个方面：人类生物学、生活方式、环境和卫生服务的获得性。这一理论的提出，使政府和非政府机构在关注人们的生活和行为方式时，更加注重社会、物质、经济和政治的环境因素对健康的影响。健康的决定因素是相当复杂的，至少可以分为7大类，见表1-1。

表1-1　健康的决定因素

编号	分类	说明
1	社会经济环境	个人收入和社会地位 社会支持网络 教育及文化程度 就业和工作条件 社会环境
2	物质环境	自然环境 人造环境
3	健康发育状态	人生早期阶段形成的健康基础
4	个人生活方式	如吸烟、酗酒、滥用药物、不健康的饮食习惯、缺乏体育运动等不良生活方式是当今人类健康的重要威胁
5	个人能力和支持	具有健康生活的知识、态度和行为，处理这些问题的技能，是影响健康的关键因素
6	人类生物学和遗传	健康的基本决定因素
7	卫生服务	维持和促进健康的基本保证

从表1-1中可以看出，健康问题已经涉及人类社会生活的方方面面，健康问题是一个综合的社会问题，从侧面可以反映出健康因素遍布于人类生存和发展的各个环节中。

1. 生物学因素

（1）遗传。

遗传是先天性因素，种族的差别、父母的健康状况和生存环境等因素都会对下一代的健康产生较大的影响。已知人类的遗传性缺陷和遗传性疾病近3 000 种（约占人类各种疾病的 1/5）。据调查，目前全国出生婴儿缺陷总发生率约为 5.6%，其中严重智力低下者每年有 200 万人。另外，遗传还与高血压病、糖尿病、肿瘤等疾病的发生有关。

（2）病原微生物。

病原微生物是指可以侵犯人体，引起感染甚至诱发传染病的微生物，也称病原体。在病原体中，以细菌和病毒的危害性最大。病原微生物指朊毒体、寄生虫（原虫、蠕虫、医学昆虫）、真菌、细菌、螺旋体、支原体、立克次体、衣原体、病毒。从古代到 20 世纪中期，威胁人类健康的主要原因是病原微生物引起的感染性疾病。随着社会、经济的快速发展，人们的劳动方式和生活方式发生了巨大改变，行为和生活方式逐渐取代生物学因素成为影响健康的主要因素。

（3）个人的生物学特征。

个人的生物学特征包括年龄、性别、形态和健康状况等。不同生物学特征的人处在同样的危险因素下，对健康的影响大不相同。例如，儿童少年和成年人、男性与女性、体质强壮者和体质虚弱者等都存在差异。

2. 生活方式

生活方式是指不同的个人、群体或全体社会成员在一定的社会条件制约和价值观念制导下，所形成的满足自身生活需要的全部活动形式与行为特征的体系。生活方式受个性特征和社会关系所制约，是在一定的社会经济条件和环境等多种因素之间相互作用所形成的特定行为模式，包括饮食习惯、社会生活习惯等。由于受一些不良的社会和文化因素影响，许多人养成了不良的生活方式，导致慢性非传染性疾病、性病和艾滋病的迅速增加。只要有效地控制行为危险因素，如不合理饮食、缺乏运动锻炼、吸烟、酗酒和滥用药物等，就能减少过早死亡、急性残疾和慢性疾病等。

3. 环境

健康不仅立足于个人身体和精神的健康，更强调人体与自然环境和社会环境的统一。人类发展必须包含生命质量的提高，同时保持环境的可持续发展，这是探索健康生态学的基础。1992 年，世界卫生组织环境与健康委员会的报告中提出"维护和促进健康应该放在环境和发展关注的中心"。1993年，世界卫生组织提出"持续发展所关注的中心问题是人类，人类有权享有与自然和谐的健康而有生产能力的生活"。因此，人类必须整合和平衡目前或今后将要面临的环境—健康—发展问题。

（1）自然环境。

自然环境是指影响人类生存和发展的各种天然的和经过人工改造的自然因素的总体，包括大气、水、土地、矿藏、森林、野生生物、各种自然和人工区域（包括自然保护区、风景名胜区、城市和乡村）以及自然及人文遗迹等。这些因素组成的人类生活环境，影响着人类的生存和发展。而自然界中直接影响生态系统的平衡与发展，组成与人类的生活环境密切相关的环境因素，则称为生态环境。在自然界中，每一种动植物群体都需要有一定的生存环境条件。例如，气候、土壤、地理、生物和人为条件等。这些生态环境与人类的关系是对立统一的。一方面，人类的生存和繁衍依赖于环境；另一方面，当环境作用于人类，服务于人类时，又直接或间接地受人类活动的影响。符合自然和社会发展规律的人类活动，能够改善环境；违反自然和社会发展规律的人类活动，会恶化环境。

（2）社会环境。

社会环境又称文化—社会环境，包括社会制度、法律、经济、文化、教育、民族、职业等。社会制度确定了与健康相关的政策和资源保障；法律、法规确定了对人健康权利的维护；经济决定着与健康密切相关的衣、食、住、行；文化决定着人的健康观以及与健康相关的风俗、道德、习惯；人口拥挤会给健康带来负面的影响；民族影响着人们的饮食结构和生活方式；职业决定着人们的劳动强度、方式等。

4. 卫生服务

世界卫生组织在 1986 年发表的《渥太华宪章》中指出：健康的基本条件和资源是和平、住房、教育、食品、经济收入、稳定的生态环境、可持续的资源、社会的公平与平等。健康服务必须在这些坚实的基础上建立由国家制定政策、以社区服务为中心、多部门协作的健康服务体系，实现人人享有健康服务的宏伟目标。健康服务体系是国家促进人类健康的主要手段之一，反映一个国家的综合实力。随着社会经济的发展及人们生活水平的提高，卫生服务的任务不仅是治病救人，而且要维护和促进人群的健康。因此，在现代社会，医疗保健被列入社会保障的范畴，卫生事业的发展是社会发展的重要方面。

卫生服务的功能可分为两个方面：保健功能和社会功能。卫生服务的保健功能是显而易见的，医疗卫生服务通过预防保健、治疗、康复及健康教育等措施，降低人群的发病率和死亡率；通过生理、心理及社会全方位保健措施，维护人群健康，提高生命质量。

二、健康相关行为

健康相关行为是指人类个体和群体与健康和疾病有关的行为。按行为对行为者自身和他人健康状况的影响，健康相关行为可分为促进健康的行为（简称健康行为）和危害健康的行为（简称危险行为）两种。

（一）健康行为

健康行为指朝向健康或被健康结果所强化的行为，客观上有益于个体和群体健康的一组行为。健康行为可分为 5 大类。

1. 基本健康行为

基本健康行为指日常生活中一系列有益于健康的基本行为，如合理营养、平衡膳食、积极锻炼、积极休息与合理睡眠等。

2. 预警行为

预警行为指预防事故发生和事故发生以后正确处置的行为，如使用安全带、溺水、车祸、火灾等意外事故发生后的自救和他救等。

3. 保健行为

保健行为指正确、合理地利用卫生保健服务，以维护自身身心健康的行为，如定期体格检查、预防接种，发现患病后及时就诊、咨询、遵从医嘱、配合治疗、积极康复等。

4. 避开环境危害

环境危害包括人们生活环境和工作环境中的自然环境和心理社会环境对健康有害的各种因素。主动地以积极或消极的方式避开这些环境危害也属于健康行为，如离开环境污染、采取措施减轻环境污染、积极应对那些引起人们心理应激的紧张生活事件等。

5. 戒除不良嗜好

不良嗜好指日常生活中对健康有危害的个人偏好，如吸烟、酗酒与滥用药品等。戒烟、不酗酒与不滥用药品即戒除不良嗜好这类危害健康的行为。

（二）危险行为

危险行为指偏离个人、他人乃至社会的健康期望，客观上不利于健康的一组行为。危险行为可分为 4 大类。

1. 不良生活方式与习惯

生活方式是一系列日常活动的行为表现形式。生活方式一旦形成就有其动力定型，即行为者不必花费很多的心智体会，就会自然而然地去做的日常活动。不良生活方式则是一组习以为常的、对健康有害的行为习惯，包括能导致各种成年期慢性退行性病变的生活方式，如吸烟、酗酒、缺乏运动、高盐和高脂饮食、不良进食习惯等。不良的生活方式与肥胖、心血管系统疾病、早衰、癌症等的发生关系密切。

2. 致病行为模式

致病行为模式是导致特异性疾病发生的行为模式，国内外研究较多的是A型行为模式和C型行为模式。

A型行为模式是一种与冠心病密切相关的行为模式，其特征往往表现为雄心勃勃，争强好胜，富有竞争性和进取心，一般对工作十分投入，工作节奏快，有时间紧迫感。这种人警戒性和敌对意识较强，具有攻击性，对挑战往往是主动出击，而一旦受挫就容易恼怒。研究表明，A型行为模式者，冠心病的发生率、复发率和死亡率均显著高于非A型行为模式者。

C型行为模式是一种与肿瘤发生有关的行为模式，其核心行为表现为情绪过分压抑和自我克制、爱生闷气。研究表明，C型行为模式者宫颈癌、胃癌、结肠癌、肝癌、恶性黑色素瘤的发生率高出其他人3倍左右。

3. 不良疾病行为

不良疾病行为是指患者从感知到自身有病到疾病康复全过程所表现出来的一系列行为。不良疾病行为可发生在上述过程的任何阶段，常见的表现形式有疑病、恐惧、讳疾忌医、不及时就诊、不遵从医嘱、迷信，乃至自暴自弃等。

4. 违反社会法律、道德的危害健康行为

吸毒、性乱等危害健康的行为属于此类行为。这些行为既直接危害行为者的个人健康，又严重影响社会健康与正常的社会秩序。例如，吸毒可直接产生成瘾的行为，导致吸毒者身体的极度衰竭；静脉注射毒品，还可能感染乙型肝炎和获得性免疫缺陷综合征（艾滋病）；而混乱的性行为可能导致意外怀孕、性传播疾病和艾滋病。

（三）不良生活方式影响健康的特点

由于不良生活方式就发生在人们的日常生活中，往往不引起人们的重视。另一方面，由于动力定型的作用又使不良生活方式比较难以改正，因此，不良生活方式比其他危险行为对人群整体的健康危害更大。不良生活方式对人们健康的影响具有以下特点：

1. 潜伏期长

不良生活方式形成以后，一般要经过相当长的时间才能显现对健康的影响，出现明显的致病作用。这一特点使得人们不易发现并理解不良生活方式与疾病的关系，加之行为的习惯性，改变起来难度较大。

2. 特异性差

不良生活方式与疾病之间没有明显的对应关系，通常表现为一种不良生活方式与多种疾病和健康问题有关，而一种疾病或健康问题又与不良生活方式中的多种因素有关。例如，吸烟与肺癌、冠心病、高血压病等多种疾病有关；而高血压病又与吸烟、高盐饮食、缺乏运动等多种不良生活方式有关。

3. 变异性大

不良生活方式对健康的危害大小、发生时间早晚存在着明显的个体差异。例如，有的人吸烟会发生肺癌，而有的人吸烟却没有发生肺癌。此外，即使是同时开始不良生活方式，以同样的量和同样长时间，其结果也不尽相同。

4. 协同作用强

当多种不良生活方式同时存在时，各因素之间能起协同作用、互相加强。这种协同作用最终产生的危害，将大于每一因素单独作用之和。

5. 广泛存在

不良生活方式广泛存在于人们的日常生活中。目前，存在不良生活方式的人数较多，其对健康的危害广泛存在。

三、学校健康促进

儿童青少年是世界的未来和希望。处于求知阶段的儿童青少年也处在生命准备阶段，由于身心发育、群体生活等特点，决定了儿童青少年是健康教育和健康促进的最佳目标人群，中外学者一致认为健康教育和健康促进应从小抓起。学校是进行健康教育和健康促进效果最好、时机最佳的理想场所，它为全社会教育提供一个创造健康未来的机会。学校可视为促进国家健康水平、提高人口健康素质的重要资源。

（一）学校健康促进的含义和特征

1. 学校健康促进的含义

学校健康促进是在学校健康教育的基础上发展起来的。学校健康促进强调通过学校、家长和学校所属社区内所有成员的共同努力，给学生提供完整的、有益的经验和知识结构，包括设置正式和非正式的健康教育课程，创造安全健康的学习环境，提供合适的健康服务，动员家庭和更广泛的社区参与，共同促进师生健康。学校健康促进把所有有利于发展和促进儿童青少年健康的各种因素联系起来，并与相关组织形成广泛的合作，且这种合作以连续性的方式进行。

学校健康促进的目标人群可以分为一级和几个次级。一级目标人群指学生群体（包括小学、中学和大学学生），次级目标人群指所有那些与学生生活、学习和周围环境密切相关的人群，包括学校领导、教职员工、学生家长、社区组织领导。此外，大众传媒对儿童青少年行为的影响不容忽视，因此，大众传媒也是学校健康促进的一个特殊领域。

2. 学校健康促进的特征

学校健康促进具有以下几个方面的特征：

（1）所应用的健康模式是完整的、系统的，包含健康的身体、心理、社会和环境等多方面的因素及其相互关系。

（2）通过鼓励家长参与其孩子健康知识和技巧的发展，而使家庭参与其中。

（3）涉及物质环境，如建筑、卫生设施、清洁水和运动场地等。通过改善物质环境，促进儿童青少年的健康状况。

（4）学校的社会文化精神对于促进儿童青少年的心理健康、建立良好的人际关系、增进良好的情绪具有重要作用。

（5）把区域和地方的卫生服务与学校联系起来，满足学校儿童青少年的特殊健康问题需求，如蠕虫感染、视力和听力问题、心理社会压力等。

（6）强调学生主动参加健康课程学习，以发展一系列与健康有关的终生知识和技巧。

（7）增加女孩和妇女在社区内享有教育和保护健康方面的公平性。

（8）通过学生家长和社区的共同参与，促进学校和家庭、社区进行合作，使学校教育和社区教育相结合，理论与实践相结合，为儿童青少年创造更有利于他们健康发展的支持环境。

（二）学校健康促进的任务

1. 提高儿童青少年的认知水平，增强自我保健意识和能力

通过课堂内外的各种教育和倡导，使儿童青少年掌握较系统的健康科学知识；激发学生主动学习健康知识和保健服务的兴趣，抵制各种不良行为习惯的影响；指导学生掌握各项自我保健技能，如合理选择膳食、适量运动、防范意外伤害等。

2. 降低常见疾病的患病率，提高生长发育水平

在校儿童青少年最常见的疾病有近视眼、沙眼、龋齿、脊柱弯曲异常、鼻炎、神经衰弱、运动损伤、贫血、肝炎等。上述疾病和缺陷，大多与学生的学习生活紧密相连，只要积极开展健康教育与健康促进，使学生掌握健康知识，加之积极开展各种形式的文化娱乐及体育活动，结合学校定期的体检和矫治，可有效降低这些疾病的患病率。在防治学生常见病过程中，要注意导致疾病易发的各项行为危险因素，如长期严重的挑食可能导致贫血，不良的读写习惯致使近视眼的发生等；改善学校的膳食服务和体育教育，创造良好的家庭环境和学校环境，调动一切能增强生长发育的有利因素，大力提高儿童青少年的发育水平。

3. 预防各种心理障碍，促进心理健康发展

由于儿童青少年生理发育和心理发育的不均衡，且家长和教师对学生心理发育重视度不够，致使我国学生在心理品质方面存在明显的弱点，如缺乏应对挫折能力，意志品质不够坚强，竞争意识和危机意识缺乏等。要根据儿童青少年不同年龄阶段的身心发育状态，运用有针对性的教育与训练，培养儿童青少年健康的心理状态以及改善和适应环境能力，有计划、有目的地传授心理卫生知识，开展心理咨询和行为指导，预防各种心理障碍，促进儿童青少年心理素质的提高。

4. 发挥健康潜能，提高学习效率

身心健康是学习的基本条件，视听器官功能良好、作息制度合理、良好的环境条件、使学生处于最佳心理状况等，有利于发挥儿童青少年的健康潜能，提高学习效率。研究证明，积极参加增强健康行为的儿童青少年，其学业也完成较好。

5. 增强环境保护、节约资源的意识

保护环境是关系到人类生存与发展的重要问题，也是我国可持续发展的根本问题。因此，要教育儿童青少年重视生存和生活环境，特别是要树立保护环境的意识，自觉维护环境卫生，努力节约资源。

（三）学校健康促进的实施内容

根据健康促进的含义，学校健康促进的实施内容应该是综合的、全方位的，全面影响学校生活的各个方面，渗透于儿童青少年的学习和生活之中。

1. 学校健康政策

任何健康促进的发展目标，均需要有政策的支持。健康政策是顺利开展

学校健康促进的保证。

学校健康政策的内容包括：① 关于食品的政策；② 在所有活动中完全禁止吸烟、禁止喝酒、禁止使用非法影响精神的物质；③ 对急救有相应的政策和规划；④ 有适合本地情况的传染病预防政策；⑤ 有关于避免日晒和冻伤的政策；⑥ 有健康筛查的政策；⑦ 有在发生急症或其他可能危及学生健康情况时关闭学校的政策；⑧ 当发生自然灾害或其他事件时，学校有切实可行的安全计划；⑨ 有关于预防和控制 HIV/AIDS 及其安全管理的政策。

2. 学校健康教育

学校健康教育是学校教育的重要组成部分。学校健康教育的实施主要有三个方面：

（1）健康课程教学。健康课程教学主要指把健康教育纳入学校正规课程的设科教学，也包括在其他课程中融入健康教育内容的联络教学，促使学生较系统地掌握健康知识，培养健康态度，学习基本的健康技能，建立科学的健康观，并有效地帮助学生建立有利于健康的行为。课程内容大致包括个人卫生、营养、疾病预防、心理卫生、家庭生活卫生、环境卫生、社区卫生、控制药物滥用（吸烟、酗酒、吸毒等）等，可根据实际需要增减。

（2）健康活动。健康活动的目的在于促使学生通过亲身体验加深印象，促进学习效果。因此，健康活动应与课堂教学相互配合，使知识和实际行为结合起来。健康活动种类较多，可根据年龄特点选择适宜活动，如培训红十字少年等。

（3）健康咨询和健康行为指导。健康咨询是学生（或家长）与健康咨询人员面对面接触，讨论某一健康问题等，为学生（或家长）提供信息，便于他们做出选择。健康行为指导是通过教育指导，帮助学生通过自己的能力发现、理解和解决健康问题，让儿童青少年认识到什么是健康行为和危害健康行为。对于危害健康行为逐步加以纠正，建立有利于健康的行为和生活习惯。

3. 个人健康技能

儿童青少年通过健康教育课程，可获得与其年龄相当的健康知识、态度、理解力和维护健康的技能，具有获得、评估和应用新健康知识的能力。个人健康技能内容包括：① 教师健康课程的内容要反映学生的健康问题；② 提高学生的健康理论知识和实际应用能力，掌握处理人际关系和应对压力的技巧；③ 发挥教师和学校在健康促进中的关键作用；④ 帮助其他人员（如家长、社区人员）有效地掌握有关学校健康促进的技能。

4. 学校卫生服务

学校卫生服务是指学校和有关卫生服务机构向学生提供直接服务，并与学校建立合作关系，共同担负起学校卫生保健和教育的责任。

学校卫生服务的内容包括：① 学生和教职员工能得到基本的卫生服务，如计划免疫、生长发育监控、健康筛查、突发疾病的紧急救治、意外伤害的应急措施、口腔卫生、心理咨询等；② 地方卫生服务部门对学校的健康项目提供帮助，进行教师培训。

（四）学校健康促进的实施步骤

1. 转变观念、统一认识

学校健康促进体现了先进的公共卫生观念，促使学生全面提高综合素质，与学校教育方针完全一致。学校健康促进可整合资源，调动各方面的积极性和创造力，提高对学校健康促进目的、意义的认识，促使学生养成良好的健康理念和心身素质，为未来健康工作打下基础。

2. 建立学校健康促进领导小组和工作机构

成立由校长及其他主要负责人参加的健康促进领导小组，定期召开会议，检查督促学校健康促进各项计划的实施情况，以保证学校健康促进目标的实现。各部门都应有明确的职责与分工，实行目标管理。

3. 制订学校健康促进规划

（1）根据世界卫生组织和国家对学校健康促进的规定和要求以及各校的具体情况，制订出各校切实可行的规划。

（2）制订实施学校健康促进各项目标的保证措施，调动师生和家长的积极性且制订激励政策。

（3）制订学校健康促进的政策和具有可行性的工作目标。

（4）广泛动员学校全体师生、家长和社区工作人员，积极参与学校健康促进工作。

（5）经常性、有计划、有步骤地开展学校健康促进活动，并进行监督和评价。

第二节 体育运动对健康的影响

体育运动对健康具有明显的促进作用。按照健康的概念，体育运动的强度、时间、运动负荷可对健康产生不同的影响。

一、健康体适能概述

体适能是 physical fitness 的中文翻译，是指身体适应生活、活动与环境（如温度、气候变化或病毒等因素）的综合能力，即具备充足的精力从事日常工作（学习）而不感觉疲劳，同时有余力享受休闲娱乐活动，能够适应突发状况。体适能是通过先天遗传和后天运动锻炼获得的。根据美国运动医学学会（ACSM）的分类方法，体适能分为健康体适能和竞技体适能两种。竞技体适能偏向于提高竞技运动能力所需的各种身体素质，与力量、速度、灵敏度等密切相关；健康体适能偏向于身体自如应付日常工作和余暇活动以及突发事情的能力，主要目的是为了使身体更加健康、工作能力更强、生活更积极、生命更有价值、寿命更能延长。体适能的发展是积极参加体育锻炼的结果，只有规律性的身体锻炼才能达到最佳的体适能状态。表1-2是根据相关资料归纳出来的，可以反映出健康体适能和竞技体适能的区别。

表1-2　健康体适能和竞技体适能的比较

内容	健康体适能	竞技体适能
对象	一般大众	主要是运动员
目的	促进健康、预防疾病	突破人体体能极限
关注重点	心肺机能、肌肉工作能力和体重控制	更重视爆发力、速度等素质的发展
运动负荷	强调适量负荷	强调高强度和大运动量
运动过程	可享受运动过程	训练过程辛苦激烈

（一）健康体适能的涵义

健康体适能是从体育学角度评价健康的一个综合指标。健康体适能主要包含 4 个基本要素：

1. 心肺机能

心肺机能是指心脏、肺脏及循环系统在身体进行长时间运动时，能够有效地供给足够的氧气和养分到参与运动的肌肉，并且带走留在肌肉中的废物的能力。

2. 肌肉力量和肌肉耐力

肌肉力量是肌肉的最大收缩力量。肌肉耐力则是指肌肉维持静态收缩或重复收缩一段时间的能力。

3. 身体成分

身体成分是指身体内脂肪与非脂肪部分（肌肉、骨骼等）的比例。

4. 柔韧性

柔韧性是指人体关节活动幅度以及关节韧带、肌腱、肌肉、皮肤和其他组织的弹性和伸展能力。柔韧性受到关节结构、肌肉力量及体积、韧带以及其他结缔组织等因素的影响。

健康体适能是建立在个体健康基础上提出来的一种理论，其基本观念是健康生命在于适量的运动。什么是适量？这就牵涉到两个方面，一是运动基础，二是运动需求。运动基础是指个体原有的健康基础及对运动量的承受能力。运动需求是指每个人在不同的阶段、不同的环境、不同的条件下都会有不同的运动需求，或者说健康的需求。例如，一个人在儿童少年时期，特别需要运动来促进其骨骼、肌肉和内脏器官的发育；在青年时期，男性需要发展力量，女性需要发展体形；在中年时期，需要通过运动来保持旺盛的精力，以便更好地适应工作；在老年时期，需要参与一定的运动以保持自己的健康状态，延年益寿。因此，在人的全生命周期都非常需要参加运动。同时，一个人也常会因为环境的改变而需要调节自己的运动方式和方法。健康体适能使每个人在各种不同的状况下，选择最适合自己需要的运动方式和运动量来增强自己的体能，以保持最佳的健康状态。这种因人、因时、因地而异的获取健康的理念正是健康体适能在具体应用中的指导思想，使每个人能在其中选用适合自己的内容、方法和手段来实现既定的健康目标。

（二）健康体适能的影响因素

影响个人体适能的因素可分为两大类：遗传因素和环境因素。

1. 遗传因素

作为内因的遗传因素其作用是决定性的，个体能够做到在遗传所赋予的潜力范围内的体适能目标，但是要超越由遗传和发育决定了的健康和机能能力的极限却绝无可能。然而，尽管遗传对身体活动能力、体适能和健康状况有决定性的作用，但是大部分人却能够选择一种健康的或者不健康的生活，而这并非由遗传因素所决定。因此，遗传基础本身并不能单方面就决定一个人的健康状况始终不良或者一直拥有很高的体适能水平。

2. 环境因素

人在出生后的生长发育不仅受遗传因素的影响，其生活环境也会产生多方面的作用。周围环境包括物理因素（如气候、海拔高度、环境污染等）

和社会因素（如社会观念、经济状况、个人性格、文化程度等），这些都能够对个体的体育活动、体适能和健康产生影响。其中一些因素，如饮食营养、空气、饮用水等，能够对个体产生直接的影响；而另外一些因素，如个人的行为方式和价值观念等则会对生活方式产生间接的影响。

周围环境的某些方面是可以被控制的，事实上人们所进行的许多心理上的和身体上的活动都是一种选择。个体对自己行为的决定和选择在极大程度上决定了其生活方式，从而对健康状况产生重要影响。

（三）健康体适能的现实意义

现代社会人类的生活和行为方式发生了很大变革，威胁人类健康的疾病也发生了较大变化，静态的生活方式、生活与工作的压力逐渐增加、肥胖人口比例日益增多和身体活动机会减少等成为当今人类生活的主要态型特征。健康体适能的提出正是满足了人类对改变这种态型特征的紧迫需要，它提出了与人体健康密切相关的身体功能能力标准和方法。20世纪八九十年代以前，体适能比较偏重竞技体能。90年代以后，体适能更加顾全整体健康的观念，提出专业人士和普通民众同样都需要了解体适能与健康的关系以及相关的应用。进入21世纪以来，健康体适能的应用越来越广泛，包括体质健康监测、健身、康复领域等，锻炼方法日益完善。因此，健康体适能受到重视是社会发展的必然结果，它为人们在科学健身中提供了有效的理论依据和评定方法。健康体适能理论的具体应用就是目前日益流行的运动处方，自然科学以其生理学、解剖学、生物化学、运动学的原理为基础，将一些健身运动方法定量化，以运动处方的形式来提升健身效果，为不同人群（年龄、性别、体质状况）设定相应的健身运动方式，达到最佳的健身效果和安全的运动模式。

二、体育运动对健康的促进作用

在社会发展中，身心健康不仅是现代社会生活的重要内容，而且是提高社会生产力、保证人类健康发展和正常生命活动的需要。大众体育在世界范围内的蓬勃兴起，全民健身运动在我国的广泛开展，充分说明了体育运动在维护人类健康方面的积极作用，为人类的身心健康发展提供了不可替代的内容。

世界卫生组织指出，规律的体育锻炼至少有以下好处：① 减少过早死亡；② 减少心脑血管病的死亡（全世界1/3的死亡是由心脑血管病引起的）；③ 使心脏病和直肠癌的发病率降低50%；④ 使Ⅱ型糖尿病的发病率降低50%；⑤ 帮助预防和减少高血压病的发生（世界上约有1/5的人口受该病的影响）；⑥ 帮助预防和减少骨质疏松症的发生（可减少妇女骨质疏松症的发病率 50%）；⑦ 减少背下部疼痛的发生；⑧ 促进心理健康，减少抑郁症、强迫症和孤独感的发生；⑨ 帮助预防和控制不良习惯，特别是对儿童和年轻人，可帮助他们远离烟草、酒精、药品滥用以及不健康的饮食习惯和暴力；⑩ 帮助控制体重，与久坐少动的人相比，可减少肥胖发生率 50%；⑪ 帮助强健筋骨、肌肉和关节，使有慢性疾患及残疾的人改善其耐久力；⑫ 帮助减轻疼痛，如背部和膝部疼痛。

（一）对心血管系统的促进作用

适量运动使心肌纤维增粗、心壁增厚、心脏重量和容积都增大，心肌收缩性增强，心肌耗氧量明显降低，具有较高的心肌耗氧效率和能量节省化能力。适量运动使心肌 ATP 酶活性提高，左心室压力最大升降加快，对钙的摄取和释放速率加快，促进了心肌的收缩和舒张，使每搏输出量增加。

适量运动使心肌糖原贮量和糖原分解酶活性增强，甘油三酯转化速度加快，线粒体氧化磷酸化和氧的摄取能力均提高。

运动时，冠状动脉的血流量成倍增加，改善了心肌营养与氧气供应，使物质代谢得到加强。适量运动还可以增加动脉血管的弹性，使血管在器官内的分布数量增加，有利于器官组织的供血和功能的提高。

（二）对呼吸系统的促进作用

适量运动可以增加肺组织的弹性，增强呼吸肌的力量和耐力，使呼吸频率减慢，呼吸深度增加，肺通气和肺换气的效率提高，血红蛋白含量增高，组织的氧利用率提高，因而吸氧量也随之改善。适量运动使呼吸中枢的兴奋性提高、对膈肌的控制稳定，呼吸运动的调节能力提高。

（三）对神经系统的促进作用

适量运动可促进神经系统的生长发育，使脑的重量和皮质厚度增加，使大脑皮质表面积增大。加快脑细胞的新陈代谢，对提高脑细胞的功能、工作效率及对脑细胞功能的保护都有良好作用。

运动中，人体各部分之间的协调配合比平时更好，内脏系统活动能迅速被动员，使自主神经调节活动的均衡性加强。适量运动使神经细胞工作强度、兴奋抑制转换的灵活性及均衡性得到提高。由于运动时减少了脑血流的阻力，从而可以有效防止动脉硬化。

经常参加适量运动的人记忆力与大脑工作的耐久力都比较强，反应快而敏锐，神经系统的分析、综合和控制能力较高，工作效率也得到了提高。

（四）对运动系统的促进作用

适量运动可以使骨密度增加，骨骼变粗，肌肉附着处的骨突增大，骨小梁排列更规则。儿童青少年参加适量运动还可以促使骨有机成分增加，无机成分减少，骨更具弹性和韧性。这些变化提高了骨骼抗折断、弯曲、压拉、扭转等方面的能力。适量运动还可以刺激长骨增长，使人长高。

适量运动还有利于加强关节周围肌肉力量，提高关节周围韧带、肌肉的伸展性，从而提高关节的灵活性，扩大关节运动的幅度，同时也可以加强关节的稳定性。

运动时，肌肉血流量增加，肌肉获得更充分的营养和氧，新陈代谢加快，久之肌纤维变粗，坚韧有力，肌肉储备的能量增加，能量利用率提高，使肌肉收缩力量加大。

（五）对免疫系统的促进作用

适度运动是机体对运动应激的生理性适应，表现为机体免疫功能增强，不易感冒，抵抗病毒的能力增强。

（六）对消化系统的促进作用

适量运动可使胃肠蠕动加强，血液循环改善，消化液分泌增加，营养物质转化与吸收加速。适量运动时，呼吸运动增强，膈肌活动范围加大，对腹壁胃肠起按摩作用，从而促进消化吸收。

三、运动缺乏对健康的影响

（一）运动缺乏的界定

运动缺乏是慢性非传染疾病（高血压病、冠心病、脑卒中、高脂血症、肥胖、糖尿病等）的一级危险因素。运动缺乏的含义包括久坐习惯、机体缺乏运动应激刺激，不运动或很少运动。如果每周运动不足 3 次，每次运动时间不足 10 min，运动强度偏低，运动时心率低于 110 次/ min，则为运动缺乏。实验表明，运动缺乏对人体健康会产生不利的影响，也有一种观点认为 "不运动" 即是一种疾病。

（二）运动缺乏对人体生理机能的影响

长期缺乏运动，人体的新陈代谢功能将会降低，由此很容易引起各种肌肉关节疾病，如肩周炎、骨质疏松等，同时也会导致心肺功能下降等不良身体反应。久坐不动还是痔疮、坐骨神经痛、盆腔瘀血等病症的祸根。运动缺乏或久坐不动可使人体抵抗力下降，易患疾病。运动缺乏还是 II 型糖尿病发病的独立危险因素。运动缺乏可加速衰老，增加老年人的死亡率，致使心肌损伤、中风、糖尿病、心绞痛的发病率明显上升。运动缺乏对人体的不利影响突出地表现在以下几个方面：

1. 对心血管功能的影响

运动缺乏可导致氧运输能力低下，血管弹力减弱，心脏收缩力不足，心脏功能降低，易引发心血管疾病。久坐不动，会使血液黏度增高，血流缓慢，容易形成血栓。运动缺乏还可使机体动脉壁内淤积大量脂类，影响各组织、器官的供血，加速心血管系统疾病的发生。

2. 对呼吸功能的影响

运动缺乏可使肺通气和肺换气功能下降，肺血流量减少，气体交换效率下降，使呼吸表浅，每分钟呼吸次数增加，呼吸肌的调节能力减弱，进而导致呼吸功能降低。

3. 对神经系统功能的影响

运动缺乏可促使脑细胞的新陈代谢减慢，使人的记忆力与大脑工作的耐久力都比较差，大脑皮质分析、综合和判断能力减弱，反应慢、不敏锐，使大脑工作效率降低。

4. 运动缺乏易导致肥胖

运动缺乏可使成人和儿童体内储存过多的脂肪，导致肥胖或体重超出正常。运动缺乏还可发生高胰岛素血症、胰岛素抵抗、高血压病、高甘油三酯、低高密度脂蛋白胆固醇及糖耐量降低等症状，引起代谢紊乱综合征。

5. 对运动系统功能的影响

运动缺乏易导致骨质疏松，使骨量降低、活动功能下降、骨周围肌肉组织肌力减弱、姿势不稳、容易跌倒，从而引发骨折。运动缺乏还可使关节灵活性和稳定性减低，肌肉纤维变细、无力，使肌肉收缩能力减退。

6. 对胃肠功能的影响

久坐不动者的胃肠蠕动慢，正常摄入的食物聚积于胃肠，使胃肠负荷加重，长此以往可导致胃及十二指肠溃疡、穿孔或出血等慢性顽疾。

7. 运动缺乏可导致亚健康状态

运动缺乏可使人出现记忆力减退、注意力不集中、精神不振、对自己的健康担心、多梦、疲劳、情绪不稳定、用脑后疲劳、耐力下降、困倦、烦躁、健忘、虚弱、活动后疲劳、易激怒、失眠、压抑感、易怒、总怀疑自己有病、思维效率低、易感冒、嗜睡、四肢乏力、不愉快感、头晕、目眩、抑郁、头疼、腰膝酸痛和脱发等亚健康症状。

四、过度运动对健康的影响

过度运动是发生于体育运动中的一种运动性疾病，其发生发展过程既有运动方面的因素，也有运动恢复、营养、心理及其他方面的因素，往往是多种因素综合作用的结果。过度运动不仅影响运动能力，甚至会严重损害人体免疫系统和身体健康。

过度运动包含两方面的含义：一是运动负荷超过人体的承受能力，机体在精神、能量等方面过度消耗，使其无法在正常时间内恢复体力。例如，运动员长期大负荷训练使身体处于疲劳状态，导致身体免疫功能低下，健康维持能力降低，或出现运动型伤病等。二是当身体的某些功能发生改变时，恢复手段无效、营养不良、情绪突变、心理波动等，使正常的负荷变成超量负荷，从而使主动运动变成被动的应激刺激。例如，感冒，身体生理功能状态不良时进行运动，即使是正常的运动负荷，也往往会引起身体不适或出现疾病。过度运动往往会出现运动能力减退、不正常的生理状态和心理症状等现象。

◥ 作业与思考 ╌╌╌╌╌╌╌╌╌╌╌╌╌╌╌╌╌╌╌╌╌╌╌╌

1. 基于健康概念，如何理解健康的内涵？
2. 阐述健康的概念和影响健康的因素。
3. 如何理解行为和健康的关系？
4. 学校健康促进的实施内容和步骤有哪些？
5. 阐述运动缺乏和过度运动对健康的不良影响。

（上海师范大学　张　钧）

（华南师范大学　杨忠伟）

第二章

体育运动的卫生要求

章前导言

　　本章主要介绍了冷、热环境和高原环境下锻炼应注意的体育卫生要求；介绍了室内外运动场地的设施与器械的体育卫生要求以及空气、体育场馆装修及水域污染对体育运动参加者的影响；阐述了不同年龄不同性别人群的解剖生理、心理特点及应注意的体育卫生要求。

学习目标

　　1. 掌握儿童青少年、女子和老年人在体育运动中的卫生要求。
　　2. 熟悉环境污染对体育运动参加者的影响和不同环境下运动的体育卫生要求。
　　3. 了解儿童青少年、女子和老年人的解剖生理、心理特点。

第一节　运动环境卫生

　　人类通过新陈代谢和周围环境进行物质与能量交换，环境中的物质与人体之间保持着动态平衡，如果环境变化在一定范围内，人体可通过自身的调节来适应。但如果环境变化超出了人体生理调节范围，则会引起人体某些功能和结构的异常或病理变化。

一、运动与环境卫生

　　人体的体温受外部（气候）和内部（代谢）热源的影响。周围的温度、湿度、气压、气体成分的变化都会使体内的代谢功能产生变化而影响运动能力，特别是气温的变化更加明显。

（一）冷环境

冷环境一般指 0 ℃以下或者气温更低的环境。人体在寒冷环境中，外周毛细血管收缩，汗腺分泌减少，甚至出现寒战来维持体温。在冷环境中运动时，机体将出现散热量增加、周围血管收缩、皮下组织血流量减少、肌肉黏滞性增加等症状。人们在寒冷环境中生活、工作，除了必要的衣着防护，还需依赖于自身的调节和适应能力。坚持在冷环境中运动，可以改善人体对寒冷的适应能力，提高耐寒力。长距离游泳运动员一般有较高的体脂百分比，使其在长时间游泳时的散热速率减慢。因为在冷环境中进行长时间锻炼（1~4 h）或在冷水中游泳，会导致身体热量过度散发超过机体对体温的调节能力，引起过低的体温。体温过低会损害中枢神经系统，造成精神迟钝和判断能力下降，将会增加冷伤害的危险性。同时，如果长时间暴露在寒冷环境中，低温刺激会使机体发生冻伤，包括局部冻伤和全身性冻伤（冻僵）。因此，在冬季或寒冷地区运动的人应该注意保暖。

为了避免体温过低对身体造成的危害，可以通过缩短冷环境中锻炼的持续时间，穿着合适的服装及避免在水温过低的冷水中游泳来维持体温恒定。故在冷环境中进行锻炼要做好充分的准备活动，准备活动可降低肌肉的黏滞性，增加关节活动范围，有助于防止锻炼时肌肉、关节和韧带的损伤。同时，做准备活动还可以提高神经中枢的兴奋性，增强内分泌活动，克服内脏器官的惰性，加快血液循环和新陈代谢，更好地满足机体体育锻炼时的需要。

（二）热环境

人体与环境之间的热交换是持续进行的，人体散热方式包括传导、对流、辐射和汗液蒸发。在剧烈运动中，机体代谢的能量消耗可达安静时的20~25 倍。在这些能耗中，用于肌肉做功的不超过 25%，其余的热能则通过代谢机制排出体外。因此，在热环境中运动会明显引起体温升高。训练良好的运动员耐热能力比一般人群强（39 ℃~41 ℃），但也不能超过 42 ℃。炎热环境下运动体温过度升高，会造成中暑。特别是高热和高湿的环境，既影响传导、对流和辐射，同时也影响汗液的蒸发，更易引发中暑。

在热环境中运动时，由于血管扩张、皮肤毛细血管血流量增加，使机体散热加强。为代偿肌肉工作和皮肤血流量的增加，将导致内脏血管收缩，最大吸氧量下降，肌肉的耐力降低；排汗虽然加快了体内热量的散发，但也使钠、镁、钙等无机盐流失相应增加；由于内脏血流量的减少，尿量也会明显减少。为避免运动性热疾患的发生，在夏季运动应尽量选择上午 10 时前和傍晚进行，穿着透气性好的服装，注意补充水分、盐分和休息，运动后即刻不可立即吹冷空调和洗冷水澡，饮水应坚持少量多次的原则。

（三）　高原环境

当海拔高度增加时，气压随之下降，氧分压也降低，气温和湿度降低而太阳辐射增加。氧分压降低会影响大气与血液、血液与组织间氧的交换，这些对人体的机能活动以及运动能力都会产生很大影响。人体刚刚处于高原环境，就会出现缺氧症状和高原反应，表现为精神倦怠、头痛、恶心、虚脱、睡眠紊乱和呼吸困难，甚至出现心力衰竭。一般在海拔 2 000 m 以上出现轻微的症状，海拔 3 000~4 000 m 缺氧症状明显，在海拔 4 000 m 以上则需要吸氧。

人体长期处于高原环境，会产生高原适应，血液中 Hb 含量提高，毛细血管数量增加，氧代谢酶活性增强。回到平原以后，运动员的有氧运动能力提高。目前，针对高原环境对机体有利作用而发展起来的人工低压环境中的锻炼，可使机体产生低氧适应，表现为在安静状态或运动时保持较大的肺通气量，增加肺泡与动脉血中的氧分压，促进氧气向肺泡毛细血管的扩散，使组织获得充分的氧气供应。即血液运输氧的能力增强、血液中红细胞数量增多、Hb 浓度增加、动脉血氧容量提高；骨骼肌、心肌等器官中毛细血管增生、数量增多、毛细血管开放的数量增加、组织中毛细血管网的密度增高，这有利于氧气向组织细胞的扩散。在高海拔地区进行体育锻炼，要严格控制锻炼的强度和时间，并注意饮食，以糖类和蛋白质及维生素多的食物为主，少吃多餐，还要注意预防感冒。冬季注意防寒、防冻伤。

参加冰雪
项目应注
意的体育
卫生问题

二、运动场地卫生

（一）　室内运动场

1. 体操馆

体操馆的使用面积平均每人不得少于 4 m^2，室内光线必须充足，采光系数应为 1:3~1:5，（采光系数 = 窗户面积：室内地面面积），人工照明度不得低于 50 Lx，以 200 Lx 为宜，且通风良好，地面最好安装木制地板，要求平坦坚固，没有裂缝，周围墙壁应平整，不能有突出部分或雕刻装饰。馆内应经常保持清洁，器械和垫子表面不能有灰尘，每日打扫，最好用吸尘器湿式清扫，进馆必须穿软底鞋。

馆内器械必须符合年龄特征、技术规格和体操规则的要求，安装牢固，并应经常检查和维修。助跑道表面及弹跳板上应钉上防滑的胶皮，器械下应安放垫子，垫子软硬适当，表面平坦不滑，两块垫子之间不能留有空隙，以防意外损伤事故。入馆人员不准吸烟和随地吐痰。

2. 球类馆

球类馆内光线必须明亮，自然采光系数应不低于 1∶3，若需夜间活动，人工照明要求有 50~200 Lx 的照明度。室内灯光距离地面的高度：篮球馆不低于 7.5 m，排球馆最少不低于 8.5 m，灯光安装距离要均匀，才可使光线柔和，不产生阴影。由于在室内进行剧烈运动，易使空气受到污染，所以必须经常通风换气，保持室内空气新鲜。馆内地面必须平整结实不滑，没有浮土和灰尘，最好安装木制地板。球场边线至墙壁的距离最少不小于 2 m。入馆人员不准吸烟和随地吐痰。

3. 游泳池

游泳池水直接与人的皮肤、眼睛、口和鼻腔接触，因此，游泳池最重要的卫生要求是池水的清洁。如果水质不符合卫生要求，就可能造成眼结膜炎、肠道传染病、真菌病的传播和流行。所以，每周都应对水质进行检查与化验，水质必须符合规定的标准。游泳池的水质标准为：pH 值为 7.2~8.0，余氯含量为 0.2~0.5 mg/mL，杂菌数不超过 100 个/mL，大肠杆菌不超过 3 个/mL，水温 18 ℃~25 ℃，室温 24 ℃~25 ℃。游泳池应设有深水区和浅水区，游泳池底倾斜度不宜太大，池壁、池底应平整光滑，不透水，有必要的急救设备和救生人员。

（二）室外运动场

运动场地应选择地势较高、排水方便、阳光充足、空气新鲜的地方。尽量避免在风口或污染严重的工厂附近修建运动场。室外运动场的纵轴应是南北方向，这样可以避免在上、下午使用时面对阳光而耀眼眩目。运动场地周围必须留有适当的空地，以便容纳观众、安装附属设备和进行植树绿化。比赛场地外围要装设栏杆或挡网，以保护场地、保证安全和便于竞赛的组织。运动场地既要便于教学、训练、竞赛和开展群体活动，又不能离教室、实验室太近，以免互相干扰。运动场地内地势要平坦，防止雨天积水，而且地面软硬要适度。场地内的各种运动设施与器械要布局合理，安装牢固，并经常进行检查和维修，以免发生因器械损坏而造成的运动损伤事故。

1. 径赛场地的要求

跑道应平坦结实，无坑洼凸起，无碎石浮土和其他杂物，不滑，且富于弹性，现应用较多的是塑胶跑道。终点线后至少应有 15 m 的缓冲空地，以免碰伤。跑道两侧应有暗沟排水，防止雨天积水、跑道湿滑。

2. 田赛场地的要求

田赛场地首先要考虑布局合理。既考虑每个项目有足够的符合规则要求的场地，又要考虑教学、训练和比赛的方便，力求减少各项目之间的相互干扰。田赛场地的助跑道要求应与径赛跑道一样，踏跳板应与地面平齐，沙坑内不应混有石子、砖头、碎玻璃和树枝等杂物，沙坑边缘的缘突和挡板应与地面齐平，跳远沙坑的沙面与地面齐平、跳高场地的沙面应高出地面或放置较厚的海绵垫。撑竿跳高的场地内应放置较厚的海绵包，并应高出地面 1～1.5 m。投掷场地应有明确的区分，在一个投掷区内不允许同时进行几种投掷运动，更不允许同时面对面相向投掷；投掷区附近不允许聚集人群围观；铁饼及链球场地应设置护笼，以确保安全；投掷器械应符合年龄和性别特征，合乎规则的要求。

3. 足、篮、排球场地的要求

足、篮、排球场地平坦结实，没有碎石、沙子和浮土，地面软硬要适宜（水泥球场无尘土、较为干净，但地面硬度较大，易使学生足部和膝盖受伤或跌倒受伤；三合土地面的球场硬度较为合适）。足球场地最好能种上草皮（不可铺设煤渣），草面要平坦，没有坑洼凸起。在干燥夏季比赛前半小时对泥土场地应洒水一次，以免尘土飞扬。各类球场四周 2 m 范围内不应有任何障碍物，如观众坐席、立柱或树木等，以免碰伤。

三、环境污染与运动

研究环境与人体的关系，阐明它们相互之间的作用规律，从而科学地保护环境、改造环境、利用环境，以消除或避免某些环境因素对人体生命活动的危害。近年来，雾霾天气，装修中的甲醛、苯及苯系物和工业废水等对人体的影响已引起人们的普遍关注。

（一）空气污染

空气是人体生命活动所必需的，空气中各种成分含量对机体的物质代谢、气体代谢和热代谢（体温调节）等起到重要作用。人体通过呼吸功能与外界环境随时进行着气体交换，大气是机体获得足够氧气以供代谢所需的唯一天然来源。干燥空气中大约含有氧 21%，当空气中氧含量降低至 10%时，人体可出现恶心、呕吐、中枢神经活动减弱；当氧含量降至 7%～8%时，对一般人来说是一个危险界限，可出现窒息、体温下降、昏迷、循环障碍，甚至死亡。近年来，随着工业进程的加速，依赖煤电、汽车保有量迅猛增长等原因，空气污染成为一个严重问题。有些大中城市出现了严重的雾霾天气。其中，可吸入颗粒物 PM10 和 PM2.5 是首要污染物。雾霾引发呼吸系统和心血管系统疾病，并且损害人体的免疫系统、生育系统和神经系统。雾霾天不提倡室外锻炼，应尽量选择室内的运动场馆进行运动。此外，雾霾天戴口罩也不适于运动。因为人在运动时需要大量换气，雾霾的有害成分可能会被吸入体内，同时呼出的二氧化碳不能有效排出，可能会被再次吸入。短时间一次大量的有害物进入机体可引起急性中毒。例如，汽车排出的氮氧化物和碳化氢废气与工厂烟囱排放的废气，经太阳紫外线照射而形成的光化学烟雾浓度超过 0.3 ppm 时，即可使人急性中毒，表现为眼睛红疼、上呼吸道刺激症状、血压下降及呼吸困难等，严重病例可昏倒。洛杉矶、纽约等城市曾多次发生过这种光化学烟雾事件。实验证实，有 30 余种空气污染物具有致癌作用，其中最突出的是多环芳烃化合物，以 3,4-苯并芘为代表。它是煤炭、石油、天然气、木材等燃烧不完全所形成的一种高活性致癌物。2017 年以来，我国从压减燃煤、严格控车、调整产业、强化管理、联防联控、依法治理等方面采取重大举措，许多城市的空气质量得到大幅改善。在空气质量指数小于 100（优、良天气）时，推荐进行室外身体活动；空气质量指数为 100～200（轻度、中度污染）时，应适当减少户外身体活动；空气质量指数大于 200（重度、严重污染）时，儿童、老人、免疫力较差人群易出现呼吸系统症状，应避免户外活动，并做好防护。

（二）体育场馆装修污染

随着体育经济的高速发展，各个城市体育场馆的数量不断增加，以满足人们对健身的需求。人们对体育场馆的室内装修环境也有了越来越多的需求。但场馆装修及塑胶跑道中使用的一些材料，却带来了污染。场馆装修的污染主要是因为人造板、油漆、黏合剂、墙纸、涂料、地毯等装潢材料释放出的甲醛、苯及苯系物、氨、总挥发性有机物等有毒气体超标所致。这些污染物一旦存在，挥发期将持续长达 15 年。而室内场馆往往通风效果较差，有毒有害气体难于散发。

装修污染是导致白血病、癌症和肿瘤的元凶，在中国已取代交通事故，成为非正常死亡的主要因素。有害气体可引发呼吸道、神经、视力、生殖、免疫等系统的疾病，尤其是对老人和孩子危害最大。甲醛可以经呼吸被人体吸收，长期接触低剂量甲醛可以引起慢性呼吸道疾病、女性妊娠综合征、新生儿体质下降。高浓度的甲醛对神经系统、免疫系统、肝脏都有毒害，可引起鼻腔、口腔、皮肤和消化管的癌症，更为致命的是可以引起畸胎。塑胶跑道的气味主要来源于聚氨酯胶水中的氯化物、残留的游离二异氰酸酯、部分甲苯和二甲苯等溶剂的残留等。这些物质一旦超标，便会导致头昏、呕吐、昏厥等，对人体造成伤害。尤其是在炎热的天气或者强紫外线照射下，会加速有害气体的释放。因此，学校或者相关单位在施工时，要注意监管，避免造成不可挽回的伤害。

（三）水域污染

游泳是一项很好的体育锻炼项目。不同温度、压力、成分的水还可用于理疗，防治某些疾病，如冷水浴可提高交感神经的紧张度，对机体起强壮作用；温水浴可以促进血液循环；天然矿泉浴、人工海水浴、药物浴等可治疗各种关节炎、多种皮肤病、多发性神经炎等。目前，利用自然或人工的水疗保健受到人们的欢迎。但水域的污染也会影响健康。若未经处理或处理不当的工业废水和生活污水排入水体，数量超过水体自净能力，就会造成水体污染，使水质物理与化学性质发生改变，水质变坏，降低水的使用价值，直接或间接危害人体健康。在污染水域游泳，如细菌总数、大肠菌群超标，可引起高烧、腹痛、呕吐、眼睛红肿发胀、嗓子发炎等症状。近年来，游泳池水污染及开放水域污染游泳导致的伤害事件时有发生。因此，在选择游泳场所时，一定注意水域的卫生程度是否符合要求。

第二节 不同人群的体育卫生要求

随着我国经济水平的逐步提高和 2008 年北京奥运会的成功举办，体育运动有了更广泛的群众基础。同时，我国人口老龄化加剧，人们更加关注如何通过合理的体育锻炼增进健康、促进身体的生长发育、增强体质、预防疾病、延缓衰老。为了使体育锻炼真正达到促进健康的目的，必须根据不同年龄、不同性别人群的解剖生理特点和体育锻炼卫生要求，进行科学合理的锻炼，才能真正增进健康，防止运动伤病及意外事故的发生。

按照人体的生理变化，可将人的年龄分为多个时期，本节将分别阐述儿童青少年、中年人和老年人几个不同年龄人群以及女子的解剖生理、心理特点和体育卫生要求。

一、儿童青少年身体生长发育的一般规律

儿童青少年（6~17岁）身体各组织、器官的结构和功能、智力和心理发育尚未成熟，体内新陈代谢旺盛，是快速生长发育的关键时期。自2007年我国启动"阳光体育运动"以来，学校体育和学生体质出现了积极的变化，但依然有部分学生肺活量水平呈逐渐下降趋势，速度、爆发力、力量耐力和耐力素质水平出现下降，肥胖检出率继续上升。合理的体育锻炼，对促进儿童青少年身体生长发育，增强体质，提高健康水平，以及对其思想、道德和意志品质的培养等方面均具有重要的作用。因此，应鼓励儿童青少年积极主动地参与体育锻炼，培养体育锻炼的兴趣和习惯，有效提高其体质健康水平，引导和促进其逐步形成健康的生活方式。2018年1月30日，我国发布的《中国儿童青少年身体活动指南》建议，儿童青少年每日应进行至少累计60 min的中、高强度身体活动，包括每周至少3天的高强度身体活动和增强肌肉力量、骨骼健康的抗阻活动。

生长和发育是个体成长中相互联系的两个方面。儿童青少年身体生长发育受遗传、社会环境、自然条件、家庭生活、营养、疾病和体育锻炼等因素的影响，会表现出形态、机能、性成熟等方面的个体差异，但仍普遍存在一般规律。儿童青少年在生长发育过程中所表现出来的普遍现象称为生长发育的基本规律。

（一）生长发育是从量变到质变的复杂过程

生长与发育是个体成长过程中互相联系的两个方面。生长是指细胞的繁殖、增大及细胞间质的增加，表现为身体的高度、宽度和重量的逐渐增加。发育是指人的各组织器官及系统不断分化，形态逐步完善，功能逐渐成熟，包括心理和智力的变化，是一个质的渐变过程。

人体的生长发育是由不易觉察的细小量变逐渐过渡到根本突然质变的复杂过程。随着形态由小到大、由轻到重的改变，各组织器官也在不断分化，功能逐渐成熟和完善。在大脑逐渐增大和变重的过程中，大脑的记忆思维和分析综合能力不断完善。随着消化器官功能的完善，由只能接受少量流质食

物逐渐达到能消化非常复杂的固体食物。性腺的形态在从小到大的生长过程中，机能也由幼稚发育到成熟。这种量变到质变的过程是逐渐发生的。

（二）生长发育的速度是波浪式的

人体的生长发育不是匀速的，而是有快有慢的，即波浪式的。从胎儿到发育成熟期间有两次增长较快的阶段，称为生长发育高峰期或突增期。第一次高峰期是由胎儿时期开始到出生后的第一年，此时身高和体重的增加是一生中最快的阶段。出生后的第二年增加速度虽然比第一年略慢，但在整个生长发育过程中仍是比较快的。以后逐渐下降至保持相对平稳的增长速度。直至青春发育期，生长发育速度又一次出现突增，称为第二次高峰，以后增长速度减慢，直至发育成熟。

（三）生长发育的不均衡性和统一协调性

1. 身体各部分发育的不均衡性

胎儿时期，头发育较快，出生后的生长发育遵循"向心规律"，即下肢发育领先于上肢，四肢发育领先于躯干；长度的发育领先于围度和宽度；身高的发育领先于体重。从出生到成人的生长发育过程中，下肢增长了4倍，上肢增长了3倍，躯干增长了2倍，而头只增长了1倍。

2. 身体各器官、系统发育的不均衡性和统一协调性

尽管人体各器官、系统的发育速度和起止时间各有不同，但由于人体是一个统一的有机整体，因此，各器官、系统的发育与其生理机能相适应，同时彼此密切相关与整体发育一致。例如，神经系统支配调节全身各组织、器官活动，实现机体与外界联系，在胚胎时期神经系统快速生长发育，新生儿脑重约380 g，是成人脑重的25%，到6岁时已达成年人脑重的90%。脑重增长的同时，大脑皮质内部结构与功能也日益发展，在6~20岁之间，脑的重量虽然只增加了10%左右，但脑细胞的结构和功能却发生了显著变化，最终达到神经系统功能的完善。由于儿童时期机体对各种疾病的抵抗力弱，主要靠淋巴系统进行保护，因此在10岁以前淋巴系统发育迅速，以增强机体对疾病的抵抗力。进入青春发育期后，随着机体各系统的成熟和抵抗力的增强，淋巴系统逐渐萎缩。生殖系统开始发育最晚，10岁以前发育很慢，青春期开始后才迅速发育渐趋成熟（图2-1）。

掌握儿童青少年生长发育的一般规律，有助于根据其不同时期的发育特点合理安排体育教学和科学训练。在教学和训练中，应制订适合于儿童青少年身心发育系统的教学和训练计划。在儿童青少年生长发育的不同阶段，科

学地选择适宜的教学、训练内容和手段，促进其身心生长发育。由于人的生长发育是不均衡的，但又是统一协调的，因此，应全面考虑教学、训练对机体的影响，促进儿童青少年身心全面发展。

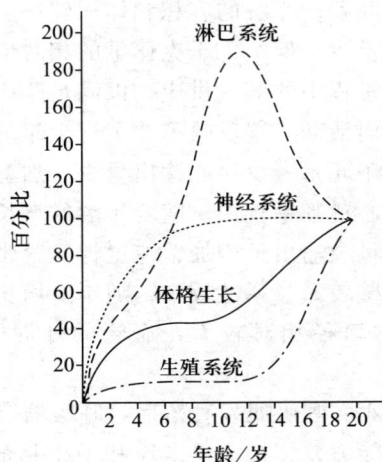

图 2-1　出生后各器官、系统的生长发育规律

资料来源：王安利. 运动医学 [M]. 北京：人民体育出版社，2008.

二、儿童青少年体育卫生

（一）儿童青少年的解剖生理特点

1. 运动系统的解剖生理特点

儿童青少年的骨骼处于生长发育时期，骨内有机物多，无机物少。因此，儿童少年骨骼的弹性大、韧性好、不易骨折，但硬度小、坚固性差，承受压力和张力的能力不如成人，容易在用力过大、时间过长的外力作用下发生弯曲或变形。骨骺未完全骨化之前，骨骺的坚固性较弱，易发生骨骺损伤，影响骨的正常发育。

儿童青少年肌肉发育不平衡，大肌肉群发育快于小肌肉群，屈肌快于伸肌，肌肉组织富含水分，弹性好。肌肉较细嫩，肌纤维细小，肌肉横断面积小，肌肉收缩蛋白少，能源物质储备（如肌糖原）少，神经调节机制不完善。因此，儿童少年的肌肉力量和耐力都较成人要弱。

儿童青少年关节面软骨较厚，关节囊较薄，关节内外的韧带薄弱而松弛，关节周围的肌肉较细长。关节的伸展性与活动范围较大，关节的灵活性和柔韧性好，但牢固性和稳定性较差。

2. 心血管系统和呼吸系统的解剖生理特点

儿童青少年时期心脏发育尚不完善，心肌纤维短而细，弹力纤维分布较少，心脏瓣膜发育尚不完善，心脏的容积和体积较小。因此，儿童青少年心脏收缩力量小，心输出量少。但按每千克体重的相对值并不少，这可以保证儿童青少年在生长发育过程中的氧气供应，以满足旺盛的新陈代谢，并足以胜任短时间较紧张的肌肉活动。这反映了儿童青少年的心脏发育与机体整体的发育水平相适应。由于儿童青少年心输出量少，加上新陈代谢旺盛，交感神经兴奋占优势，因此心跳频率较快。随着年龄的增长，心肌纤维增粗，心脏重量、容积、收缩力量及输出量增加，迷走神经紧张性提高，心率会逐渐减慢。年幼儿童的血管壁较薄、弹性较小，随年龄增长，血管壁的厚度及弹性均增加，动脉血管的口径相对较大，血管的外周阻力较小，因而血压较低。

儿童青少年胸阔窄小，呼吸肌发育落后，呼吸器官发育不完善，呼吸道狭窄。另外，纤毛运动能力差，极易受尘埃和微生物的侵害引起黏膜充血、发炎等。因此，儿童青少年呼吸表浅，肺活量小，频率快，剧烈运动时易产生疲劳，供氧能力较差，耐缺氧能力较低。随年龄增长，呼吸深度加大，呼吸频率逐渐减慢。经常参加体育锻炼的儿童青少年，呼吸系统的抵抗力明显增强。

3. 神经系统的解剖生理特点

新生儿的脑重约380 g，1岁时已达950 g，此时脑神经元数目已达成人水平（约140亿个）；7~8岁时，脑重已达1 400 g，接近成人脑重；9~16岁时，脑主要进行细胞内部的结构与机能复杂化过程。

在神经系统结构变化基础上，儿童青少年神经系统机能的主要特点是：大脑皮质神经过程的兴奋和抑制不均衡，兴奋占优势，兴奋过程相对比较强、易扩散，兴奋和抑制转换较快、灵活性高。表现为活泼好动，注意力不易集中，富于模仿性。儿童青少年易建立条件反射，学习和掌握新动作较快，但由于兴奋容易扩散，所以做动作时易出现多余动作，动作不够准确、协调。需要注意的是，儿童青少年建立条件反射较快，消退得也快，但重新恢复也快。

13~14岁的儿童少年，大脑皮质的抑制过程得到发展，动作的协调性有所提高，但由于分化能力不是很强，分析综合能力不及成人，又受到小肌肉群发育较迟的制约，致使他们在运动中对距离、时间、速度和力量的判断能力不强，肌肉运动感觉不够精细，所以仍难以掌握复杂精细的技术动作。

14~16岁的少年，由于大脑皮质分化能力得到进一步发展，运动反应潜伏期大大缩短，动作中出现的错误百分率大大减少，能掌握一些较复杂的动作。由于女子分化抑制发展得较早，此年龄阶段的女子能胜任较复杂高难的动作，在体操、花样滑冰和杂技中表现得尤为突出。

在儿童青少年神经活动中，第一信号系统的活动占主导地位，对于形象具体的信号容易建立条件反射，第二信号系统的活动尚在发展中，抽象的语言思维能力较差，分析综合能力发展尚不完全。因此，在体育教学过程中，对他们应多采用直观教学和示范教学手段，选用简单的、形象的语言和口诀进行讲解。同时应注意培养和发展他们的思维能力，促使第二信号系统活动更快地发展。

儿童青少年大脑皮质神经细胞工作能力较低，易产生疲劳，但由于神经细胞的物质代谢旺盛，神经过程的兴奋与抑制转换较快，灵活性高，所以疲劳消除得也较快。

在青春发育期，由于性腺活动加强，内分泌腺活动发生变化，使神经系统的稳定性受到影响，所以在形成动作技能时，动作的协调性可能暂时下降，这一点在女少年中表现更为明显，但经过一定时间的运动训练，此种情况可以逐渐得到克服。

4. 心理特点

儿童时期是大脑内部结构和功能完善的关键时期。这一时期，儿童的自主意识增强，但辨别是非能力有限，探索欲与求知欲强烈，活泼好动。青春发育期是心理变化较突出的一个时期。这一时期，儿童青少年心理波动大，升学压力大，自我意识增强，言行趋于完善与成熟，有较强的独立意识，有时会出现逆反心理。此外，在心理上希望能尽快进入成人世界，希望尽快摆脱童年时的一切，寻找到一种全新的行为准则，扮演一个全新的社会角色，获得一种全新的社会评价。

（二）儿童青少年的体育卫生要求

1. 根据儿童青少年运动系统的解剖生理特点，在运动中要注意以下几个方面

（1）要养成正确的坐、立、走、跑、跳姿势。这是因为儿童青少年骨骼的承受力和肌肉力量都不及成年人，易造成骨变形弯曲，甚至畸形。一旦发现异常时，应立即采用体育康复手段予以矫正。

（2）要注意身体各部位的全面锻炼。有些运动项目只是单侧运动，如乒乓球、羽毛球、网球、田径的投掷项目等，应注意进行对侧的对称练习，否则易造成肢体发育的不对称。

（3）不宜在坚硬的地面上反复进行跑跳练习。由于儿童青少年脊柱生理弯曲小于成年人，缓冲作用较弱，若长期在坚硬的地面（如水泥地面）上进行跑跳练习，会对下肢骨的骨化点产生过大和频繁的刺激，而引起过早骨化或骺软骨的损伤，影响骨的生长发育。同时，要避免过多地从高处向下跳的练习，以防止造成骨盆发育变形。

（4）不宜过早地从事过多、过重的力量练习。儿童青少年长期过多过重的进行下肢力量练习，会引起腿的变形，足弓高度下降，促使下肢骨化早期完成。下肢生长发育不良会对整个身体的生长发育造成不利影响。12~15岁时，肌肉的生长和肌肉力量的增长较快，可采用一些阻力较轻的负重练习来发展肌肉力量，但时间不宜过长，练习次数不宜过多。

（5）注意防止运动损伤的发生。儿童青少年虽然关节活动幅度大、柔韧性好，但牢固性较差，极易发生关节的脱位和韧带的扭伤等。另外，技术动作不正确，也很容易造成肌肉、关节或韧带的损伤。因此，在发展柔韧性的同时，应注意发展关节周围肌肉群的力量，以防止骺软骨病及关节损伤的发生。每次进行体育锻炼时，应注意做好准备活动，仔细检查场地器械，掌握好技术动作，特别是落地缓冲的技术，以免因准备活动不充分，或因器械的损坏，或因动作的不正确而造成肌肉、韧带的拉伤或其他伤害事故。

（6）要注意磷、钙的补充。由于儿童青少年的骨骼正处于生长发育的旺盛时期，对各类矿物质，特别是对磷、钙的需要量较多。因此，膳食中应保证有充足的磷、钙。为了促进磷和钙的吸收，应多安排室外体育活动。

2. 根据儿童青少年心血管系统和呼吸系统发育的特点，应注意以下几个方面的体育卫生要求

（1）要注意合理安排锻炼的内容。儿童青少年的活动应以短时间速度性练习为主，不宜采用过多的耐力性及力量性练习。

（2）要注意合理安排运动量、运动强度和运动密度。在体育锻炼或运动训练中，运动量的安排要合理。一般强度可稍大一些，密度要小一些，中间休息的次数要多一些，练习的时间不宜过长，特别是要注意循序渐进、区别对待的原则。

（3）儿童青少年应避免做过多的憋气动作。由于憋气时胸腹腔压力升高，使回心血量减少，从而也降低了心输出量，使心脏本身的血液供给受到影响。当憋气结束的瞬间，胸腹压力骤减，大量血液回流心脏，致使心脏一时过度充盈，不利于心脏的工作。因此，憋气练习、倒立、背桥等动作不宜多做。

（4）培养儿童青少年正确的呼吸方式，注意呼吸卫生。在运动过程中，应有意识地加深呼吸，避免快速而表浅的呼吸。因为空气只有在肺泡中才能和血液进行气体交换，快速而表浅的呼吸进入肺泡的空气量少，通气效果差。呼吸方式与节奏应与运动协调配合。运动中，应坚持用鼻呼吸。避免在尘土飞扬或空气污染严重的场所进行锻炼。在天气严寒及刮风时，应当采取适当措施，保护呼吸器官的健康。

3. 根据儿童青少年神经系统的发育及心理特点，应注意以下几个方面的体育卫生要求

（1）儿童青少年体育活动的内容要多样化，形式应生动活泼。在活动过程中，可穿插一些游戏和小型比赛，并注意要有适当的间歇。

（2）要注意多采用直观教学和示范教学的手段。由于儿童青少年的神经活动以第一信号系统的活动占主导地位，因此，在体育教学和体育锻炼过程中，应运用简单、形象的语言进行讲解，多做模仿性练习，这样做既利于运动性条件反射的建立，又利于培养其观察、思维能力，并可促进第二信号系统的发育。

（3）不宜做过于复杂、精细的技术动作。这主要是由于儿童青少年大脑皮质神经细胞分化尚不完善，神经系统的分析综合能力较差，小肌肉群发育较迟等方面的原因所决定的。

（4）注意安全教育，预防运动中的意外损伤。在体育课中，要注意课堂组织和纪律，以免儿童青少年由于好奇心强，不懂器械使用规范，而导致意外的损伤。

（5）要根据男、女生对体育锻炼的不同心理特点进行教育。许多女生对参加体育锻炼的积极性不高。因此，在教学中要注意循循善诱，鼓励激发她们参加体育锻炼的自觉性和积极性，适当增加她们感兴趣的内容，如健美操和韵律操等。而这个时期男生的心理特征表现为好胜心强，往往对自己的能力预估过高。因此，在教学中应对他们加强预防损伤、循序渐进和组织纪律的教育，同时加强保护措施及其自我保护能力的培养。

（6）根据心理特点，培养体育锻炼习惯。儿童青少年随年龄增长，学习压力不断增加，尤其到了中学阶段，学习任务繁重，又有升学压力，体育活动时间常常被压缩，甚至许多课外活动时间被自习课代替。因此，这一阶段要注重培养儿童青少年自主参加体育活动的积极性，不断提高锻炼兴趣，养成锻炼习惯。同时增加儿童青少年感兴趣的内容，开展多种多样的体育活动，这是儿童青少年缓解压力和情绪的一种方法。

4. 早期专项训练问题

早期专项训练是指把从事专项训练的开始年龄合理地提前。实践证明，这是获得良好运动成绩的重要手段。但儿童青少年正处于身体全面生长发育时期，各器官、系统的功能还不完善，不科学的早期专项训练不仅难以出成绩，甚至会损害儿童青少年正常的生长发育。对儿童青少年的早期专项训练要注意以下几点：

（1）注意贯彻全面训练原则。儿童青少年正处于身体全面生长发育时期，在进行体育教学和训练时，每个运动项目对身体的影响都有一定的局限性。如果早期专项训练的内容单一，不注意全面身体训练，可能导致儿童青少年身体发育不均衡，甚至产生缺陷和畸形。如网球、羽毛球等单侧肢体运动较多的项目，训练中如不注意对侧肢体的锻炼，可能导致左右肢体不对称。为此，可适当多采用一些田径项目的练习，这既能使儿童青少年掌握较多的技能，又能全面发展力量、速度及耐力等各种身体运动素质，对促进儿童青少年身体全面发展、增强体质有良好的作用。

（2）早期专项训练的年龄要适合。早期专项训练的适合年龄，应根据儿童青少年身体发育状况和项目特点而定。身体运动素质的发展存在年龄特征：10岁前，柔韧性较好；10~12岁，速度发展快；12~13岁，力量发展较快；14~15岁，耐力发展较快。因此，不同项目早期专项训练的适宜年龄为：5~8岁，游泳、武术、体操等项目；10~12岁，球类、跳跃类项目；15~16岁，长跑、举重等项目。

（3）防止专项训练造成"早熟"和"早衰"。早期专项训练不在于要求少年时期创造优良成绩，而是着重于身体全面训练和专项素质训练。专项素质训练一般需要2~3年的时间，这是为了提高各器官、系统的功能，改善各神经中枢及其支配下的内脏器官功能的协调性。经过这个阶段后，再要求运动员出成绩。如果过早地要求青少年运动员出成绩，必然忽视全面训练，片面追求专项训练，加大训练强度，使训练量过重，比赛频繁。这样极易造成青少年运动员的"早熟"，即年龄很小便出现了很好的运动成绩。但往往是这些早熟的运动员也会出现"早衰"。以至于在成年时，反而创造不出优异的成绩来，从而过早地结束其运动生命。另外，训练安排不当、训练强度过大、参加比赛过多、营养搭配不合理等因素导致的各种伤病，也是引起"早衰"的重要原因。

到2020年青少年体育锻炼习惯基本养成

三、中年人体育卫生

中年是指在人的一生中由青年过渡到老年的一段岁月，通常是指35~60岁这一年龄阶段。中年又是身体上的转变时期，即从充满活力的青年时期，逐渐转变为迟缓、衰退的老年阶段。

（一）中年人的解剖生理、心理特点

1. 运动系统的解剖生理特点

中年后期，骨骼的成骨细胞生长缓慢，骨中蛋白基质减少，引起骨骼脱钙，造成骨质疏松，骨的脆性加大、韧性减小，易发生骨折。随年龄增长，关节滑液变性，软骨基质减少，弹性降低，使关节的活动范围减小。随着年龄增长，肌肉的形态与机能也会有增龄性改变。据研究，人的肌力在 25~30 岁最强，在 35 岁后，肌力每 10 年递减 10%~20%。肌力减弱也使全身体力和持久工作能力降低。

2. 心血管系统的解剖生理特点

中年以后，由于心肌褐色脂质沉着，心脏外观呈褐色并萎缩，心肌细胞线粒体变性以及心肌纤维淀粉样变性等，会导致心功能减弱，表现为心搏逐渐减弱，心输出量减少。一般来说，30 岁心输出量为 3.41 L/min，40 岁时为 3.2 L/min，50 岁时为 3.0 L/min，60 岁时为 2.7 L/min。血管壁上脂质斑块沉积，管腔变窄，并随年龄增长，血流量和血流速度减慢，血管壁弹性下降。血压随年龄增长而增高，每增长 10 岁，约升高 10 mmHg。

3. 呼吸系统的解剖生理特点

由于骨关节的退行性改变，中年后期易发生脊柱后突，胸廓变形，肋间变宽，肋骨呈水平位，因而呼吸幅度减小，影响气体交换过程。随着年龄增长，肺泡缩小融合，肺表面积缩小，气管发生退行性改变，表现为中年后肺活量逐渐减小，肺残气量增加。肺的弥散功能也逐渐减低，易出现气促、气喘现象。

4. 神经内分泌系统的解剖生理特点

中年以后，神经传导速度减慢、记忆力下降。由于中枢神经抑制过程减弱，因而睡眠时间缩短，不易入睡，且易醒。中年后，人体内分泌腺开始萎缩，功能减退，使内分泌紊乱，尤其是性腺功能逐渐下降。中年妇女 45 岁以后进入更年期，还会出现一系列症状。

5. 消化系统的解剖生理特点

中年以后，胃肠黏膜变薄，胃肠道的腺体和绒毛逐渐萎缩，平滑肌纤维萎缩，弹性下降，肝脏和胰腺重量减轻，功能减退。因此，易患胃扩张、胃下垂、消化不良等消化系统疾病。基础代谢率逐渐下降，体内能量消耗减慢，易发生肥胖。

6. 心理特点

中年人进入不惑之年，他们在社会上工作负担繁重，人际关系复杂，精神压力过大；在家庭中，既要赡养父母，又要抚养教育子女，经济、精神负担沉重，造成心理负荷过重。人到中年，思维记忆能力开始减退，反应灵敏性下降，感觉敏锐性也逐渐减弱，并随年龄增长日渐衰退，这些又增大了心理负担。

（二）中年人的体育卫生要求

坚持科学的体育锻炼是延迟衰老、增强体质的重要手段。中年人由于身体机能发生了一系列的退行性改变，在参加体育锻炼时要注意以下几个方面：

1. 锻炼前必须进行严格的体格检查

通过体格检查了解健康状况，以便选择合适的运动项目和合理科学的运动处方。检查的重点应放在心血管功能方面。

2. 选择适宜的运动项目、强度和合理安排锻炼时间

中年人各器官、系统都有不同程度的退行性变化，所以选择的运动方式要多种、全面，力求使全身各部位都参与运动，如步行、慢跑、骑自行车、广播操、游泳、太极拳、气功、小球类、远足、登山等。运动强度的确定应遵循量力而行、循序渐进的原则。运动强度应达最大心率的 70%~85% 或最大摄氧量的 50%~70%。锻炼时间一般每周安排 3~5 次，每次 20~45 min。中年人切忌突然剧烈运动。因为激动、紧张和突然运动等不利因素结合在一起，对于潜在的心血管病患者特别危险。锻炼应选择人少、宁静、空气清新的环境。饥饿、饭后不要运动，尤其不要进行剧烈运动，以免影响消化功能，发生消化道疾病。晚上睡前不宜做剧烈运动。

3. 加强医务监督工作，防止过劳或意外损伤

及时监测晨脉、血压、体重等的变化，根据身体反应调整或暂停运动。另外，运动服装要轻、软、透气、合体，注意环境与场地卫生。夏季锻炼要戴凉帽，注意补充水和盐分，防止中暑；冬季锻炼要注意身体保暖，防止感冒和冻伤。

4. 定期进行全面身体健康检查

中年人应重视定期的身体健康检查，并要建立健康档案。经常了解自己的健康状况，特别要注意平时无明显症状的冠心病以及其他一些潜在的慢性疾病。

四、老年人的体育卫生

随着医疗条件的不断提高和社会经济水平的进步与发展，世界人口老龄化加剧，中国人口的老龄化程度也在持续加深。根据国家统计局 2018 年 1 月 18 日的数据显示，2017 年，全国人口中 60 周岁及以上人口为 24 090 万人，占总人口的 17.3%，其中 65 周岁及以上人口为 15 831 万人，占总人口的 11.4%。因此，在"健康中国"国家战略背景下，迫切需要通过广泛开展老年人健身体育活动，促进其良好生活方式的形成，改善老年人的生活质量。为了更好地促进老年人健康，在体育锻炼中要根据老年人的解剖生理特点，注意锻炼中的体育卫生要求。

（一）老年人的解剖生理、心理特点

1. 运动系统的解剖生理特点

由于内分泌和代谢功能的改变，很多老年人发生骨萎缩和骨质疏松，表现为骨质减少、骨皮质变薄，骨骼的弹性、韧性降低，骨骼变脆，易发生骨折。老年人骨质的减少与骨钙丢失有关，四肢骨及脊柱最明显。

老年人肌肉出现萎缩、肌肉量减少、肌力降低。一般 30 岁左右男子的肌肉重量约占体重的 40%，而到老年时则占体重的 25%。

老年人由于关节软骨萎缩、发生纤维变性等退行性变化，关节面逐渐粗糙变形，关节软骨附近常出现不同程度的骨质增生或肌肉附着部分出现骨化，关节滑囊僵硬、韧带弹性减弱等，造成老年性骨关节的退行性变化或出现畸形，如驼背、脊柱侧弯等。

2. 心血管系统的解剖生理特点

老年人心肌收缩力量减弱、血管弹性减退、动脉管壁硬化、管腔变窄使血管外周阻力增加，动脉血压升高，致使心脏工作负担加重，心输出量减少。60 岁以上的老人心输出量较 25 岁的青年减少 30%~40%，脉搏频率逐渐下降、血液循环缓慢，身体各脏器的血流量也减少，使组织、器官的供氧受到影响。老年人肾脏的血流量较年轻人减少 30%~40%。

3. 呼吸系统的解剖生理特点

老年人的呼吸机能减退比较明显。老年人肺泡融合、间隔萎缩失去弹性，使肺组织弹性降低，氧弥散功能出现障碍。老年人呼吸肌力量减弱、肋软骨钙化、韧带弹性减弱使胸廓的活动度减小。肺脏的通气和换气功能降低，肺活量一般从 35 岁就开始下降，到 80 岁约下降 25%，而残气量却增加

了近一倍，使动脉中的血氧含量降低。

4. 神经内分泌系统的解剖生理特点

老年人神经纤维出现退行性改变、脑血管硬化、脑血流阻力增加、血液循环减慢、脑血流量及氧耗量降低。老年人大脑皮质神经活动的兴奋和抑制转换速度减慢，神经活动的灵活性降低，对各器官、系统的调节功能减弱，建立新的条件反射较困难，记忆力减退，对刺激的反应较迟钝。老年人保持体位、支撑力、平衡力有障碍。神经细胞工作耐力差，容易疲劳，疲劳后恢复得也较慢。但老年人思想易于集中，各神经中枢之间的联系也较牢固。

5. 心理特点

老年人的情绪情感变化较明显，尤其是许多老年人从工作岗位退休后，社会角色发生了变化，有不同程度的失落感。原来的生活规律、生活内容都会发生巨大变化，由于多年形成的生活、工作习惯，老年人趋向保守、固执己见。生理、心理上都会存在波动，滋长衰老感、孤独感。此外，家庭、婚姻、子女、经济、健康及个人的需求是否能得到满足都是影响老年人心理健康的重要因素，这些都可成为致使老年人心理失调的消极因素。如果任其发展，必然会给老年人的身心健康带来危害。为此，老年人保健要关注精神卫生。

（二）老年人体育卫生要求

根据老年人的解剖生理特点，在进行体育锻炼时应注意以下几个方面：

1. 运动前要进行体检

由于老年人体质状况个体差异较大，因此，在参加体育锻炼前要进行全面的身体健康检查，以便合理地选择运动项目及确定适宜的运动负荷。有条件时，可请医生据此开出运动处方。

2. 量力而行，循序渐进

老年人从事体育锻炼时，必须根据自己的身体情况，量力而行。运动负荷要从小到大逐渐增加，增加的速度不宜太快，每增加一级负荷，都要有一个适应阶段。在锻炼中要掌握循序渐进和持之以恒的原则。

3. 宜参加有氧运动项目

老年人宜选择以提高心肺功能为主的全身性有氧运动项目，如散步、慢跑、太极拳、气功、广播操、游泳等活动，这些活动既可以提高老年人的心肺功能，又可使神经系统、运动系统的功能得到改善。老年人可适当参加一些抗阻力量性锻炼，以缓解肌肉衰减的进程。

4. 避免做屏气和使血压骤然升高的动作

活动时，呼吸要自然，动作要缓慢而有节奏。避免做屏气和过度用力的动作（如举重、俯卧撑、引体向上等），尤其对有动脉硬化的老人，更应避免做引起血压骤然升高的动作（如手倒立、头手倒立等）。对于可能会引起身体血液重新分配和影响脑部血液循环的身体骤然前倾、后仰、低头及弯腰的动作，应尽量少做。

5. 注意膝关节的保护

老年人由于关节软骨退行性变化，弹性下降，在运动中尤其要注意避免膝关节过度负重和长时间磨损。例如，在爬楼梯或爬山过程中，膝关节受力较大，会加重膝关节磨损，因此，体重较重的老年人应尽量减少爬楼梯或爬山。

6. 运动前后要认真做好准备活动和整理活动

通过准备活动可以减少肌肉黏滞性，使心血管系统有较好的预适应。老年人由于生理机能减退，运动后恢复时间较长，运动结束后要通过拉伸、按摩等方法促进机能恢复。

7. 要做好自我监督

老年人参加体育锻炼，应时常了解自己的脉搏频率、血压及身体健康状况，以便进行自我监督。一般来说，老年人运动后应感到心情舒畅、精神愉快、轻度疲劳，食欲及睡眠较好，晨脉稳定、血压正常。如果运动后出现头痛、头晕、胸闷、心悸不适、食欲减退、睡眠不佳及明显疲乏、厌练等现象，则说明运动负荷过大，应及时调整锻炼内容、运动负荷或暂停锻炼。美国运动医学会推荐的适宜的心率为 110～130 次/min，每周 3 次，每次 20～30 min（可根据自身情况适当延长）。遇有感冒或其他疾病，身体过度疲劳时，不要勉强，应暂停锻炼，并及时进行治疗或休息。

居家社区
养老模式
的兴起

五、女子体育卫生

女子一生可分为 6 个时期，即新生儿期、幼儿期、青春期、生育期、更年期和老年期。青春期前，男女儿童的身体机能状况和运动能力差别不大。青春期是身高快速增长期，男生进入身高生长加速期的平均年龄是 13～14 岁，然后速度逐渐下降。女生的这一过程要先于男生约两年，大多数女生从 11 岁左右开始就进入身高生长加速期，14 岁左右达到高峰。青春期第二性征出现，性器官迅速发育，女生出现月经。青春期后，由于内分泌和生殖系统的迅速发育，使男性和女性在机体形态结构、生理功能等方面以及心脏、呼吸、骨骼和肌肉系统有显著的差别。因此，在进行体育锻炼、体育教学和运动训练时，对运动项目的选择、运动量的安排等方面必须考虑到女子的解剖生理、心理特点，注意有关的体育卫生要求。

（一）女子的解剖生理特点

1. 运动系统的解剖生理特点

女子骨骼细小，骨密质较薄，骨骼内水分及脂肪的含量相对较多，无机盐含量较少，女子全身骨骼的重量较男子约轻 20%，坚固性差，女子骨骼的抗压、抗弯能力也仅为男子的 2/3。脊椎的椎间盘较厚，韧性和弹性较好，腰部活动范围大，腰部脊椎容易弯曲，"成桥""弯腰"的动作比男子容易。女子四肢骨较男子短而细，尤其是小腿，这就决定了女子上半身长、下半身短、重心较低等特点，但这有利于维持身体平衡，适合做平衡动作。女子的骨盆比男子宽而低，盆底大，这种结构有利于女性妊娠的需要，但负重、跳跃和竞走等能力均不如男子。男子肌肉重量占体重的 40%～50%，女子占 32%～35%；女子全身脂肪约占体重的 28%，男子约占 18%；女子肌糖原含量比男子少，肌肉生理横断面小，动力及静力性力量均低于男子，易疲劳。

2. 心血管系统的解剖生理特点

女子心脏体积较小，心脏重量和心脏容积也比男子小，因此，女子每搏心输出量也较男子少（表2-1）。运动时，女子主要是靠加快心率来增加心脏每分输出量，因此，其心脏储备能力也低于男子。运动时，女子血压升高幅度较小，运动后恢复时间较长。女子全身血量低于男子，血液内的红细胞及 Hb 也均低于男子。因此，女子血液运输氧和二氧化碳的能力都不及男子。

3. 呼吸系统的解剖生理特点

女子胸廓和肺部的容积都较小，呼吸肌力量较弱，胸廓活动度较小，因此女子的肺通气功能和换气功能都较低，表现为女子的呼吸频率较快，肺通气量、肺活量小于男子（表2-1）。此外，由于女子的心血管系统功能也不及男子，因此，女子安静时和最大运动负荷时的吸氧量也小于男子。这些都限制了女子在运动中氧的供应能力，从而使她们的运动能力及耐力都不及男子。

表 2-1 男女循环系统和呼吸系统机能比较

项目	性别	
	男	女
心脏的重量平均值/g	272	239
心容积/mL	600~700	455~500
心率/(次·min^{-1})	60~80	70~80
心脏每搏输出量/mL	50~70	30~50
血量占体重的百分率/%	8	7
红细胞数量/(10^{12}·L^{-1})	4.0~5.5	3.5~5.0
血红蛋白浓度/(g·100 mL^{-1})	12.5~16	11.5~15
最大摄氧量/L	5~6	3.5~4.5

资料来源：赵斌，姚鸿恩. 体育保健学 [M]. 北京：高等教育出版社，2011.

4. 生殖系统

女子腹腔、盆腔内，向下压力的方向与骨盆出口平面几乎垂直，而骨盆底的出口较大，由骨盆底肌肉（会阴部肌肉）、筋膜及皮肤等封闭，所以骨盆底肌肉将承受较大的腹压，倘若骨盆底肌肉不够紧张有力，就会造成子宫下移，严重时有可能影响日后的生育。腹壁肌肉、骨盆底肌和横膈膜三者对保持一定的腹腔、盆腔内压力有重要的作用。通过体育锻炼，使女子的骨盆底肌肉与腹肌变得强而有力，弹性好，紧张性正常，可以维持和承受足够的腹压，这对于维持子宫及其他内生殖器官的正常位置是很重要的。

（二）女子的一般体育卫生要求

根据女子的生理解剖及心理特点，女子在参加体育运动时应注意以下几点：

（1）中学体育课应男女分班进行教学，教学内容与要求男女应有所区别，对女生的锻炼标准、运动成绩的考核要求应低于男生，使用的器械重量也应轻于男生。

（2）女子心血管、呼吸系统功能较差，运动量应比男子相对小些。

（3）女子肩部较窄，臂力较弱，做悬垂、支撑及大幅度的摆动比较困难。因此，在学习和锻炼时要注意循序渐进，发展上肢力量及加强保护。

（4）根据女子身体重心较低、平衡能力较强、柔韧性较好、爱美和善于表现等特点，女子适宜进行艺术体操、高低杠、平衡木、自由体操和健美操等项目的练习。在体育教学和训练中，还应注意保持和发展其柔韧性，有目的、有步骤地加强肩带肌、腹肌、腰背肌和盆底肌的锻炼。

（5）女子不宜做过多从高处跳下的练习，地面不可过硬，注意落地缓冲的动作，以免过分震动，影响盆腔器官的正常位置及骨盆的正常发育。

（6）对青春发育期女子，要注意引导和启发她们参加体育锻炼的积极性和自觉性，全面发展她们的身体素质和提高其健康水平与运动成绩。

（三）月经期的体育卫生要求

1. 月经正常者可适当参加体育活动

通过做广播体操，打乒乓球、羽毛球等活动，不仅可以改善盆腔的血液循环，减轻盆腔的充血现象，而且腹肌与盆底肌的收缩与放松活动还能对子宫起到柔和的按摩作用，有助于瘀血的排出。此外，丰富多彩的体育活动，可以调节大脑皮质的兴奋和抑制过程，从而减轻全身的不适反应。对于身体健康、月经正常、又有一定训练水平的青少年女运动员，经期仍可进行一定量的运动训练，但开始阶段应减小运动量，待适应后再增加运动量，并要循序渐进，加强医务监督。

2. 月经期间运动量要适当减小

在月经期间，女性身体的反应能力、适应能力、肌肉力量、神经调节的精确性及灵活性等均可能下降。因此，运动量要适当减小，活动时间不宜过长，一般不要参加剧烈的、对抗性较强的体育比赛。比赛强度大、精神紧张、体能消耗较大，易导致卵巢功能失调，引起经血过多或月经紊乱。

3. 月经期间不宜游泳

由于月经期间子宫内膜脱落后，子宫内会形成较大创面，宫颈开口大，游泳时易使病菌侵入内生殖器官而引起炎症。此外，月经期间应避免寒冷刺激，尤其下腹部应注意保暖，避免着凉。

4. 月经期间避免大强度跑跳动作

月经期间应避免做剧烈的、大强度的、震动较大的跑跳动作（如疾跑、跨跳、跳高、跳远等）以及使腹内压明显增高的憋气和静力性动作（如推铅球、后倒成桥、倒立等），否则，会使子宫受压造成经血过多或引起子宫移位。

5. 月经异常者暂停体育活动

对月经紊乱（经血量过多、过少，经期不准）、经期下腹部疼痛和患有内生殖器炎症的女子，月经期间应暂停体育活动。女运动员出现月经紊乱，若对运动量、比赛、训练环境进行适当调整后，仍不能恢复正常者，应停止体育活动并及时进行检查和治疗。

（四）运动与妊娠、分娩

1. 妊娠期体育卫生要求

妊娠是女性生命中一段重要而特殊的时期。在这期间，女子全身各系统均可出现相应的改变。重视妊娠期体育保健，对确保孕妇健康和胎儿的正常发育、保持妊娠运动员的身体机能和运动能力的恢复都是非常重要的。

（1）妊娠初期。在妊娠初期，植物神经系统功能不稳定，孕妇常有精神萎靡、嗜睡、头晕、恶心呕吐、食欲不振等表现。同时，胎儿在子宫内位置不固定，操劳过度或剧烈运动，都会使盆腔和子宫过度充血，导致流产。因此，怀孕初期可根据个人身体情况，把运动量降低到所能承受的最低限度。而适量的运动又可提高机体适应能力，放松精神，减轻呕吐等不适感觉，增加食欲。因此，孕妇可在他人陪同下在室外散步，原地拍球，做简单的徒手体操、活动四肢。

（2）妊娠中期。在妊娠中期，妊娠反应好转，胎儿的位置基本固定，因而发生流产的危险大大降低。同时由于胎儿发育，母体变化较大，体形、体重的改变以及腹压的增加，均增加了循环系统和呼吸系统负担。由于子宫重量增加使身体重心前移，为了保持平衡，孕妇的胸和肩均向后倾，腰向前挺，容易引起腰酸及关节酸痛。因此，孕妇应坚持健身运动，如每日半小时的步行，坚持爬一定高度的楼梯及做孕期体操。孕期体操可以增强孕妇腹部、背部及骨盆肌肉的张力，促进血液循环，调节自主神经系统的平衡。在进行孕期运动的时候，一定要注意衣服样式要宽松，穿合脚的平底鞋，注意保暖，避免着凉。

（3）怀孕后期。在怀孕后期，胎儿已基本成熟，孕妇身体比较臃肿，行动欠灵活，而且容易疲劳，因此活动要非常小心。这一时期应根据个人的情况做一些简单的、低强度的运动，如散步、垫上体操等，出现疲劳就应及时休息。

对平时无运动习惯的妊娠女子，应鼓励她们参加轻柔和渐进性的运动，如散步、保健操及游泳、健身跑等，以提高其心、肺功能，促进新陈代谢，改善自我感觉，减轻妊娠反应，提高心理适应力，消除因喜食而增加的热量，控制体重。平时多进行加强腹肌、背肌及盆底肌的练习，有助于维持正确姿势，改善盆腔血液循环和消除或减轻下肢水肿等。妊娠期不能参加大强度运动，避免使腰部剧烈扭转、子宫强烈震动及腹压极度增高的动作。对妊娠期出现病理现象者，应禁止一切体育活动并进行积极治疗。

2. **分娩后的体育卫生要求**

（1）分娩后的第 2 天，可进行卧位的胸式呼吸、腹式呼吸、抬头、伸臂、屈腿和踝部运动。

（2）产后第 3 天可做些转体和挺腰运动。

（3）产后第 4 天可以做仰卧半起坐以及背肌和盆底肌运动。

（4）产后第 5 天后可进行直腿抬高、仰卧起坐、坐位的腹背运动以及下蹲、站立转体和扩胸运动等。一般每日 2 次，每次 10～15 min。

（5）注意事项：如产后体温超过 38 ℃或有产后感染，或有心血管、呼吸或泌尿系统等严重并发症或分娩过程中进行过某些手术（如剖腹产、会阴切开或撕裂后缝合等），可推迟体育锻炼的时间。当运动时伤口无疼痛感，表明伤口已愈合，应尽早做腹肌和提肛练习。有子宫后倾、后屈者可做俯卧位、胸膝位或匍匐位运动。女运动员可以从产后 3～4 个月起逐步恢复一般训练。不哺乳者的正规训练则应从 6 个月后开始，哺乳者应在断乳后再参加训练。

（五）更年期体育卫生要求

更年期是指女性从性机能成熟到衰退的一个转变时期，其主要特征为卵巢功能减退，生殖能力较低到消失，性激素分泌减少，月经周期改变，最后出现绝经。经过更年期，妇女进入老年期，一般更年期自 45 岁左右开始，历时可达数年，但大多数发生在 45～52 岁。

由于卵巢功能减退，卵泡数目逐渐减少到消失，卵巢分泌的激素（雌激素和孕酮）明显减少，对下丘脑—垂体轴产生巨大影响，从而引发全身内分泌系统功能失调，代谢紊乱，植物神经平衡失调，如烦躁、易怒、抑郁、头痛、失眠、阵发性发热、潮热、出冷汗、两颊潮红、血压不稳定等，称为更年期综合症。

为安全地度过更年期，要加强卫生保健，调动积极因素，增强适应能力，需注意以下要求：

1. **保持心情愉快**

更年期是女性一生中必然经历的特殊生理阶段。处于更年期的女性对此要有正确认识，通过了解有关更年期的医学知识减少精神负担，避免产生恐惧、忧虑和猜疑心理，即使出现某些更年期综合征的症状也要认识到这是暂时的，要保持情绪稳定，心情舒畅。

2. 注重自我医务监督

更年期的妇女最好每半年至一年进行一次全面体格检查，以便及早发现身体异常，早期治疗。妇科疾病的症候大体上是"血、带、块、痛"4个字，若出现各种不正常的阴道出血、色质异常的阴道分泌物、盆腔或下腹部包块、下腹部或腰背部疼痛等都应及时去医院诊治，每位女性都要学会自我监督方法。

3. 积极参加体育锻炼

适当的体育活动对更年期妇女的身心健康极为有益。有更年期症状的妇女进行一段时间的有氧运动后，更年期症状能够得到缓解，这可能是因为适宜负荷的运动强度能改善卵巢内分泌功能，维持体内一定的雌激素、孕激素水平，并延迟闭经的发生。此外，有氧运动能增强体质，改善心脑血管的供氧，调节免疫功能和神经系统功能，使自主神经系统功能恢复正常，有助于身心健康，从而改善更年期症状。体育活动还可以使肌肉活动增加，机械张力和压力对骨产生良好刺激，促进骨的钙化和增生，防止骨质退行性变化，从而预防骨质疏松和增强腰腿部肌肉力量。更年期妇女在运动中，要注意循序渐进和科学适量。

新兴产业：
产后恢复

作业与思考

1. 简述儿童青少年生长发育的基本规律。

2. 根据儿童青少年运动、心血管、呼吸和神经系统的各自发育特点，在体育教学和运动训练中应注意哪些体育卫生要求？

3. 中年人体育锻炼应注意哪些卫生要求？

4. 老年人体育锻炼应注意哪些卫生要求？

5. 女子月经期的体育卫生要求有哪些？

（岭南师范学院　刘玉倩）

第三章

医务监督

章前导言

　　本章主要介绍了医务监督的概念、目的和意义，体格检查的内容、方法及其评价；阐述了学校体育中体育课的医务监督和课外体育活动的医务监督，运动训练的医务监督，比赛期的医务监督；简要介绍了运动性疲劳消除的概念与分类、疲劳程度评估、消除运动性疲劳的方法。

学习目标

　　1. 掌握体育教学、运动训练和比赛期的医务监督内容和方法。

　　2. 熟悉体格检查的方法与评价，消除运动性疲劳的方法。

　　3. 了解过度训练的形成原因、诊断方法、处理及预防。

第一节　医务监督概述

　　体育运动医务监督是体育保健学的重要组成部分，内容包括体格检查的内容、方法及其评价，体育教学的医务监督，运动训练的医务监督，比赛期的医务监督和运动性疲劳消除。

一、医务监督的概念和目的

　　医务监督是运用医学、生理学和卫生学的内容和方法，对从事体育运动的人（包括运动员）的身体进行全面检查和观察，评价其发育水平、训练水平和健康状况所采用的手段和措施。其目的是帮助和指导青少年学生和体育活动参加者，合理地进行体育锻炼、训练和比赛，并使各种安全、卫生措施得以实施，促进身体发育，增进健康，预防运动性伤病，提高运动技术水平和运动成绩。

二、体格检查

对参加体育运动的人进行体格检查，是了解其体质状况和健康水平的重要手段。通过对体格检查资料的分析，可以建立人体的健康档案，为研究不同年龄阶段的体质状况和健康水平的变化规律，及时发现和预防疾病创造良好的条件，同时也可为合理地组织体育活动提供保健学依据。在进行体格检查时，因具体任务不同而有不同的要求，因而对机体各部分测试和检查也就有不同的侧重。

（一）一般史和运动史检查

1. 一般史

一般史包括病史和生活史。一般史要询问预防接种史和既往患病史，更要注意询问影响内脏器官功能和运动能力的一些重大疾病，如心脏病、高血压病、肺结核、肝炎、肾炎、癫痫等。生活史中主要询问工作性质、劳动条件、生活制度、营养状况、有无饮酒或吸烟等不良嗜好等。

2. 运动史

要询问参加体育活动的情况，了解是否经常参加运动、参与的运动项目和年限（包括运动成绩）、有无过度训练史或其他运动性伤病史等。

（二）人体形态测量

1. 身体姿势检查

（1）人体直立位的正确姿势。

立正时，从后面看，人体头、颈、躯干和两足跟间应在一垂直线上，两髂嵴应在一水平线上；从侧面看，头顶（其水平延长线上）、耳屏前、肩峰、股骨大转子、腓骨小头和外踝尖各点应在同一直线上；脊柱呈正常的生理弯曲。若不符合上述标准，则说明直立位姿势不正常。

（2）脊柱形状。

在正常情况下，人体直立时，若用细绳系一重锤与身体正中线自然下垂，脊柱的所有棘突应与细绳保持一致，若有偏离现象，且偏离距离大于0.5 cm 时为侧弯。常见脊柱侧弯的类型有"C"形和"S"形。从侧面看，正常人脊柱有 4 个生理性弯曲，颈部和腰部向前曲，胸部和骶部向后曲。在某些情况下（如老年人、佝偻病、脊柱骨折等），生理性弯曲会发生变化，使脊柱前凸或后凸。

（3）胸廓形状。

胸廓横径与前后径之比有年龄差异。在婴幼儿期，前后径与横径基本相同。到青年期，横径与前后径之比约为4：3。胸廓的形状有正常胸、扁平胸（横径与前后径之比大于4：3）、桶状胸（前后径加大，与横径之比几乎达1）、鸡胸、漏斗胸（前胸部呈凹陷状）和不对称胸等。

（4）腿形与足形。

人体的腿形有正常腿、"O"形腿、"X"形腿三种。在两足靠拢时，两膝间隙小于等于1.5 cm的为正常。若超过1.5 cm为"O"形腿。两膝靠拢时，两足分开达1.5 cm以上为"X"形腿。

足形的检查主要查足弓，一般普查常用印迹法和形态测量法，即在足内侧作一切线，量切线与足迹间空白区最宽处与足印迹宽度之比。空白宽大于足印迹宽为正常足，等于为轻度扁平足，小于为中度扁平足，无空白为重度扁平足，空白最宽处无足印迹为高足弓。

2. 形态测量

（1）身高。

身高是人体发育过程中一个反映人体骨骼发育状况及身体纵向发育水平的重要指标。

身高是指人体直立时头顶正中线上最高点至身高计底板之间的垂直距离。测量方法是：受试者赤足，取自然立正姿势站在身高计底板上，两臂自然下垂，足跟靠拢，足尖分成60°，足跟、骶骨和两肩胛间与立柱相接触，保持耳眼水平位，测试者将水平压板下滑，轻压受试者头顶点，两眼与压板呈水平位读数并记录，测量误差不得超过0.5 cm。

（2）体重。

体重是反映人体骨骼、肌肉、皮下脂肪等重量综合变化的一个重要指标。体重受年龄、性别、生活条件、气候条件及体育锻炼等因素影响。正常情况下，儿童青少年的体重随年龄的增长而增加。

① 一般人的体重与身高有一个大体上的比例，我国男女标准体重的计算公式如下：

$$标准体重（kg）= 身高（cm）-100（或105或110）$$

注：身高在165 cm以下者减100；身高在166～175 cm者减105；身高在176～185 cm或以上者减110。

标准体重±10%均为正常，超过10%～19%为超重，超过20%为肥胖。

目前此方法已不常用了。

② 体重指数（BMI）。

目前广泛应用的体重判断标准是体重指数（body mass index，BMI），它是 WHO 推荐的国际统一使用的标准参数。BMI 已用于临床和所有研究。计算公式：

$$BMI = 实际体重（kg）/身高（m）^2$$

1998 年，WHO 发布了成年人的 BMI 分级标准。1999 年，针对亚洲人的特点，WHO 又发布了《对亚太地区肥胖及其治疗的重新定义》。我国肥胖工作组也提出了中国人肥胖症诊断标准的建议，具体标准如表 3-1。

表 3-1　中国人肥胖症诊断标准的建议

分级	BMI	共患病危险度
正常范围	18.5~23.9	平均水平
超重	24.0~27.9	增高
肥胖	≥28.0	严重增高

资料来源：李洪梅. 肥胖的诊断与治疗［J］. 中国临床医生，2003（3）.

利用体重指数衡量人体肥胖程度，其特点是简单、实用，易于掌握，与肥胖有很强的相关性，受身高的影响较小。该方法的局限性在于不能反映局部体脂的分布情况，此方法对于肌肉特别发达（如举重运动员、重体力劳动者）或水肿的人不适用。

（3）胸围和呼吸差。

胸围的大小反映呼吸器官、胸部肌肉和脂肪的发育情况。

胸围的测量是在平静呼吸时，测试者面对受试者，双手将带尺上缘置于受试者背部肩胛骨下角点，经腋窝水平绕至胸前，男性及未发育女性带尺下缘置于乳头上缘，已发育女性带尺通过胸部中点水平绕行一周。

呼吸差为最大吸气时胸围值与最大呼气时胸围值的差数。

呼吸差的测量体位及带尺所放的位置同上。令受试者深吸气后测量胸围，之后令受试者尽量将气呼出，再测胸围。吸气时胸围值减去呼气时胸围值即是呼吸差。

经常参加运动的人，呼吸差较大，运动员的呼吸差平均为 7~10 cm，一般人平均为 5~7 cm。从事游泳、中长跑和角力运动的运动员呼吸差更大。

（4）身体成分。

身体成分是指机体内各种组织、器官的总成分。它包括脂肪成分和非脂肪成分。脂肪成分称为体脂重，它占体重的百分比是体脂率；非脂肪成分又称为瘦体重或去脂体重，它包括内脏、骨骼、肌肉、水分和矿物质等成分的重量。在身体成分中，脂肪和肌肉的可变性较大，受身体发育、健康、营养、遗传、体育锻炼、性别、年龄等因素的影响。

① 评价的意义。

身体成分的测量与评价是评价健康、运动能力和体质的主要依据。大量研究证明，肥胖是引发心血管疾病、高血压病、高血脂等现代文明病的致病因素，也是导致运动伤害和运动能力低下的主要因素。因此，保护"理想体重"或维持体重在正常范围内，是保持体质水平、维持健康状态和预防疾病的重要条件。

② 指标与评价。

A. 皮褶厚度法：测量人体上臂部、肩胛下部、腹部、髂前上棘、大腿等部位的皮褶厚度，通过回归公式，计算体脂百分比。目前一般采用 Brozek 公式：

$$体脂\% = (4.570 \div 体密度) - 414.2$$

将测得皮褶厚度数值带入体密度推算回归方程式计算体密度（D）（表3-2）。

表3-2 体密度推算回归方程式

年龄/岁	男子	女子
9~11	D = 1.0879 - 0.00151X1	D = 1.0794 - 0.00142X1
12~14	D = 1.0868 - 0.00133X1	D = 1.0888 - 0.00153X1
15~18	D = 1.0977 - 0.00146X1	D = 1.0931 - 0.00160X1
成人	D = 1.0913 - 0.00116X1	D = 1.0897 - 0.00133X1

注：表中 D 代表体密度（g/mL）；X1 代表上臂部与肩胛部皮脂厚度之和（mm）。

B. 生物电阻抗法：生物电阻抗法是一种简单、安全、无创伤的测量身体成分的方法。其测量原理是将微电流通入人体内，通过测量电流阻抗的情况来推算身体内各种组织的含量。体内的水分大半部分存在于肌肉中，因此，体内去脂组织是良导电体，而脂肪组织的导电性则较差。根据电阻抗情况可以计算出体内总的水分含量，从而可以推算出去脂体重和脂肪的百分比。

体脂百分比评价标准见表3-3。

表3-3 各种状态下的体脂百分比   （单位：%）

身体状态	男	女
必需脂肪量	0~5	0~8
最少脂肪量	5	15

续表

身体状态	男	女
运动员	5~13	12~22
最佳健康状况	10~25	18~30
最佳体力状态	12~18	16~25
肥胖	>25	>30

资料来源：孙庆祝. 体育测量与评价［M］. 北京：高等教育出版社，2006.

根据国内外的资料，发现理想体脂百分比的标准很不一致，范围很大，男性为 12%~23%，女性为 16%~27%。但对于确定肥胖的标准则基本相同，男性为 25%，女性为 30%。

（三）体质测量与评价

1. 心肺耐力

（1）评价的意义。

心肺耐力是指肌肉、神经、循环和呼吸等系统维持长时间活动的能力，也可称为有氧耐力。一般情况下，高水平的有氧耐力既可以保持机体在相对疲劳状态下持续工作的能力，又可以协助消除疲劳，是增强体质和促进健康的重要条件。所以，经常参加有规律的有氧运动，有助于降低许多与长时间坐位工作有关的健康危险因子。

（2）指标与评价。

① 台阶试验。

台阶试验是检测心血管系统发育水平和健康状况的一种简易的定量负荷实验方法。研究表明，心肺功能适应能力强的人比心肺功能适应能力弱的人在运动后 3 min 恢复期内心跳频率恢复得快。台阶测试虽然不是最好的评价心肺功能适应状况方法，但它的优点在于可以在室内进行，能适合不同身体条件的人。

学生体质测试的方法是男生用高 40 cm 的台阶，女生用 35 cm 的台阶进行测试。测试前，被测试同学可做轻度的准备活动，主要是活动下肢关节。以 30 次/min 的频率上、下台阶，持续运动 3 min。运动停止后，受试者立即坐下测量恢复期第 2 分钟、第 3 分钟、第 4 分钟前 30 s 的脉搏数。如果受试者不能完成 3 min 的负荷运动，以实际上、下台阶的持续时间进行计算，计算公式和方法同上。

评价：采用台阶试验指数法。

$$台阶试验指数=\frac{踏台上、下运动持续的时间（s）×100}{2×（3次测定脉搏之和）}$$

台阶试验指数是反映人体心血管系统功能状况的重要指数。台阶试验指数值越大，则反映心血管的功能水平越高，反之亦然。经常参加有氧代谢运动，可以提高心血管系统的功能水平，其表现为在完成台阶试验定量负荷工作时脉搏搏动次数下降，在试验结束后脉搏的搏动次数恢复到安静状态所用的时间缩短，台阶试验指数增高。台阶试验 90~100 分为优秀，75~89 分为良好，60~74 分为及格，10~59 分为不及格。

② 功率自行车运动试验。

功率自行车因具有较好的安全性、稳定性而经常被用于运动试验，缺点是作为心功能试验，运动中动用的肌肉数量不及跑台运动。功率自行车通过骑速、阻力和时间可计算出功率。功率以（kg·m）/min 或 W/min 表示。测试方法有以下几种：

A. Astrand 法：在功率自行车上进行踏车运动，负荷功率男子和女子分别是从 600（kg·m）/min 和 300（kg·m）/min 开始，每隔 6 min 增加 150（kg·m）/min。靶心率为 20~29 岁达 170 次/min，30~39 岁达 160 次/min，40~49 岁达 150 次/min。结果根据达到靶心率时完成的负荷功率进行评定。达到靶心率时完成的负荷功率越大，其心功能也越好。

B. PWC_{170} 测定：PWC_{170} 表示心率达到 170 次/min 时受试者身体做功的能力。这种定量运动试验采用两次负荷，每次负荷持续 3~5 min（以负荷时心率相对稳定为度，一般 3 min 即可），两次负荷之间休息 5 min。每次负荷后即刻测定心率。第一次负荷的功率达到 120 次/min 左右为宜，第二次负荷的功率可参考表 3-4，根据第一次负荷后的心率进行选择。

表 3-4　负荷功率选择参考值

受试者 PWC_{170} 的估计值/[（kg·m^{-1}）·min]	第一次负荷的功率/[（kg·m^{-1}）·min]	第一次负荷后心率/（次·min^{-1}）		
		100~109	110~119	120~129
		第二次负荷功率参考值/[（kg·m^{-1}）·min]		
1 000 以下	400	900	800	700
1 000~1 500	500	1 000	1 000	900
1 500 以上	600	1 300	1 100	1 000

资料来源：黄力平，张钧. 体育康复［M］. 北京：高等教育出版社，2006.

PWC$_{170}$的计算方法是将第一次负荷的功率 W_1［(kg·m)/min］和心率 P_1（次/min）及第二次负荷的功率 W_2［(kg·m)/min］和心率 P_2（次/min），代入下列公式：

$$PWC_{170} = W_1 + (W_2 - W_1)\left(\frac{170 - P_1}{P_2 - P_1}\right)$$

一般来说，PWC$_{170}$越大，表示受试者身体包括心脏的做功能力越强。然而在心脏应激不力（如窦房结功能低下）时，也可能出现较高的 PWC$_{170}$，此时应结合其他检查资料进行综合评价。该方法由于是在亚极量运动负荷状态下测得的，所以比较安全，较适合中老年人测试。

③ 跑台（平板）运动试验。

跑台（平板）运动试验是利用跑台作为负荷工具的一种心功能试验。跑步是一种全身运动，动员的肌肉多，因而能较好反映心脏负荷情况。

跑台运动试验的检测目标有两种：一种是通过与气体分析系统一起使用，直接测定最大吸氧量，或间接推算最大吸氧量。由于是极量运动负荷，故适用于运动员或健康人的有氧能力检测。另一种是通过在跑台运动中观察临床指标，如心电图等监测，目的是判断心功能，较适用于健康人或患者康复功能检查。具体方法是 Bruce 法：

Bruce 方案是将 Bruce 运动方案和气体分析系统一起使用是直接测定最大吸氧量的最佳方法，这里主要介绍间接推算法。间接推算法是根据受试者在完成规定模式的逐级递增负荷运动时能持续的时间长短来间接测算最大吸氧量（$\dot{V}O_{2max}$）的方法。该方法负荷分为 7 级，每级持续 3 min。

第一级：跑台速度为 1.7 MPH（英里每小时），坡度为 10%；

第二级：速度为 2.5 MPH，坡度为 12%；

第三级：速度为 3.4 MPH，坡度为 14%；

第四级：速度为 4.2 MPH，坡度为 16%；

第五级：速度为 5.0 MPH，坡度为 18%；

第六级：速度为 5.5 MPH，坡度为 20%；

第七级：速度为 6.0 MPH，坡度为 22%。

运动时间截止为无法坚持运动为止，能达到第七级者为极少数人群。由于是连续运动，所以每一级负荷时间之和即负荷持续时间。

Bruce 法是按不同健康水平分别计算受试者 $\dot{V}O_{2max}$ 的，单位是 mL/(min·kg)。

经常参加运动的人：$\dot{V}O_{2max} = 3.778$（负荷持续时间/min）$+0.19$

较少运动的人：$\dot{V}O_{2max}=3.298$（负荷持续时间/min）$+4.07$

健康的人：$\dot{V}O_{2max}=3.36$（负荷持续时间/min）$+6.70-2.82$（性别系数）；性别系数：男性为1，女性为2。

心脏病患者：$\dot{V}O_{2max}=2.327$（负荷持续时间/min）$+9.48$

由以上公式可看出，持续时间越长，最大吸氧量越大，心功能也就越好。

由于该方法测定的是极量负荷，故对心脏病患者或老年人有一定的危险性。试验中应注意受试者自我感觉、心电图的变化和血压变化，出现异常时，应自行或命令其停止运动试验。

④ 12 分钟跑。

最大摄氧量是反映人体有氧运动能力的重要指标之一。由于最大摄氧量的直接测定法难以推广，所以科研人员研制了简单、易行的间接方法来推测人体的最大摄氧量。12 分钟跑是一个经典的次最大强度测验，受试者可以根据自身体能状态，采用"跑"或"跑走交替"的方式完成。要求受试者在 12 min 的时间内尽量跑最远的距离。

按以下公式进行推算：

$$\dot{V}O_{2max}(\mathrm{mL}\cdot\mathrm{kg}^{-1}\cdot\mathrm{min}^{-1})=35.97\times距离（km）-11.29$$

评价：最大摄氧量与有氧运动成绩密切相关。最大摄氧量越高，表示机体心肺耐力越好。以 12 分钟跑的距离推算最大摄氧量和有氧能力等级划分最大摄氧量见表 3-5 和表 3-6。

表 3-5　12 分钟跑的距离推算最大摄氧量表

12 分钟跑距离 /m	最大摄氧量 /(mL·kg^{-1}·min^{-1})	12 分钟跑距离 /m	最大摄氧量 /(mL·kg^{-1}·min^{-1})
1 000	14.0	1 800	31.0
1 100	16.1	1 900	33.1
1 200	18.3	2 000	35.3
1 300	20.4	2 100	37.4
1 400	22.5	2 200	39.5
1 500	24.6	2 300	41.6
1 600	26.8	2 400	43.8
1 700	28.9	2 500	45.9

续表

12 分钟跑距离 /m	最大摄氧量 /(mL·kg⁻¹·min⁻¹)	12 分钟跑距离 /m	最大摄氧量 /(mL·kg⁻¹·min⁻¹)
2 600	48.0	3 300	62.9
2 700	50.1	3 400	65.0
2 800	52.3	3 500	67.1
2 900	54.4	3 600	69.3
3 000	56.5	3 700	71.4
3 100	58.5	3 800	73.5
3 200	60.8	3 900	75.6

资料来源：袁尽州，黄海. 体育测量与评价［M］. 北京：人民体育出版社，2011.

表 3-6　有氧能力等级划分最大摄氧量　［单位：mL/(kg·min)］

年龄 /岁	男					女				
	非常低	很低	平均	很高	非常高	非常低	很低	平均	很高	非常高
12~17	34	39	44	49	54	30	35	40	45	50
18~23	34	39	44	49	54	28	33	38	43	48
24~29	32	37	42	47	52	26	31	36	41	46
30~35	30	35	40	45	50	24	29	34	39	44
36~41	28	33	38	43	48	22	27	32	37	42
42~47	26	31	36	41	46	20	25	30	35	40
48~53	24	29	34	39	44	18	23	28	33	38
54~59	22	27	32	37	42	16	21	26	31	36
60 以上	20	25	30	35	40	14	19	24	29	34

资料来源：袁尽州，黄海. 体育测量与评价［M］. 北京：人民体育出版社，2011.

2. 肌力和肌肉耐力

（1）评价的意义。

肌力是指肌肉群在对抗阻力的条件下，全力完成一次最大收缩的能力，如卧推、负重深蹲。肌肉耐力是指大肌肉群在次最大强度下，保持持续收缩的能力。良好的肌肉耐力可以确保机体在不疲劳的状态下，反复从事各种活动。一般采用持续工作的次数、距离和时间来评价，如仰卧起坐、俯卧撑等。

经常从事有规律的肌力练习，对维持理想体重，保持优美身材，预防运动损伤和提高生活质量具有重要意义。

（2）指标与评价。

肌力和肌肉耐力的评价是对身体各部位肌力和肌肉耐力的评价，对全身的评价模型目前还没有。一般采用握力、背力、腿力等测试肌力，仰卧起坐、俯卧撑等测试肌肉耐力。

① 握力。

用握力计测定，单位为千克（kg）。用有力（利）手握两次，取最大值。按照下列公式计算握力/体重指数：

$$握力/体重指数 = 握力（kg）/体重（kg）\times 100$$

评价标准见表3-7。

表 3-7　握力测验评价标准　　　　　　　　　　（单位：kg）

等级	男子		女子	
	左手	右手	左手	右手
优秀	57 以上	61 以上	34 以上	39 以上
良好	45～56	50～60	27～33	32～38
及格	41～44	43～49	20～26	23～31
差	41 以下	42 以下	20 以下	22 以下

资料来源：陈佩杰. 体适能评定理论与方法［M］. 哈尔滨：黑龙江科学技术出版社，2005.

② 背肌力。

用拉力计测定，单位为 kg。正常值分别为体重的 150%～200%（男）和 100%～150%（女）。

③ 俯卧撑。

适用于 12 岁至成年男子。受试者双手撑地，手指向前，双手间距与肩同宽，身体挺直，屈臂使身体平直下降至肩与肘处于同一水平面，然后将身体平直撑起。记录完成的次数。跪卧撑测验仅适用于 10 岁至大学女生，除屈膝跪地支撑外，其他姿势与俯卧撑相同。

评价：俯卧撑的次数越多，则表明受试者肩胛肌肉的力量耐力越好。

④ 1 分钟仰卧起坐。

受试者仰卧于垫上，两腿稍分开，屈膝成 90°左右，两手指放于两耳后侧。同伴压住双脚以固定下肢。受试者起坐时上身抬起与地面刚好成 45°为完成一次，还原成仰卧位时两肩胛必须触垫，记录 1 分钟能完成的次数。

评价：1 分钟仰卧起坐的次数越多，则表明受试者腹肌力量和耐力越强。

3. 柔韧素质

（1）评价的意义。

柔韧素质是健康和体质的重要组成部分，它反映了人体各关节的活动幅度，其不仅是运动能力的基础，而且还是人们完成日常工作和体育锻炼必备的能力。保持良好的柔韧素质对维护健康、提升锻炼效果是相当有益的。但是，人体关节的活动度是有一定限制的，活动太小对完成动作不利；活动过度，容易造成运动伤害，对锻炼不利。所以，良好的柔韧素质是保持运动能力、防止运动意外伤害事故的主要条件。

（2）指标与评价。

柔韧素质一般采用坐位体前屈进行测量与评价。

坐位体前屈适用于小学生至老年人。受试者坐在垫上，双腿伸直，脚跟并拢，脚尖自然分开，全脚掌蹬在测试仪平板上；掌心向下，双臂并拢平伸，上体前屈，用双手中指尖推动游标平滑前移，直至不能移动为止。测试两次，取最大值。测试时，受试者的膝关节不得弯曲，不能有突然前振的动作。

评价：坐位体前屈测量值越大，表明受试者躯干和下肢各关节以及下肢肌肉和韧带的伸展性和弹性越好。

中国学生坐位体前屈测验评分标准见表 3-8。

表 3-8 中国学生坐位体前屈测验评分表　　　　（单位：cm）

组别	性别	差	及格	良好	优秀
一年级	男女	-4.0~-0.8	0.0~9.9	11.0~12.0	13.0~16.1
	男	-1.6~1.6	2.4~12.3	13.4~14.7	16.0~18.6
二年级	女	-4.4~-1.2	-0.4~9.5	10.6~11.9	13.2~16.2
	男	-1.7~1.5	2.3~12.2	13.3~14.8	16.3~18.9
三年级	女	-4.8~-1.6	-0.8~9.1	10.2~11.8	13.4~16.3
	男	-1.8~1.4	2.2~12.1	13.2~14.9	16.6~19.2
四年级	女男	-7.2~-3.2	-2.2~8.6	9.8~11.7	13.6~16.4
	女	-1.9~1.3	2.1~12.0	13.1~15.0	16.9~19.5
五年级	男	-7.6~-3.6	-2.6~8.2	9.4~11.6	13.8~16.5
	女	-2.0~1.2	2.0~11.9	13.0~15.1	17.2~19.8

续表

组别	性别	差	及格	良好	优秀
六年级	男	-9.0~-5.0	-4.0~7.7	9.0~11.5	14.0~16.6
	女	-2.1~1.1	1.9~11.8	12.9~15.2	17.5~19.9
初一	男	-8.6~-3.8	-2.6~9.1	10.4~12.3	14.2~17.6
	女	-2.0~1.2	2.0~13.7	15.0~16.7	18.4~21.8
初二	男	-7.4~-2.6	-1.4~10.3	11.6~13.7	15.8~19.6
	女	-1.1~2.1	2.9~14.6	15.9~17.6	19.3~22.7
初三	男	-6.2~-1.4	0.2~12.4	13.8~15.8	17.8~21.6
	女	-0.3~2.9	3.7~15.4	16.7~18.4	20.1~23.5
高一	男	-4.0~0.0	1.0~13.6	15.0~17.2	19.4~23.6
	女	0.4~3.6	4.4~16.1	17.4~19.1	20.8~24.2
高二	男	-2.9~1.1	2.1~14.7	16.1~18.3	20.5~24.3
	女	1.0~4.2	5.0~16.7	18.0~19.7	21.4~24.8
高三	男	-1.8~2.2	3.2~15.8	17.2~19.1	21.0~24.6
	女	1.5~4.7	5.5~17.2	18.5~20.2	21.9~25.3
大一	男	-1.3~2.7	3.7~16.3	17.7~19.5	21.3~24.9
	女	2.0~5.2	6.0~17.7	19.0~20.6	22.2~25.8
大二	男				
	女				
大三	男	-0.8~3.2	4.2~16.8	18.2~19.9	21.5~25.1
	女	2.0~5.7	6.5~18.2	19.5~21.0	22.4~26.3
大四	男				
	女				

第二节　体育教学的医务监督

　　体育教学的医务监督是保证学校体育健康发展的一项重要措施。其目的是在体育活动过程中，控制一切有害健康的因素，保证体育运动参加者从事符合生理规律的运动，以实现增强体质、增进健康的效果。

学校体育的质量是由体育课、早操、课间操、下午课外体育活动 4 个方面综合体现的，各方面医务监督的内容如下：

一、体育课的医务监督

对体育课的医务监督，主要是看体育课的健康分组是否符合医务监督的要求；对体育课的全过程进行医学观察；在教学实践过程中看体育课教案中生理负荷量的安排是否符合医务监督的要求。

（一）体育课的健康分组

由于青少年学生的身体发育水平、健康状况、功能水平和训练水平存在个体差异，为了使体育锻炼更有成效地促进青少年的生长发育和增进其健康，避免不合理的体育活动给身体健康造成不良影响，根据从实际出发、区别对待的原则，在进行体育教学和开展群众性体育活动时，有必要进行健康分组。

1. 健康分组的依据

（1）健康状况。

根据学生的既往病史和对身体各系统的生理功能检查结果，由医生得出健康状况良好或存在某些缺陷的结论，根据对某系统或器官病变程度的诊断和评价，确定合适的体育活动项目和适宜的运动负荷。

（2）身体发育状况。

根据学生的身高、体重和胸围等生长发育指标以及身体发育上有无缺陷的情况，综合评定其身体发育程度，得出身体发育良好、中等或差的结论，确定其参加体育活动的适宜组别。

（3）生理功能状况。

采用各种生理功能检查，确定各系统的功能水平，重点是心血管系统的功能状况以及呼吸系统、运动系统和神经系统的功能状况。

（4）运动史和身体素质状况。

通过询问运动史和对学生进行全面身体素质测试，了解其过去的运动习惯、参加运动的年限、成绩水平、运动伤病情况；同时，通过了解其身体素质发展水平评价运动能力，得出相应的结论作为分组的依据之一。

2. 健康分组的组别与教学要求

根据学生的健康状况、身体发育水平、功能水平以及运动史，在体育教学中一般可分为基本组、准备组和医疗体育组。

（1）基本组。

身体发育及健康状况无异常者，或者是身体发育和健康有轻微异常（如龋齿、轻度扁平足等）而功能检查良好，且有一定锻炼基础者可参加基本组。凡参加此组的学生，应按照体育教学大纲的要求进行锻炼，并要求他们在一定的时间内，通过国家体育锻炼标准。同时，此组学生也可从事专项训练和参加体育比赛。

（2）准备组。

身体发育水平和健康状况有轻微异常，功能状况虽无明显不良反应，但平时较少参加体育活动且身体素质较差者，可编入准备组。此组学生可按体育教学大纲的要求进行锻炼，但进度应放慢，活动强度和运动负荷也要减少，不宜参加运动训练和激烈的体育竞赛活动。在参加全面的体育锻炼、生理功能和身体素质逐渐提高的基础上，可以参加国家体育锻炼标准达标测验。

（3）医疗体育组。

身体发育不良或健康状况明显异常（如病残者等），虽能参加文化学习，但不能按体育教学大纲的要求进行活动者，编入此组。参加医疗体育组的学生，不能按照正常的体育教学大纲内容进行锻炼，必须按照特殊的体育教学大纲进行医疗体育活动，以帮助其治疗疾病、恢复健康。

3. 转组的原则

健康分组一般应在新生入学初，在体格检查（初查）的基础上，由校医和体育教师协商共同确定组别。经过一定时期的锻炼后（一般是一个学期），再根据学生的健康状况和功能水平的变化进行调整。其基本原则是：原属医疗体育组和准备组的学生，如经过一段时间的锻炼后，健康状况和功能水平有所提高，原有疾病逐渐好转或痊愈，就可转入准备组和基本组；原属基本组和准备组的学生，由于各种原因引起健康状况下降，就应转入准备组或医疗体育组。

调整组别一般在每学期或每学年的体格复查后进行。个别学生如需要时，可根据具体情况，经补充体检后提前转组。分组或转组发生困难时，应遵循就低不就高的原则，即将学生暂时分在较低的组别或暂不分组，待过一段时间后，一般为3~5个月，再依其主观感觉及客观检查的情况确定组别。

体格检查时，某些学生由于精神紧张、疲劳、发烧或其他原因，往往出现功能异常反应，在这种情况下，不宜匆忙确定组别，可改期进行功能检查，予以鉴别。

分组确定后，要定期观察和检查分组是否恰当，尤其对医疗体育组和刚转入较高一组的学生，更应加强医务监督。

4. 体育活动的禁忌证

患有下列疾病者不应参加体育锻炼：体温升高的急性疾病、各种内脏疾病（心脏、肺脏、肾脏、肝脏和胃肠疾病）的急性期、具有出血倾向的疾病（肺结核、咯血、消化道出血以及急性软组织损伤后的出血阶段）、月经量过多或严重痛经、化脓性疾病和恶性肿瘤等。

（二）　体育教学医务监督的内容和方法

通过对体育课进行医学观察，了解体育课的组织方法是否合理，学生的健康状况以及机体对运动负荷和运动强度的反应，评定运动量是否适宜，运动环境和场地设备是否符合卫生要求。其目的在于改进体育教学工作，提高教学质量，达到最佳锻炼效果。

1. 观察体育教学的组织和方法

了解课的任务、内容和组织教法（包括保护和帮助），并记录课的时间、学生人数、组织纪律性和运动成绩；观察遵循循序渐进性、系统性、全面性和个别对待的教学原则；对健康状况较差或有某些生理缺陷的学生，是否按健康分组的原则进行分组教学；教师是否重视安全教育，课的安全防范措施如何；组织测定课的生理负荷量。

2. 观察教学过程中学生的机体反应

课前询问学生的自我感觉；测定脉搏、血压、肺活量和呼吸频率；在课的各个部分结束后，或某个练习开始前或结束后，测量脉搏等指标，并观察某些外部表现（如面色、神情、动作和出汗量等）以确定疲劳程度；课结束后立即进行检查，内容同运动前，同时询问学生在运动过程中和运动后的自我感觉；课后 10~15 min，还可进行补充负荷试验。有条件的学校，也可检查学生课后恢复期的机体情况，如询问自我感觉，测量脉搏、血压、呼吸频率、肺活量和体重等指标。

3. 检查体育教学运动环境及场地设备卫生条件

运动场所的环境是否清洁卫生，有无污染和噪声；运动场地器材设备的卫生状况，是否安全以及器械安放地点是否合理；学生的穿着是否符合卫生要求；室内场馆的通风、照明条件和空气温度、湿度等情况。

对运动环境和场地设备的检查应在每一次上课前进行。

（三）体育课生理负荷量的测定

通过对体育课生理负荷量的测定来评定机体对体育课的反应，再结合课的内容和组织方法，对体育课的效果和学生的功能水平做出正确的评价。

体育课生理负荷量的测定包括使用仪器测量学生的心率、血压、肺活量和呼吸频率等，其中心率测量是比较简便的方法，也是常用的方法。

在身体练习后立即测 6 s 的心率和脉搏，就一般体育锻炼者来说，运动后即刻的心率最好不超过 18 次/6 s。脉搏次数过快，主要应发展机体的无氧代谢能力，这对一些专项运动员来说十分重要，但对提高身体健康水平意义不大，而且运动量过大会增加心脏负担，可能会出现一些意外事故。即使是特殊需要，体育课的心率也不应超过 20 次/6 s。

用心率遥测仪测量运动负荷，效果较好。在一节体育实践课的学练中，学生的平均心率应争取达到如下标准：小学阶段 130±5 次/min；初中、高中和大学阶段分别为 135±5 次/min（女）、140±10 次/min（男）。

体育课生理负荷量的测定还可以采用运动指数（也称心率指数）。

运动指数=课中学生平均心率÷课前安静心率

例如，145÷80 = 1.81，则该课的强度评价为较大（假设安静时心率为 80 次/min）。运动指数评价见表 3-9。

表 3-9   运动指数评价表

运动指数	强度	平均心率
2.0 以上	大	160 次及以上
1.8～1.99	较大	145～159 次
1.79～1.5	中	120～144 次
1.49～1.2	较小	96～119 次
1.2 以下	小	95 次及以下

二、课外体育活动的医务监督

（一）早操的医务监督

1. 早操的作用

早操是在每天清晨起床后至上午第一节课前进行的体育活动。早操可以迅速消除大脑皮质因一夜睡眠而形成的抑制，活跃各器官系统的功能，振奋精神，以充沛的精力和愉快的情绪，开始新的一天的学习生活，从而提高学习效率。同时，经常在清新的空气中进行适当的早操练习，能增强体内的新陈代谢，提高机体的工作能力，对增进健康，增强学生体质有显著的作用。

2. 早操的项目和内容

应根据不同的年龄、性别、健康状况和季节而定，一般应以学生比较熟悉的、简单易行的活动内容为主，如广播操、慢跑、柔韧性练习、武术基本功和套路等。

3. 早操的运动量和时间

早操的运动量不宜过大，一般以身体发热、微有出汗即可，并应避免做一些剧烈的运动或比赛。时间不宜过长，以 20～30 min 为宜。例如，早晨跑步，脉率可控制在 150 次/min 以内，以免影响一天的工作和学习。

4. 注意事项

早操后应及时擦干出汗，以防感冒；冬天早晨气温较低，应配备御寒用品；雾天尘埃较多，要注意呼吸卫生；早操后至早餐应有一定的时间间隔。

（二）大课间体育活动的医务监督

教育部于 1999 年决定将大课间体育活动提到大课间活动课的第一层面，列入课程计划，进一步发挥其功能。从贯彻素质教育，体现"健康第一"指导思想，确保学生每天达到一小时体育锻炼的要求出发，把课间操扩展为大课间体育活动课的组织形式，成为有组织、有计划开展的一种活动类体育课。

1. 大课间体育活动的作用

大课间体育活动一般在上午第二节课后安排一次或上、下午第二节课后各安排一次进行。大课间的主要作用是通过身体活动这一积极性休息方式，帮助学生消除学习过程中产生的疲劳，防治因久坐或单一的身体姿势导致身体畸形发育，促进身体的正常发育。同时，通过丰富多彩、生动活泼的大课间体育活动，可使一天处于紧张学习状态之中的大脑得到充分的放松，巩固和提高体育课所获得的知识和技能，使学生养成自觉锻炼的习惯，增强体质。因此，大课间体育活动是落实"每天锻炼一小时"的最有效途径。

2. 项目和内容

大课间体育活动应立足学校的实际情况和特色，严格按照学生身心发展的规律来设计和选择活动内容，因此，在活动的项目和内容选择上，应注意学生兴趣的培养与运动动机的形成，突出学生的主体性，做到德育、体育相结合，创造与实践相统一，主导与主体相和谐。一般宜选择小型多样、快乐健康、寓教于乐、强身健体、创新发展的项目，如广播操、韵律操、游戏或集体舞，也可安排篮球、排球、羽毛球、跳绳、呼啦圈、武术、徒手操和轻器械练习。根据季节变化或实际需要，也可安排一些简单易行的活动，如冬季可以进行慢跑、跳绳、拔河、踢毽子、游戏等活动。对有生理缺陷、患有慢性病或体质很弱的学生，可以利用大课间体育活动时间，在专人指导下进行医疗体育活动，以改善其健康水平。

3. 运动量和时间

大课间体育活动的时间一般为 30 ~ 45 min。由于大课间是在两节课之间，运动量过大机体难以恢复，因此，要适当控制运动量，以免影响后面的文化课学习。

4. 注意事项

大课间体育活动应集体进行，并在班主任和体育教师参与下进行。由于参加大课间体育活动的学生人数多、内容多，如安排不当，容易发生伤害事故，造成不良影响。所以，为保证大课间体育活动有条不紊、安全实效地进行，事先应做周密安排，做到定时间、定内容、定场地器材和定辅导人员。体育教师应事先检查场地器材的安全程度，做器械练习时，要安排人员保护帮助及做好自我保护。在运动前做好充分的准备活动，运动后还要做好放松和整理活动，以利于身体的恢复。同时，还应教育学生遵守纪律，预防运动伤害事故的发生。

第三节 运动训练的医务监督

运动训练和比赛期医务监督的任务，是保障运动员能在不致伤、致病的前提下，在全面发展身体的基础上，最大限度地发挥运动效能。运动训练和比赛期医务监督的首要前提，是自始至终加强运动员的自我监督。

一、自我监督

（一）自我监督的意义

自我监督是指体育运动参加者在训练和比赛期间采用自我观察和简单易行的医学检查方法，对健康状况、身体反应、功能状况及比赛成绩进行记录和分析。

通过自我监督可以间接地判定训练对运动员身体的影响以及训练内容是否安排合理，为调整训练计划提供充分的依据；及早发现和预防过度疲劳以及运动性伤病，使运动员养成遵循科学的锻炼和训练规律、讲究运动卫生的良好习惯。因此，每一个从事体育运动的人，尤其是运动员，都应该学习自我监督的知识和方法，并在实际体育锻炼或训练中加以运用。

（二）自我监督的内容和方法

自我监督包括主观感觉和客观检查两个方面。

1. 主观感觉

（1）精神状态。

精神状态反映了机体的功能状态，尤其是中枢神经系统的状况。一般感觉好的人，在运动过程中总是精神饱满、精力充沛、心情愉快、积极性高。但在患病或过度训练时，就会感到精神萎靡不振、疲倦、乏力、头晕或心情易激动等。在进行自我监督时，根据情况可填写良好、一般或不好。

（2）运动心情。

身体健康、精神状况良好的人，在参加体育锻炼时，总是心情愉悦，乐于参加体育运动。若出现对运动不感兴趣，表现为冷淡或厌倦，或出现特别厌烦与运动有关的场地、器材、人物和语言，可能是教学和训练方法不当或出现疲劳，也可能是早期过度训练的征象。根据个人的运动心情，可填写为渴望训练、愿意训练、不想训练等。

（3）不良感觉。

运动训练或比赛后的不良感觉，如肌肉酸痛、关节疼痛、四肢无力等。一般来说，在强度较大的训练或比赛后，由于机体疲劳，大部分人会产生一些不良的感觉，但这些现象经过适当休息后就会消失，训练水平越高，这些现象消失得越快。如果运动时或运动后除上述不良感觉外，还有心悸、头晕、头痛、气喘、恶心甚至呕吐、心前区或上腹部疼痛等症状，说明机体对运动负荷不适应，或身体功能状况和健康状况不良。在自我监督记录表中，可填写具体的不良感觉。

（4）睡眠。

正常的睡眠状态应是入睡快，睡得深，不做或很少做梦。经常参加体育活动的青少年学生和运动员，睡眠应当是良好的。体育活动参加者和运动员若出现失眠、睡眠不好的现象，大多是对运动负荷不适应或是过度训练的早期表现。记录时可填写睡眠的时间以及睡眠状况，如良好、一般、不好

（失眠、多梦、易醒等）。

（5）食欲。

生活制度规律，健康状况正常的青少年学生和运动员，食欲应该是正常的。经常参加体育活动的人或运动员，由于能量消耗多，一般食欲良好，食量也较大。但健康状况不良或过度训练时，食欲便会减退，食量减少。此外，运动训练刚结束后马上进餐，食欲也是较差的。记录时可填写食欲良好、一般、不好或厌食等。

（6）排汗量。

运动时人体排汗量的多少，与运动负荷或运动强度、气温、湿度、风速、训练水平、情绪、衣着量、饮水量等因素有关。如果在适宜的外界条件和适宜的运动负荷下，出现大量出汗或安静时出汗，甚至夜间盗汗，表明身体机能状况不良、健康状况下降或近期运动负荷过大。如果训练水平较高的运动员，运动时出现大量排汗的情况，可能是过度训练的征象。在高温环境中或大运动负荷下出汗减少可能是机体脱水的表现，会引起体温升高、中暑等。记录时可填写为汗量较多、一般、不多或其他。

2. 客观检查

（1）基础脉搏（晨脉）。

经常从事运动的人，特别是从事耐力性项目的运动员，由于迷走神经紧张性增高，安静时脉搏通常较缓慢，训练水平越高，身体机能状况越好，脉率越低。

在自我监督中，常用晨脉来评定训练水平和身体机能状况。晨脉是早晨醒来之后起床之前测得的每分钟脉搏数。晨脉反映了基础代谢的脉搏，健康人的晨脉是基本稳定的。通常，晨脉随训练水平的提高呈缓慢减少的趋势。

方法：清晨、空腹、静卧，测量 30 s 或 60 s。

部位：桡动脉、颈动脉、心脏。

正常脉率：正常人为每分钟 60~80 次；运动员为每分钟 44~66 次。

评定标准：① 脉搏逐渐下降或不变，表明机体反应良好。

② 脉搏较平常每分钟增加 10 次，表明机体不良。

③ 经常保持较快脉率，持续三天以上，而又无生病发烧等原因，应考虑运动量安排不当或负担量过大。

（2）体重。

正常成年人体重较为稳定。儿童少年随着生长发育，体重逐渐增加。健康人在大负荷运动后，由于体液的丧失，会有一时性的体重下降，但 1~2 天后就恢复正常。如果体重持续下降，并伴有其他异常现象，可能是健康状况不良或过度训练引起的。儿童少年体重长期不增加、增加缓慢甚至体重下降，是营养不良或健康不佳的表现，应查明原因，改善措施，防止发育不良。在进行自我监督时，应每周测体重1~2次，记录下具体重量。

（3）运动成绩。

合理训练，运动成绩会逐步提高。如果正常训练，成绩没有提高甚至下降，可能是身体机能状况不良的反映，也可能是过度训练的早期表现。自我监督时，根据运动成绩稳步提高、运动成绩保持原有水平、运动成绩下降等情况可分别记录为良好、一般和不良。

在客观检查中，除上述指标外，还可根据设备条件和专项特点，定期测定背力、握力、肺活量、呼吸频率等生理指标，并加以记录。例如，有伤病情况也应如实记录。

自我监督结果，记录于表3-10中。女子还应填写月经卡。

表 3-10　自我监督表

姓名　　　　　　　　　　　　　　　　　　　填写日期　　年　月　日

	精神状态	良好　一般　不好
	运动心情	想训练　愿意训练　不想训练
	不良感觉	肌肉酸痛　头晕　心悸　其他
主观感觉	睡眠	良好　一般　不好
	食欲	良好　一般　不佳　厌食
	排汗量	较多　一般　不多　盗汗
	脉搏	次/min　规律　不规律
	体重	kg
	运动成绩	良好　一般　不良
客观检查	背力	kg
	握力	kg
	肺活量	mL
	呼吸频率	次/min

二、运动训练医务监督常用指标的应用

（一）脉搏

脉搏是反映人体机能的灵敏指标。运动过程中，脉搏的快慢能反映运动

量的大小，训练的强度和密度，并能评定运动员的机能状况和训练水平，而且测定的方法简单易行。

脉搏正常范围是 60～100 次/min。一般安静时心率低于 60 次/min，称为心动过缓。经常参加体育活动的人心率较低，一些优秀的耐力运动员心率常小于 50 次/min，其原因是长期训练使迷走神经紧张性增高，是心血管系统产生适应的表现，多数情况下标志着良好的训练状态。少数心脏病患者也会表现为心率缓慢，如冠心病、心肌炎等，但多伴有心悸、胸闷等不良感觉。

如果安静时心率高于 100 次/min，称为心动过速。常由心脏疾病、甲亢、发热等病理原因引起。正常人运动训练期间安静时心动过速或心率比平时明显增快，表示机体机能状态不良、过度疲劳或早期过度训练。此时更应该注意晨脉变化。必要时进行临床医学检查，以便查出原因，及时调整训练计划。

经常检查定量负荷运动后的心率，有助于了解机体功能状况。例如，运动后即刻心率增加的幅度不变或下降，说明机体功能状况提高，训练负荷安排得当；运动后即刻心率增加的幅度明显上升，说明机体功能状况较差或训练安排不当，可能是过度训练。检查训练课后心率的恢复情况，可了解运动量大小。课后 5～10 min，心率已恢复到课前水平，属于小运动负荷；心率较课前快 2～5 次/min，属于中等运动负荷；心率较课前快 6～9 次/min，属于大运动负荷。

（二）血压

正常成人动脉收缩压 ≤ 18.6 kPa（140 mmHg），舒张压 ≤ 12 kPa（90 mmHg）。如果收缩压 ≥ 21.3 kPa（160 mmHg）和/或舒张压 ≥ 12.6 kPa（95 mmHg），则称为高血压。高血压分为原发性高血压和继发性高血压两种。

除原发性高血压外，正常人训练期间血压增高可能是过度训练或过度紧张的表现，也可能由力量训练（如举重、健美、投掷等）引起的；青少年血压增高可能是由神经、内分泌改变引起的青少年性高血压。血压偏低可由心肌收缩下降、脱水导致的血容量减少、炎热导致外周血管扩张等原因引起。

出现血压异常应调整训练计划，注意休息。如果血压异常不能改善，并伴有头晕、头痛等症状应做进一步检查。

（三）心功指数

根据安静时的心率和血压，可计算布兰奇心功指数，该指数能全面地反映心脏和血管的功能。

$$布兰奇心功指数 = 心率 × (收缩压 + 舒张压) / 100$$

布兰奇心功指数在 110~160 内为心血管功能正常，平均值是 140。如果超过 200，可能是过度训练或机体功能状态不良的表现，或有心血管疾病，应做进一步临床检查。

（四）最大摄氧量

最大摄氧量是反映人体在有氧极量运动负荷时心肺功能水平的一个重要指标，也是估计运动员身体工作能力的重要依据。研究表明，最大摄氧量值的高低，主要取决于最大心输出量，即与心泵功能的强弱关系最大。经长期运动训练，特别是耐力训练，运动员的最大摄氧量较高。我国青年男子普遍最大摄氧量约为 50 mL/kg·min，女子约为 45 mL/kg·min，而有良好训练的男、女运动员分别约为 70 mL/kg·min 和 55 mL/kg·min。

当运动员由于过度疲劳或过度训练引起心肺功能下降时，最大摄氧量会明显下降，运动成绩也会下降。经过调整运动负荷和进行相应的休息后，其值会回升。新参加运动训练的运动员，在训练期间最大摄氧量值稳步提高，说明训练计划得当，心肺功能提高明显，机体功能状况良好。

（五）肺活量和最大通气量

肺活量和最大通气量是评价肺通气功能的指标，其值的高低反映运动员的训练水平和有氧能力。在训练期间，其值的变化还反映训练负荷和机体功能状态。如果训练后所测得的值比训练前明显减少，或者在恢复期逐渐下降，说明训练课的运动负荷过大，运动员存在过度疲劳。当运动员机能水平下降或有过度疲劳时，肺活量和最大通气量也会下降。如果训练期间其值稳步上长，说明训练计划和运动负荷适宜，机体功能状态良好。

（六）尿蛋白

正常人尿中无蛋白或偶有蛋白。因运动导致的一过性蛋白尿，称为运动性蛋白尿。正常情况下运动性蛋白尿于数小时至 24h 恢复正常。

运动性蛋白尿几乎出现于所有的运动项目，以长距离跑、游泳、足球等运动后出现率较高。运动性蛋白尿出现率及恢复情况与运动训练的强度、运动负荷、训练水平和机能状况有关。如果运动后蛋白尿排泄率比以往高，说明训练时运动强度大或身体机能状况不良；训练后第二天尿蛋白排泄率仍很高，特别是训练期间晨尿中蛋白排泄率高，说明训练课运动负荷太大或身体机能状况不良，应及时调整训练计划，加强休息及营养，以防发生过度训练和身体伤害。

运动性蛋白尿经休息、调整负荷后会逐渐减少、消失。如仍不消失，甚至不运动仍有蛋白尿，提示可能是病理性蛋白尿，如肾炎等，应停止训练，并做进一步检查。

（七） 血红蛋白

血红蛋白是红细胞中具有携氧功能的含铁蛋白质。我国正常男子血红蛋白含量标准范围为 $120 \sim 160$ g/L，女子为 $105 \sim 150$ g/L。血红蛋白是评定运动员身体机能状况的一个重要的生理指标。在训练期间，血红蛋白正常，成绩提高，说明机体功能状况好；如果血红蛋白下降至男子低于 120 g/L，女子低于 105 g/L，称为运动性贫血，此时一般会存在运动成绩下降、自我感觉不良的状况，说明机体功能状况不良，可能有过度训练，此时应注意在饮食中多补充铁和蛋白质，以弥补运动训练中过多的消耗。

（八） 心电图

心电图反映了心肌的生物电变化，与心肌的自律性、兴奋性和传导性有关，能较敏感地反映心肌的电生理变化。心电图既是临床上检查心脏疾病的一种重要方法，又是观察运动员机能状况的重要指标。

经长期运动训练后，心电图可出现迷走神经张力增高的现象，如窦性心动过缓、房室传导阻滞等，是心脏对长期运动的适应，表明心泵功能较好。但在少数情况下，有训练过度、运动负荷过大、心脏功能不良的情况时也会出现上述变化，这时运动员会自我感觉不良，并伴有胸闷、乏力等症状。

如果心电图出现多发性期前收缩（早搏）、显著窦性心律不齐、ST 段及 T 波变化，提示有过度训练、过度疲劳等引起的心肌损害、心功能下降。此时运动员往往会有更明显的不良感觉，应做进一步临床检查，调整训练计划，或暂停训练。

三、过度训练

过度训练是指运动负荷与身体功能状况不相适应，以至于疲劳长期积累而引起功能紊乱或病理状态，或疲劳伴有健康损害。

（一）过度训练的原因

1. 训练安排不当

在运动训练中未遵守循序渐进、系统训练的原则，持续的、长时间地进行大负荷的训练，缺乏必要的节奏，超出了人体的负担能力，破坏了内在的稳定，就会造成疲劳连续积累得不到恢复，容易产生过度训练。比较常见的现象是教练员或运动员为了追求成绩，未根据运动员，尤其是少年运动员的身体状况和训练水平循序渐进地增加运动负荷。这些运动员常合并局部肌肉和韧带的劳损。此外，训练内容单一，局部负荷量过大，缺乏全面身体素质训练，片面追求单项成绩，也容易造成过度训练。训练安排不当是过度训练最主要的原因。

2. 比赛安排不当

如果在一次比赛中连续参加多项比赛，缺乏足够的休息，或赛后体力尚未完全恢复即投入大负荷训练以及伤病后过早地参加训练和比赛，都会引起过度训练。

3. 其他原因

生活规律遭到破坏、睡眠不足、营养得不到及时补充、环境不良、精神受创伤或心理压力大等均会使身体的功能下降，导致过度训练的发生。运动员发生过度训练，往往是以上几种原因同时存在，并非单一因素可引起。

（二）过度训练的诊断

早期症状以神经系统表现为主，与神经衰弱相似。运动员仅在大运动负荷训练后出现睡眠欠佳（多梦、易惊醒），食欲不振、头晕、头痛，记忆力下降、易疲倦，运动时无力，运动成绩下降，少数人有心情烦燥和易激怒等，客观检查无明显异常改变。因此，过度训练的早期极容易被忽视，或被误诊为"神经官能症"，致使病情逐渐加重。

中期和后期，此时可涉及多个系统和器官，并出现多种多样的症状和体征。这时，除早期症状加重还出现失眠或嗜睡，全身乏力、多汗，情绪急躁，甚至恶心、呕吐、腹泻、无训练欲望，小运动负荷也出现疲劳，且在24 h内不能恢复，运动能力和运动成绩明显下降，严重者还出现胸闷、心跳、气短。安静血压和脉率明显升高。

此外，过度训练时，联合机能试验异常反应达60%以上；心电图检查异常者占67%，出现心律失常者约占10%，主要表现为期前收缩；脑电图出现节律异常者占 55.6%；生化方面检查，表现为血红蛋白下降，尿液有蛋白质、红细胞、管型，血睾酮水平下降等也是过度训练的诊断指标。

过度训练的运动员一般身体抵抗力下降，免疫球蛋白降低，容易患病（如感冒、扁桃体炎、肺结核、肝炎）；女运动员还会引起月经紊乱。此外，还可能引起肌肉持续性酸痛、僵硬和痉挛，甚至出现肌肉损伤或疲劳性骨折。

诊断过度训练时，需要依据运动员的的自我感觉、运动史和运动试验的结果进行判断。早期过度训练注意与神经衰弱和运动后疲劳相区别，如果是运动后疲劳，经 24 h 休息后即可消除。中、后期注意与肺结核、慢性肝炎等鉴别，可通过胸透和肝功能检查加以区别。当运动员出现血压增高或运动后血尿时，应注意与相应疾患相区别（详见运动性病症）。

（三）过度训练的处理

发生过度训练时，关键是早期发现，及早处理。基本原则是消除病因、调整训练内容或改变训练方法以及对症治疗。

过度训练早期，只需调整训练计划，控制运动负荷及运动强度，减少或避免难度大的动作，减少速度及力量性练习；注意休息，保证充足的睡眠；增加营养（包括锌、镁、铜、铁等微量元素）。对中、晚期或比较严重的患者，除做上述处理外，还要暂时停止专项训练和比赛，减轻神经、精神负担，多辅以全面训练和放松性练习，积极进行温水浴、按摩和医疗体育（如太极拳、气功）等。此外，可根据病情给予药物治疗，如维生素（维生素 B1、维生素 C、维生素 E）、葡萄糖、三磷酸腺苷（ATP）、谷维素、镇静剂、安眠药和激素等。服用中草药对治疗本症也有一定疗效，如人参、刺五加、田七、黄芪等。

过度训练经恰当治疗后，轻者 2~4 周可治愈，较重者需要 2~3 个月，严重者需要更长时间。病愈后恢复训练时要逐步增加运动负荷及运动强度，以防复发。

（四）过度训练的预防

1. 合理安排运动训练

过度训练发生的主要原因是训练安排不当，因此，预防的关键在于根据运动员的性别、年龄、身体发育状况、训练水平和训练状态等具体情况制订合理的、切合实际的训练计划，即制订逐渐增加训练量、节奏明显、避免骤然增量的方案。加强队医、运动员、教练员之间的交流和配合。训练有素、事业心强的优秀运动员，常常处于训练最佳状态与过度训练的边缘。为了察觉过度训练的早期信号，并及时采取措施，有效预防过度训练，队医、运动员、教练员之间密切的交流是必要的。

2. 最佳训练负荷的原则

最佳负荷取决于多种因素，如遗传特性、生活方式、健康状况等。为了及时调整训练量，应注意以下几点：

（1）注意调整训练的节奏，遵守循序渐进、系统训练、全面训练、区别对待的原则。

（2）合理安排生活制度。

（3）伤后、病后应进行积极治疗，不宜过早恢复训练和比赛。

（4）长年坚持适当的有氧训练，以提高运动员的心肺机能，提高运动员对训练的承受力，提高运动员的抗疲劳能力和对外界环境的适应能力。

（5）为了让运动员能够充分适应和恢复，在训练的大周期中，每周训练量的增加，不能超过5%。此外，训练的强度与训练的量不应同时增加。

（6）不要采用过多的指标评价运动强度、运动负荷，这将会使训练负荷量化困难。在训练过程中，运动员除必须详细记录对训练的主观反应和感觉，还应记录其他有关因素，如睡眠的时间和质量、营养及其他应激因素等，这将有助于发现导致过度训练的原因。

3. 及时发现过度训练的早期表现

运动员过度训练时常见以下症状，而且常常同时出现。队医、教练员应当警惕这些早期症状，并积极促进恢复。

（1）运动员完成训练课、定时跑或比赛时感觉非常费力，两组训练间的恢复时间延长。

（2）在运动课结束后，运动员有持续疲劳感和恢复不足，并伴有睡眠不良和晨脉增加。

（3）在处理日常事物时表现出易怒和情绪化。

（4）运动员缺乏训练热情，训练效果不佳。

（5）女运动员月经周期改变，甚至出现闭经。

以上这些警戒信号提示教练员、队医和运动员，必须较大幅度的调整训练计划。队医对于明确诊断和制订恢复计划是有重要作用的，而不应让运动员处于潜在危险的环境中。

四、比赛期的医务监督

青少年在比赛期间神经系统处于高度紧张状态，运动系统、心血管系统、呼吸系统及内分泌系统功能都处于较高活动水平，能量消耗很大。有些参赛选手未受过系统的、正规的训练，缺乏比赛知识，经常会发生意想不到的情况。还有些运动项目带有激烈对抗性和身体冲撞，容易引起一些运动性病症和运动性损伤。所以掌握比赛特点，做好赛前、赛中和赛后的医务监督，对保护青少年学生的身心健康，保证比赛的顺利进行具有十分重要的意义。

1. 赛前医务监督

（1）坚持赛前体格检查。无论是田径运动会还是其他单项比赛，有条件的学校，赛前要对每个运动员进行体格检查。检查的重点应该是心血管系统和运动系统，如测安静脉搏、血压、心脏听诊、X线胸透、关节检查和询问近期的伤病情况，必要时还应做功能试验。如果发现有慢性病和其他身体异常情况时，应做进一步特殊检查，如血常规、尿常规、心电图等。如果一切正常，健康状况良好，一般均可参加运动会的各项比赛。如果有感冒、发热、过度疲劳、体格检查和特殊检查结果异常、外伤未愈等，一般不允许参加田径运动会比赛。

（2）做好准备活动。准备活动是调整赛前身体功能状态和缩短进入工作状态时间的重要措施，也是防止运动性伤病的主要手段。因此，运动员正式参赛前，一定要做好充分的准备活动。准备活动的内容要针对不同项目的特点，在一般准备活动的基础上，加强专项准备活动，并要特别注意加强易伤部位的准备活动。

（3）做好比赛程序的组织和编排工作。要按运动员的年龄、性别进行分组。每个运动员每天比赛的项目不应太多，每项比赛之间要保证运动员有适当的休息时间。制订比赛计划和日程时，应考虑气候因素，在炎热的环境中不宜安排长时间激烈的竞赛项目，中午要有充足的休息时间。

（4）做好场地、器材等的准备工作。赛前应对比赛场地、器材和运动服装进行认真的安全检查，如对越野跑沿途的地形、交通及急救点的位置做详细的调查。根据运动员所从事项目的特点，做好赛前的营养补充工作。配备医护人员，准备好急救用品和药物，以维护参赛者的健康和保证比赛的顺利进行。

（5）做好赛前各种宣传、教育工作。在赛前出专栏介绍体育比赛的有关知识，包括比赛后有关医务监督和急救方面的知识。特别是春季和冬季运动会，气温较低，更要强调做好准备活动，以防受伤。

2. 赛中医务监督

（1）比赛现场必须配备医护人员，并准备急救用品和药品，及时做好伤病的急救工作。对比赛中出现的常见伤病，如腹痛、休克、痉挛、挫伤、撕裂伤、擦伤、关节韧带扭伤等，医护人员要随时注意观察，及时发现和处理，以保证比赛的顺利进行。

（2）在比赛中应做好饮料供应，加强饮食、饮水卫生工作，特别是在炎热的气候条件下，饮水及补充盐分是防止中暑和电解质紊乱的重要手段。

（3）比赛中要严格遵守各项比赛规则，发扬"宁失一球，勿伤一人"的高尚道德风尚，不要做出有可能伤及对方的粗野动作。

3. 赛后医务监督

比赛结束后，运动员的比赛任务虽已结束，但医务监督工作并未结束。通过赛后的医务监督工作，可以加速消除运动员赛后疲劳，了解运动员机体对比赛负荷的反应有无异常变化，对安排下一阶段的训练和比赛有一定的指导意义。因此，要做好以下工作：

（1）做好赛后体格检查。根据运动项目的特点，在赛后有针对性和选择性地进行体检，测定某些生理、生化指标（如脉搏、血压、体重、尿蛋白、心电图、功能试验等），询问运动员自我感觉，观察机体的恢复状况。如发现异常，应分析原因并及时处理。

（2）消除赛后疲劳。赛后应采取多种方法消除疲劳，如保证充足的睡眠时间，进行温水浴、局部按摩、热敷等处理手段。赛后进行散步、听音乐、参加各种娱乐活动等积极性休息，对放松精神和恢复体力都有良好的作用。此外，在赛后应注意补充营养，以促进能量物质和机体功能恢复，但切忌暴饮暴食。

（3）注意对疾病的预防。紧张剧烈的比赛后，体力消耗大，身体机能下降，导致抵抗力减弱，容易被疾病侵袭。所以要特别注意对感冒及其他疾病的防治。

（4）注意总结，安排好下一阶段的训练。比赛后要根据本次比赛的情况（包括运动成绩、医务监督的反应及其他各方面的情况），教练员或教师、队医或校医与运动员或学生一起进行总结，并有针对性地安排下一阶段的训练工作。

五、运动性疲劳消除

（一）运动性疲劳的概念与分类

1. 运动性疲劳的概念

运动性疲劳是指："机体生理过程不能持续其机能在一特定水平上和/

或各器官不能维持预定的运动强度"。目前可以理解为是运动本身引起的机体工作能力的暂时性降低，经过适当的休息和调整以后可以恢复到原有机能水平的一种生理现象。

运动员运动水平的提高就是疲劳—恢复—再疲劳—再恢复的良性循环过程。但是如果运动性疲劳没有得到及时的恢复而使疲劳累积，就会导致过度疲劳，或者发生运动性疲劳，之后继续保持原有的运动，使疲劳的程度加深，导致极度疲劳。这两种情况都会使运动性疲劳演变为一种病理现象，对身体健康造成危害。

2. 运动性疲劳的分类

（1）按疲劳发生的部位可分为中枢疲劳和外周疲劳。中枢疲劳主要表现为注意力不集中，思维反应迟钝等，其行为表现为动作迟缓、不灵敏、准确性下降和协调性降低等；外周疲劳主要表现为运动能力的下降。

（2）按身体整体和局部可分为整体疲劳和局部疲劳。整体疲劳是指由于运动使全身各器官机能水平下降而导致的疲劳；局部疲劳是指身体的某一局部由于运动而使机能水平下降。

（3）按运动方式可分为快速疲劳和耐力疲劳。快速疲劳是指短时间剧烈运动而形成的疲劳；耐力疲劳是指因强度较小、时间长的运动而形成的疲劳。

（二）运动性疲劳程度评估

判断运动性疲劳主要采用主观感觉、客观检查以及运动者的经验等方法进行评价。

1. 主观感觉

人体运动时的主观感觉与运动负荷、心功能、耗氧量以及代谢产物的堆积等多种因素密切相关，因此，运动时的自我感觉是判断运动性疲劳的重要标志。可以参照以下疲劳程度的简易判断标准（表3-11）。

表 3-11　疲劳程度的简易判断标准

内容	轻度疲劳	中度疲劳	极度疲劳
自我感觉	无任何不舒服	疲劳、腿痛、心悸	除疲劳、腿痛、心悸外，尚有头痛、胸痛、恶心（甚至呕吐）等征象，且这些征象持续相当一段时间
面色	稍红	相当红	面色红或者苍白，有时呈蓝紫色
排汗量	不多	较多	非常多，尤其是整个躯干部分

续表

内容	轻度疲劳	中度疲劳	极度疲劳
呼吸	中度加快	显著加快	显著加快，并且呼吸表浅有时会出现节律紊乱
动作	步态轻稳	步态摇摆不稳	摇摆现象显著，出现不协调动作
注意力	较好、能正确执行指示	执行口令不准确，会出现错误的技术动作	执行口令缓慢、技术动作出现变形

以上只是对运动性疲劳的粗略分析，瑞典学者 Gunnar Borg 研制了主观感觉疲劳等级量表（RPE），使原来粗略的分析变为较精确的半定量分析。具体做法为：令受试者做递增性功率自行车或固定跑台运动，并对照 RPE（表 3-12），令受试者在运动过程中每增大一次强度，或间隔一段时间，便指出自我感觉等级。表中的等级乘以 10，即为受试者完成该负荷的心率。同时，还可以推算出运动时所做的功及最大摄氧量，分别在疲劳前后测定同样负荷的运动，如果机体出现疲劳，RPE 等级也会相应增加。此外，利用该方法还可测定受试者的有氧耐力及抗疲劳能力。

表 3-12 主观感觉疲劳等级量表

自我感觉	等级
毫不费力 ··	6
非常轻松 ··	7~8
很轻松 ··	9~10
尚轻松 ··	11~12
有些吃力 ··	13~14
吃力（沉重）···	15~16
很吃力 ··	17~18
非常吃力 ··	19
竭尽全力 ··	20

资料来源：美国运动医学学会. ACSM 运动测试与运动处方指南 [M]. 9 版. 王正珍，译. 北京：北京体育大学出版社，2015.

2. 客观检查

（1）肌力指标。

① 肌肉力量：运动引起的肌肉疲劳最明显的特征是肌肉力量下降。一般常以绝对肌肉力量为依据，观察疲劳前后肌肉力量的变化。如果没有其他特殊原因（如肌肉损伤），运动后肌肉力量明显下降而不能及时恢复，可视为肌肉疲劳。在评定疲劳时，可根据参与工作的主要肌群确定测试内容，如以上肢工作为主的运动可用握力或屈臂力量测试；以腰背肌工作为主的运动

可选择背力测试等。常用的测试仪器有握力计、背力计等。测试时，首先在运动前连续测定若干次肌肉力量，计算出平均值；运动结束后，再进行同样方式的力量测定。如果肌肉力量平均值低于运动前水平，或几次力量测定值连续下降，即为肌肉疲劳。如果一次练习后连续几天肌肉力量不能恢复，则疲劳程度较深。

② 呼吸肌耐力：可连续测 5 次肺活量，每次测定间隔 30 s，疲劳时肺活量逐次下降。

③ 肌电图：肌电图（EMG）是肌肉兴奋时所产生的电位变化，可反映肌肉的兴奋、收缩程度。疲劳时，肌电振幅增大，频率降低，电机械延迟（EMD）延长，表明神经肌肉功能下降。

（2）心血管系统指标。

① 心率：一般常用基础心率、运动中心率和恢复期心率对疲劳进行判断。

基础心率：如果大运动负荷训练的基础心率较平时增加 10 次/min 以上，则认为有疲劳现象；如果连续几天持续增加，则表明疲劳积累，应调整运动负荷。

运动中心率：可采用遥测心率的方法对运动中心率进行测定，或用运动后即刻心率来代替。按照训练—适应理论，随着训练水平的提高，完成同样运动负荷时，心率有逐渐减少的趋势。如果在一段时间内，从事同样强度的定量负荷，运动中心率增加，则表示身体疲劳。

恢复心率：人体进行一定强度运动后，经过一段时间休息，心率可以恢复到运动前状态。当机体疲劳时，心血管系统机能下降，可使运动后的心率恢复时间延长，作为诊断疲劳的指标。

② 血压：血压是心血管系统的重要指标之一。

晨血压：当身体机能状况良好时，清晨安静血压较为稳定。若晨血压比平时升高 20% 左右且持续两天以上不恢复，往往是机能下降或疲劳的表现。

运动血压：正常情况下，收缩压随运动强度的加大而升高，舒张压不变或有轻度的上升或下降。运动时，当脉压增加的程度比平时减少，出现无力型反应，表明已产生中度或重度疲劳。若出现"无休止音"或梯形反应，表明已产生过度疲劳。

③ 心电图：运动中心脏疲劳可使心电图出现异常，S-T 段向下偏移，T波可能下降或倒置。

（3）神经系统和感觉器官指标。

① 反应时：机体疲劳时，反应时延长。

② 皮肤空间域：机体疲劳时，触觉机能下降，辨别皮肤两点之间最小距离的能力下降。

（4）其他。

① 血乳酸：一般认为，机体在安静时血乳酸超过正常值范围，运动时最大乳酸值下降，在相同负荷练习后血乳酸升高或清除时间延长，表明机体已出现运动性疲劳。

② 血尿素：尿素是体内蛋白质和氨基酸分解代谢的最终产物。成人安静时血尿素为 28~40 mg，运动时肌肉中蛋白质和氨基酸分解代谢加强，血尿素数量增高。若机体机能状态正常情况下，运动后次日早晨血尿素上升幅度在 50% 以下，表明机体出现中度或重度疲劳；若 1~2 天后晨血尿素还逐日上升，说明疲劳程度向过度疲劳发展，必须立即调整运动负荷。

③ 尿蛋白：在大运动负荷训练过程中，开始身体不适应时，尿蛋白排泄量增多，继续坚持一个阶段的训练后，在完全相同强度的训练时，尿蛋白又会减少，这是身体适应运动量的表现。如果尿蛋白不减少，或反而增加，可能是过度疲劳或过度训练的表现，就要酌减运动强度或运动量。

（三）消除运动性疲劳的方法

1. 改善代谢法

（1）整理活动。

整理活动是消除运动性疲劳、促进体力恢复的一种有效的主动恢复手段。一般是在运动训练结束后即刻进行。其内容主要有：

① 慢跑和呼吸体操：主要目的是改善血液循环，加速下肢血液回流，促进代谢产物的消除。

② 肌肉、韧带拉伸练习：这种方法对减轻肌肉酸痛和僵硬、促进肌肉中乳酸的清除有良好的作用。

（2）温水浴和局部热敷。

温水浴是一种简单易行的消除疲劳方法，训练或比赛后进行温水浴，可以促进人体血液循环，有利于疲劳肌肉的物质代谢。水温以 40 ℃ 左右为宜，温度不宜过高，时间为 10 min 左右，勿超过 20 min，以免加重疲劳。

局部热敷对组织器官有扩张血管、加速血液循环的作用，对局部神经末梢也有安抚作用。热敷的温度以 47~48 ℃ 为宜，一般持续在 10 min 左右。

（3）桑拿浴。

桑拿浴是利用高温干燥的环境，使人体大量排汗，从而加速血液循环，使体内的代谢产物能及时排出体外。桑拿浴时间不要过长，每次停留 5 min

左右，最好与温水浴交替进行，反复 4~5 次。桑拿浴一般不要在运动结束后即刻进行，以免造成脱水和加重疲劳。如果运动结束后，休息一段时间，补充足够的水和营养物质后再进行桑拿浴，效果会较好。

（4）按摩。

按摩可以改善局部或全身血液循环的状况，促进代谢产物的排除，减轻肌肉酸痛和僵硬，提高肌肉的收缩能力，改善关节的灵活性。因此，按摩是消除疲劳的重要手段。按摩在运动前、运动中、运动后均可进行，应用范围广，除能消除肌肉疲劳外，对解除大脑的紧张与疲劳也具有较好的调节作用。但以消除运动性疲劳为主要目的的按摩均应在运动后进行，按摩时间根据疲劳程度而定，一般在 20~45 min。

2. 神经系统调节法

（1）充足的睡眠。

充足的睡眠是消除疲劳的基本方法，也是必不可少的体力恢复过程之一。运动员每天的睡眠时间不得少于 8 h。大运动量训练时，还要适当延长，全天训练还应增加 2 h 的午睡时间。

（2）心理恢复。

根据运动员的爱好和具体条件，可以采用疗养、旅游、音乐欣赏等手段来放松运动员的神经系统，对由比赛时精神紧张而引起的疲劳有良好的缓解作用。

（3）放松练习。

通过语言诱导使运动员用意念来调动肢体，进而使高级神经中枢得到暗示，放松肌肉，尽快消除疲劳。一般在整理活动结束时或在睡眠前安排放松练习，效果较好。

3. 补充法

人体在运动过程中新陈代谢急剧增加，能源物质被大量消耗，所以运动能力恢复的关键在于恢复机体的能量储备、关键酶的活性、电解质的平衡、细胞膜的完整性等。一般分为补充能源物质和补充调节物质两种。

（1）营养物质补充。

糖是人体运动时的主要能源，糖的适量补充，不论是对消除疲劳或提高运动能力都是一个促进因素。蛋白质具有构建细胞结构的功能，同时又参与组成各种酶和许多激素，因此，蛋白质的及时补充对消除疲劳也很重要。补充蛋白质最好以易消化的优质蛋白质为主。运动中出汗导致大量的水分和电解质丢失，所以还需要补充足够的水分和无机盐，以及调节生理代谢所需要的维生素和其他微量元素。

智能可穿
戴设备

兴奋剂问
题

（2）中医药调理。

我国传统中医药在提高运动员体质和运动能力、尽快消除疲劳、无违禁成分、无副作用的药物和实物方面具有独特的优势。目前，运用中医药抗运动性疲劳主要采用健脾益肾、抗疲劳专用方剂和药物型运动饮料等。例如，增加骨骼肌糖原含量的"四君子汤"；提高血红蛋白、增加耐力的"复方生脉饮"；抗疲劳、耐缺氧、耐寒冷的"复方党参液"；增强抗应激能力、抗疲劳的"益肾口服液"以及"复方丹参"等。

作业与思考

1. 试述体育课医务监督的内容和要求。
2. 试述大课间体育活动医务监督的内容和要求。
3. 试述自我监督中的主观感觉指标和评定标准。
4. 试述中、小学田径运动会的医务监督要求。
5. 试述判断运动性疲劳的简易方法有哪些？

实践训练题

（哈尔滨体育学院　黄丽敏）

（大连大学　刘丰彬）

体育运动与合理膳食营养

　　本章主要介绍了宏量营养素、微量营养素、其他膳食成分、人体的能量需要以及营养素之间的关系等营养学基础知识；阐述了体育运动的膳食营养和儿童青少年体育运动的膳食营养以及运动员的膳食营养等运动营养知识。

学习目标

　　1. 掌握营养学基础知识和儿童青少年体育运动的膳食营养要求。
　　2. 熟悉体育运动的膳食营养内容。
　　3. 了解运动员的膳食营养内容。

　　人类为维持生命必须从外界摄取食物，合理膳食是维持机体生命活动和健康的物质基础，人体不断从外界摄取食物，经过消化、吸收、代谢和利用食物中身体需要的物质（养分或养料）来维持生命活动的全过程即为营养，它是一种全面的生理过程。

第一节　营养学基础知识

　　人类为维持生命必须从外界摄取食物，食物中可为人体提供能量、构成机体和组织修复以及具有生理调节功能的化学成分称为营养素。营养素是维持人类生命活动和健康的最根本物质，其摄入的不均衡不但会影响人体的健康水平，而且会影响人体的活动能力。人体需要的营养素归纳起来分为三大类：即由蛋白质、脂类、碳水化合物组成的宏量营养素；由矿物质和维生素组成的微量营养素；由水、纤维素等组成的其他营养素。

一、宏量营养素

宏量营养素包括蛋白质、脂类和碳水化合物。

（一）蛋白质

蛋白质是一类重要的生物大分子，肝脏是合成蛋白质的重要场所，蛋白质主要由碳、氢、氧、氮等元素构成，有些蛋白质还含有硫、磷、铁等其他元素，这些元素按一定结构组成氨基酸。自然界中的氨基酸有 20 多种，这 20 多种氨基酸以不同数目和不同顺序连接构成种类繁多，千差万别的蛋白质，发挥它们各自不同的生理功能。

1. 蛋白质的营养功能

（1）构成身体成分。

蛋白质是细胞的主要组成成分之一，广泛存在于肌肉、神经、血液、骨骼和毛发中。

（2）调节生理功能。

蛋白质调节生理功能的作用主要体现在以下几个方面：① 保持机体的渗透压和血液的酸碱平衡；② 促进体内各种生理生化反应的进行。例如，酶和激素都是调控机体代谢的重要物质；③ 具有保护和防御功能。蛋白质的营养状况对机体抗病能力具有重要作用。

（3）提供能量。

每 g 蛋白质在体内氧化可产生 16.7 kJ（4.0 kcal）能量。当机体摄入的碳水化合物和脂肪的数量不足以满足机体的需求时，机体会分解蛋白质获得能量。在长时间大强度运动时，蛋白质参与供能的比例会随之增加。补充支链氨基酸有助于提高机体的运动能力。

2. 氨基酸

氨基酸是指含有氨基和羟基的有机酸，它是组成蛋白质的基本单位。在人体和自然界中，常见的氨基酸有 20 多种（表 4-1）。在人体内可以合成，能满足人体需要的氨基酸称为非必需氨基酸；人体不能合成或合成速度不能满足机体需要，必须由食物供给的氨基酸称为必需氨基酸，必需氨基酸包括异亮氨酸、亮氨酸、赖氨酸、蛋氨酸、苯丙氨酸、苏氨酸、色氨酸、缬氨酸和组氨酸，组氨酸是婴儿的必需氨基酸。

表 4-1　非必需氨基酸与必需氨基酸

非必需氨基酸				必需氨基酸			
丙氨酸	甘氨酸	天冬氨酸	脯氨酸	赖氨酸	缬氨酸	色氨酸	亮氨酸
天冬酰胺	丝氨酸	谷氨酸	半胱氨酸	异亮氨酸	蛋氨酸	苯丙氨酸	苏氨酸
谷氨酰胺	胱氨酸	精氨酸		组氨酸			

3. 蛋白质的分类

根据营养价值，可将蛋白质分为三类：完全蛋白质、半完全蛋白质和不完全蛋白质。

（1）完全蛋白质是指蛋白质中所含的必需氨基酸种类齐全、数量充足、比例恰当，它们在人体利用率高。完全蛋白质也称为优质蛋白质。

（2）半完全蛋白是指蛋白质中所含的必需氨基酸虽然种类齐全，但其中某一种或几种必需氨基酸的含量相对较低，利用率较低。几种食物混食，必需氨基酸的种类和数量因而互相补充，能更接近人体需要量的比值，使生物价值得到相应的提高，这种现象称为蛋白质的互补作用。例如，小麦、小米、牛肉、大豆各个单独食用时，其蛋白质生物价值分别为 67、57、69、64，而混食的生物价值可高达 89。

（3）不完全蛋白质是指蛋白质中所含必需氨基酸的种类不全，不能促进人体生长发育，也不能维持生命的蛋白质。

4. 蛋白质的推荐摄入量及食物来源

2013 年，中国营养学会公布了中国居民膳食营养素参考摄入量（Chinese DRIs），其中包括推荐营养素摄入量（RNIs）。中国居民膳食蛋白质的推荐摄入量见表 4-2。

表 4-2　中国居民膳食蛋白质推荐摄入量

年龄/岁	蛋白质 RNIs/g	
	男	女
0~	$1.5 \sim 3.0 / [g \cdot (kg \cdot d^{-1})]$	
1~	35	35
2~	40	40
3~	45	45
4~	50	50
5~	55	55
6~	55	55

续表

年龄/岁	蛋白质 RNIs/g	
	男	女
7~	60	60
8~	65	65
10~	70	65
11~	75	75
14~	85	80
18~		
体力活动水平		
轻体力劳动	75	65
中体力劳动	80	70
重体力劳动	90	80
孕妇		
第一孕期		+5
第二孕期		+15
第三孕期		+20
乳母		+20
60~	75	65

注：① 成年人（18 岁~ ）蛋白质按 1.16 g/kg·d 计。

② 老年人（60 岁~ ）蛋白质按 1.27 g/kg·d 或蛋白质占总能量的 15% 计。

蛋白质的主要来源：畜、禽、鱼肉含蛋白质 15%~20%，奶含 1.3%~3.0%，蛋含 11%~14%，干豆类含 20%~35%，硬果类如花生、核桃、莲子含 15%~20%，谷类含 8%~10%。常用食品中蛋白质含量见表 4-3。

表 4-3 常用食品中蛋白质含量 （单位：g/100 g）

食物名称	蛋白质含量	食物名称	蛋白质含量
猪肉	13.818 5	稻米	8.5
牛肉	15.821 7	小米	9.7
羊肉	14.318 7	面粉	11
鸡	21.5	大豆	39.2
鲤鱼	18.1	红薯	1.3
鸡蛋	13.4	大白菜	1.1
牛奶	3.3	花生	25.8

资料来源：陈吉棣. 运动营养学 [M]. 北京：北京医科大学出版社，2002.

（二）脂类

脂类包括脂肪和类脂。脂肪又称为中性脂肪或甘油三酯。类脂包括磷脂、糖脂、固醇类和脂蛋白等。脂类是人体需要的重要营养素之一。

1. 脂类的分类

（1）甘油三酯。

甘油三酯是重要的脂类。食物中的脂类 95% 是甘油三酯，人体储存的脂类中，甘油三酯高达 99%。它是由一个甘油分子和三个脂肪酸分子酯化而成，在人体主要分布于皮下、腹腔和肌肉纤维之间。

（2）脂肪酸。

脂肪酸是由碳、氢、氧三种元素组成的一类化合物，是中性脂肪、磷脂和糖脂的主要成分。根据碳链中碳原子间双键的数目又可将脂肪酸分为单不饱和脂肪酸（含 1 个双键）、多不饱和脂肪酸（含 1 个以上双键）和饱和脂肪酸（不含双键）三类。自然界存在的脂肪酸有 40 多种。有几种脂肪酸人体自身不能合成，必须由食物供给，称为必需脂肪酸。

（3）胆固醇。

胆固醇是类脂的一种。它在人体内的重要生理功能包括：① 是细胞膜的组成成分；② 是合成胆汁酸和维生素 D_3 的原料，前者可帮助脂肪消化吸收，后者可预防儿童佝偻病；③ 是合成类固醇激素的原料，特别是性激素和肾上腺皮质激素。人体胆固醇来自膳食和体内合成。胆固醇在肝脏内经过分解代谢随粪便排出。

2. 脂肪的营养功能

（1）供给能量。

1 g 脂肪在体内分解成二氧化碳和水并产生 37.6 kJ（9 kcal）的能量。

（2）构成一些重要生理物质。

磷脂、糖脂和胆固醇构成细胞膜的类脂层，胆固醇又是合成胆汁酸、维生素 D_3 和类固醇激素的原料。

（3）维持体温和保护内脏。

皮下脂肪可调节体温。内脏周围的脂肪有保护内脏的作用。

（4）促进脂溶性维生素的吸收。

（5）增加机体的饱腹感和食物的美味感。

3. 脂肪的供给量和来源

（1）脂肪的供给量。

我国营养学会建议膳食脂肪供给量不宜超过总能量的 20%~30%。

（2）脂肪的来源。

脂肪的主要来源是食用油脂，如橄榄油、玉米油、花生油等和食物本身的油脂。

（三）碳水化合物

1. 碳水化合物的构成和分类

碳水化合物是一类含有碳、氢、氧三种元素组成多羟基的醛或酮的有机化合物。几乎存在于所有的生命机体中，主要的生物学作用是作为机体的能源物质，部分碳水化合物分子参与细胞结构的组成。

根据分子结构的大小和在水中溶解度的不同碳水化合物主要可以分为简单碳水化合物和复杂碳水化合物。碳水化合物的分类见表4-4。

表4-4　碳水化合物的分类

简单碳水化合物	糖类	单糖（单分子碳水化合物）	葡萄糖、果糖（水果糖）、半乳糖	一些糖类或简单碳水化合物容易引起血糖快速升高，因此，刺激过量的胰岛素生成并导致血糖快速下降。葡萄糖与麦芽糖对血糖的影响最大
		双糖（两分子碳水化合物）	蔗糖、乳糖、麦芽糖	
复杂碳水化合物	部分可消化多糖	低聚糖（3-20分子碳水化合物）	麦芽糖、低聚糖、棉子糖、水苏糖、毛蕊花糖	部分可消化多糖通常存在于豆类，虽然它们容易产生气体与胀气，但仍被认为是健康的碳水化合物
	多糖	可消化多糖（20分子以上碳水化合物）	淀粉糖、支链淀粉、葡萄糖聚合物	这些复杂碳水化合物应当是碳水化合物能量的主要来源。葡萄糖聚合物是由淀粉水解成的，通常用于运动饮料
		不可消化多糖（20以上分子非淀粉性碳水化合物）	纤维素、半纤维素、果胶、树胶、黏胶、海藻多糖、β-葡聚糖、果聚糖	这些复杂碳水化合物提供纤维素，而纤维素对促进肠道健康与抗病能力是非常重要的

续表

| 其他 | 其他碳水化合物 | 甘露醇、山梨糖醇、木糖醇、糖原、核糖（一种含有 5 个碳元素的糖类） | 甘露醇、山梨糖醇与木糖醇（糖醇）是不会引起蛀牙的营养性甜味料。由于其保湿性与食物稳定性，通常用于产品加工中，但是它们的消化速度缓慢，如果大量服用，可引起胃肠道不适。糖原是动物体内碳水化合物的主要储存形式，而核糖是遗传密码的组成成分（脱氧核糖核酸，DNA） |

资料来源：丹·贝纳多特. 高级运动营养学 ［M］. 安江红，译. 北京：人民体育出版社，2011.

人类能够储存大约 350 g（1 400 kJ）肌糖原，90 g（360 kJ）肝糖原，5 g 左右（20 kJ）血糖。肌肉体积越大，潜在的糖原储存与潜在的需求就越大。

2. 碳水化合物的营养功能

（1）供给能量。

碳水化合物是供给人体能量的最主要来源。它在体内可迅速氧化，提供能量。1 g 碳水化合物可产生 16.7 kJ（4 kcal）的能量。

（2）构成机体一些重要生理物质。

碳水化合物是细胞膜的糖蛋白，神经组织的糖脂以及传递遗传信息的脱氧核糖核酸（DNA）的重要组成成分。

（3）节约蛋白质。

碳水化合物的摄入充足时，人体首先使用碳水化合物作为能量来源，从而避免将蛋白质用来提供能量。

（4）抗生酮作用。

脂肪代谢过程中必须有碳水化合物存在才能完全氧化而不产生酮体。酮体是酸性物质，血液中酮体浓度过高会发生酸中毒。

（5）糖原有保肝解毒作用。

肝糖原储备充足时，肝细胞对某些有毒的化学物质和各种致病微生物产生的毒素有较强的解毒能力。

（6）增强肠道功能。

非淀粉多糖，如膳食纤维素、功能性低聚糖等不能被机体消化的碳水化合物，虽然不能在小肠消化吸收，但可刺激肠道蠕动，增加肠道菌群增殖，有助于正常消化和增加排便量。

3. 碳水化合物的供给量和食物来源

（1）碳水化合物的供给量。

2013年，中国营养学会推荐碳水化合物适宜摄入量（10~49岁成年人）为占总能量的50%~65%。长时间运动时可至65%，若是大强度耐力运动时的碳水化合物供给量应为总能量的60%~70%，中等强度时应为50%~60%，无氧运动时为60%~65%。其中添加糖<10%。

（2）碳水化合物的来源。

谷类、薯类、豆类富含淀粉，是碳水化合物的主要来源。食糖（白糖、红糖、砂糖）几乎100%是碳水化合物。

以下为摄入碳水化合物的几点建议（表4-5）：

表4-5 关于摄入碳水化合物的几点建议

摄入的糖类种类	摄入碳水化合物类物质的具体建议
食用复合糖	膳食指导：每天食用5~9份的蔬菜和水果。每天吃6~11份的面包、谷类和豆类可提高多糖的摄入量。每天摄入量300g或总热量的60% 2010年健康人群标准：增加水果和蔬菜包括豆类的摄入量，每天至少5份；增加谷类产品的摄入量，每天至少6份 世界卫生组织：最低限度是摄入多糖量占总热量的50%；最高限度是摄入多糖量占总热量的75% 膳食指导：适量食用食糖
食用食糖	世界卫生组织：最低限度是摄入食糖量占总热量的0；最高限度是摄入食糖量占总热量的10% 膳食指导：通过食用许多不同天然含纤维的食物提高纤维的摄入量
食用膳食纤维素	每天摄入量：25 g膳食纤维/天或11.5 g膳食纤维/4 170 kJ 世界卫生组织：最低限度是每天27 g膳食纤维；最高限度是每天40 g膳食纤维

注：① 每天摄入量定义为每餐摄入8 360 kJ热量。

② 份的含义是指食物的数量，目前没有统一的标准，可以通过食品说明的成分表判断。

资料来源：Frances Sienkiewicz Sizer, Eleanor Noss Whitney. 营养学——概念与争论［M］. 8版. 王希成，主译. 北京：清华大学出版社，2004.

二、微量营养素

维生素和矿物质对于机体物质代谢、组织构建、细胞内外环境的体液平衡以及物质运送都是必不可少的。此外，维生素与矿物质还有助于降低人体的氧化应激。

（一）维生素

维生素是一组维持身体生长与正常生命活动所必需的一种有机化合物，在身体中既不是构成身体组织的原材料，也不是能量的来源，而是一类调节物质，在体内代谢中起重要作用。由于维生素无法在体内合成，必须通过食物的途径予以补充。尽管需求量不是很大，但也是一类重要的营养素。

机体造成维生素缺乏的主要原因有：① 膳食中含量不足；② 体内吸收障碍；③ 排出增多；④ 因药物等作用使维生素在体内加速破坏；⑤ 生理和病理需要量增多；⑥ 食物加工烹调不合理使维生素大量破坏或丢失。

预防维生素缺乏的措施：① 提供平衡膳食；② 根据人体的生理和病理情况及时调整维生素供给量；③ 及时治疗影响维生素吸收的肠道疾病；④ 食物加工烹调要合理，尽量减少维生素的损失。

维生素种类很多，根据其溶解性可分为两大类，即脂溶性维生素和水溶性维生素。脂溶性维生素包括 A、D、E、K 4 种。水溶性维生素包括 B 族维生素（B1、B2、B6、B12、PP 等）和维生素 C。表 4-6 为脂溶性维生素的分布、生理功能、缺乏症和日需要量。表 4-7 为水溶性维生素的分布、生理功能、缺乏症和日需要量。

（二）矿物质

人体内除去碳、氢、氧、氮以外的元素统称为矿物质。根据在人体的含量和日需要量分为常量元素和微量元素。区分两者的标准是总量大于体重的 0.01% 以上，或每日需要量在 100 mg 以上的元素称为常量元素，含量低于上述标准的被称为微量元素。表 4-8 为人体部分无机元素表。

表 4-6 脂溶性维生素的分布、生理功能、缺乏症和日需要量一览表

名称	别名	分布	生理功能	缺乏症	人体日需要量	备注
维生素 A	视黄醇	存在于动物性食物，如动物肝脏、蛋类、奶类中；在有色蔬菜中，如菠菜、胡萝卜、油菜中含有胡萝卜素，被机体吸收后可转变成维生素 A	维护夜视功能；促进生长发育，如有助于细胞的增殖和生长，有助于骨骼、牙齿、头发的生长，维持健康的上皮组织；增强免疫力，预防皮肤癌的发生等	夜盲症，皮肤干燥，骨骼发育受阻，免疫功能和生殖功能下降	男: 800 μg·d^{-1}; 女: 700 μg·d^{-1}; 运动员:1 500 μg·d^{-1}	射击、射箭、乒乓球运动员的补充量可再增加一些（1 800 μg/d）。饮食中含有适量脂肪有助于胡萝卜素的吸收。在高温条件下，与氧接触会遭破坏。对紫外线敏感，阳光可破坏维生素 A，如晒干的蔬菜，置于阳光下的鱼肝油其营养价值都会下降
维生素 D	抗佝偻病维生素	存在于动物的脑、肾脏、肝脏、皮肤以及牛奶和蛋黄中，鱼肝油中维生素 D 含量最丰富，植物体内不含维生素 D	促进骨与软骨的正常生长，促进牙齿的正常发育，抗疲劳，调节钙磷代谢等	佝偻病，骨质疏松，免疫力下降	成年人: 5 μg·d^{-1}; 老年人: 10 μg·d^{-1}	维生素 D 在所有维生素中潜在的毒性是最大的。如果人会引起食欲减弱、恶心和呕吐。每天在户外运动 2 h 即可预防维生素 D 缺乏症的发生。老年人尤其需要注意

续表

名称	别名	分布	生理功能	缺乏症	人体日需要量	备注
维生素E	生育酚	在各种食物中，以麦胚和麦胚油的含量最丰富，其次是植物油，如棉籽油、玉米油、花生油、芝麻油等	抗氧化与延缓衰老；影响脂代谢，抗动脉粥样硬化；提高机体免疫能力；保护红细胞的完整性	生殖障碍，肌肉营养不良，神经系统功能异常和循环系统损伤	成年人：10 mg·d^{-1}	人类维生素E缺乏很少见；口服维生素E的量可增加至100～800 mg/d；高原训练练习、高强度运动或低氧环境下训练补充维生素E；一般强度下训练不鼓励额外补充维生素E
维生素K	抗出血维生素	存在于动物性和植物性食物中。存在量最丰富的是暗绿叶植物，如萝卜缨、甘蓝、绿茶、莴苣；次之是牛油、火腿、蛋类等；微量的是香蕉、苹果汁、玉米等	参与人体内凝血酶原的合成，促进凝血因子Ⅰ转变成纤维蛋白；是呼吸链的组成成分，参与氧化磷酸化过程；增加肌肉组织的弹性	原发性维生素K缺乏情况很少见，如果缺乏会引起出血不止的情况	青少年：50～100 μg·d^{-1}；成年人：70～140 μg·d^{-1}	人体内维生素K的来源主要有两个途径：一是由食物途径获得；二是维生素K对热稳定，故在一般的加工烹调中损失较小。但是，在碱、酸、氧化剂和光，特别是紫外线的作用下不稳定，容易被破坏

资料来源：张钧. 运动营养学［M］. 2版. 北京：高等教育出版社，2010.

表 4-7 水溶性维生素的分布、生理功能、缺乏症和日需要量一览表

名称	别名	分布	生理功能	缺乏症	人体日需要量	备注
维生素 B_1	硫胺素	谷类、豆类、坚果等，以及用这些原料制成的食品，如馒头、面条；动物的心脏、肝脏及猪肉的瘦肉及蛋类较多	糖代谢的关键酶：缺乏会造成糖代谢紊乱，葡萄糖无法彻底分解，如造成乳酸堆积，食欲的增进剂；因维生素 B_1 可抑制乙酰胆碱的分解，因而刺激肠胃蠕动，改善了食欲；参与维持神经系统功能	脚气病；疲乏、食欲差、恶心、忧郁、急躁、麻木、心电图异常等	男：1.4 mg·d^{-1}；女：1.3 mg·d^{-1}；健身教练：1.5~3 mg·d^{-1}。每消耗 1 000 cal 需要补充 0.5 mg	对氧稳定，比较耐热，特别是在酸性条件下极其稳定。但在碱性条件下受热极易被破坏，如蒸馒头、煮稀饭不宜放碱
维生素 B_2	核黄素	动物性食物中含量高，其中以肝脏、肾脏和心脏为最多；奶类及蛋类含量高，植物性食物中，绿叶蔬菜和豆类也较多	许多重要辅酶的组成成分。参与能量代谢，蛋白质代谢，维持皮肤健康和眼睛健康；与生长发育紧密相关，如缺维生素 B_2，损伤不易恢复，与铁的代谢，在防治缺铁性贫血中有重要作用	可影响机体对铁的利用；肌肉无力，耐久力受损，容易疲劳等；口角炎、皮炎等；影响其他维生素的吸收	男：1.4 mg·d^{-1}；女：1.2 mg·d^{-1}；健身教练：2.5 mg·d^{-1}。每消耗 1 000 cal 需要补充 1.1 mg	如果是以素食为主的健身教练应重视产生维生素 B_2 缺乏的可能性；在碱性环境中较易被破坏；以日光照射会破坏牛奶中的维生素 B_2

续表

名称	别名	分布	生理功能	缺乏症	人体日需要量	备注
维生素 B_3 (PP)	烟酸	含有烟酸的食物有：肉类、全谷类、种子、坚果类与豆类。或者强化谷类、机体细胞具有从色氨酸合成烟酸的能力（60 mg 色氨酸合成 1 mg 烟酸）。含色氨酸高的食物也是烟酸的重要来源	烟酸是辅酶 I 和辅酶 II 的组成成分；参与碳水化合物、脂肪和蛋白质的能量生成过程，参与糖原的合成以及细胞的正常新陈代谢，最重要的功用是预防和治疗癞皮病	癞皮病。初期表现为疲劳、乏力，记忆力减弱；皮炎呈对称性，分布在身体暴露和易摩擦的部位等；有急躁、忧虑等情况	普通人：14～19 mg·d^{-1}；中国运动员：25 mg·d^{-1}	过量摄入烟酸可能会导致中毒症状，包括（脸色发红、发热、灼热感）、还可能引起脖子、手指周围的刺痛感。这些症状一般在大剂量服用烟酸以降低血脂的人群中发生
维生素 B_5	泛酸	在肉类、全麦食品、豆类、蘑菇、鸡蛋、花茎甘蓝和某些酵母中含量高；蜂王浆和金枪鱼、鳕鱼的鱼子酱含量丰富；牛奶中的泛酸含量类似于人乳	以辅酶 A 和脂酰基载体蛋白的形式参与人体的多种生化反应，在碳水化合物、脂肪和蛋白质的代谢中起着十分重要的作用	缺乏的可能性比较小。食物单调的人群容易引起泛酸短缺。主要症状有：烦躁不安、食欲缺乏、消化不良等	4～7 mg·d^{-1}	补充泛酸对运动能力影响的研究结果尚未统一

续表

名称	别名	分布	生理功能	缺乏症	人体日需要量	备注
维生素 B₆	吡哆醇、吡哆醛、吡哆胺	肉类（特别是肝脏）中的含量最多；酵母、麦麸和葵花籽含量较高；其他含有维生素 B₆ 的食物有麦芽、鱼、家禽、糙米、豆类、香蕉、蛋、全谷物与蔬菜；蛋、燕麦和水果（除香蕉外）、各种蔬菜含量较低；干酪、脂肪、糖、牛奶含量极少	促进氨基酸吸收；参与蛋白质合成与分解，调节糖原代谢；参与不饱和脂固醇转化以及胆固醇的合成和转运；调节神经系统的兴奋性。因许多涉及磷酸吡哆醛的反应可使 5-羟色胺等神经递质水平升高，所以由此改变神经的兴奋性；激素调节作用；影响形成血红蛋白、烟酸的形成等	导致贫血；DNA 合成受损；减少体内烟酸的合成；恶心、口炎、肌肉、抽搐、力，抑郁，免疫力降低	国外 男：$2.0\ mg \cdot d^{-1}$；女：$1.6\ mg \cdot d^{-1}$。 中国 18 岁以上：$1.2\ mg \cdot d^{-1}$；50 岁以后为：$1.5\ mg \cdot d^{-1}$；健身教练：$1.5 \sim 2.0\ mg \cdot d^{-1}$	维生素 B₆ 长期不足会导致周围神经炎、共济失调、烦躁、抑郁与抽搐。过量摄入维生素 B₆（特别是从补剂中摄取）同样会导致人的中毒症状，这些症状与维生素 B₆ 缺乏症相似
维生素 B₇（H）	生物素	存在于天然食物中，如蛋黄、沙丁鱼、奶类、酵母、肝脏、肾脏、山核桃和花生等	生物素与镁和三磷酸腺苷共同作用于二氧化碳代谢、糖代谢、糖原、脂肪酸平衡与氨基酸的合成；对细胞生长有重要作用	缺乏严重时会出现皮肤病、食欲丧失、呕吐、消瘦、神经过敏等	青少年 11 岁：$20\ \mu g \cdot d^{-1}$；14 岁：$25\ \mu g \cdot d^{-1}$；成人：$40\ \mu g \cdot d^{-1}$	大量摄入生鸡蛋清可能会导致生物素缺乏，因为生蛋清中含有抗生物素蛋白

续表

名称	别名	分布	生理功能	缺乏症	人体日需要量	备注
维生素 B$_9$	叶酸	存在于所有的绿色蔬菜中；最丰富的食物来源是动物肝脏；次之为绿叶蔬菜、酵母、大豆类食物	红细胞形成过程中DNA合成的辅酶；核酸和氨基酸（蛋氨酸）代谢中的重要物质；胎儿的正常发育	巨幼红细胞贫血；胎儿脑发育出现神经管畸形；虚弱、耐力降低；神经紊乱	成年男女：400 μg·d^{-1}；孕妇：600 μg·d^{-1}；乳母：500 μg·d^{-1}	由于过量摄入叶酸而引起的毒性，目前尚没有报道，最好的摄入叶酸的办法是通过进食新鲜的蔬菜和水果来获取
维生素 B$_{12}$	钴胺素	存在于动物性食物中，如肝脏、肾脏、海鱼和虾等；发酵的豆制品，如发酵的臭豆腐、酱豆腐、黄酱等；肠源性细菌也合成少量可吸收的维生素 B$_{12}$	促进生长、维持神经组织正常功能及红细胞生成；参与蛋白质、脂肪和糖的代谢，参与神经递质的形成，参与糖酵解	缺乏严重时可引起恶性贫血；一般性缺乏可表现出周身无力、体重下降、协调性降低、背痛等	成人：2.4 μg·d^{-1}	植物性食物中不含维生素 B$_{12}$，长时间以植物为主的人群更容易出现缺乏维生素 B$_{12}$ 缺乏。健身教练建议：2.4~2.5 μg·d^{-1}

续表

名称	别名	分布	生理功能	缺乏症	人体日需要量	备注
维生素C	抗坏血酸	存在于新鲜水果、蔬菜中，含量较高的蔬菜：辣椒、雪里蕻、油菜等；含量较高的水果：鲜枣、山楂、猕猴桃等；豆子发芽时维生素C含量也较高	参与结缔组织中胶原蛋白的合成；治疗贫血；促进伤口愈合；具有抗氧化剂的作用	坏血症，如牙龈红肿出血，易感染化脓；关节痛、疲倦、烦躁、肌肉肌腱萎缩等	成年人：100 mg·d^{-1}；运动员一般训练：140 mg·d^{-1}；比赛期：200 mg·d^{-1}；安全上限为：2 000 mg·d^{-1}	稍高水平的维生素C摄入可能对从事对抗性项目的运动者（含有肌肉酸痛或需要形成更多的胶原蛋白，缓解肌肉酸痛）有益。但并没有见到大剂量补充维生素C显著提高运动能力的证据

资料来源：张钧. 运动营养学 [M]. 2版. 北京：高等教育出版社，2010.

表 4-8　人体部分无机元素表

人体必需常量元素	人体必需微量元素	人体可能必需微量元素	具有潜在毒性，但低剂量时，人体可能必需微量元素
钠、钾、钙、镁、氯、磷、硫	铁、碘、锌、铜、铬、钴、硒、钼、	镍、钒、硅、锰、硼	锡、氟、铅、镉、汞、砷、铝

在机体中的矿物质主要是作为构成机体组织的重要材料。例如，钙、磷、镁是骨骼和牙齿的主要组成成分；铁是血红蛋白不可或缺的成分；而磷是核酸分子的主要结构成分。同时，矿物质对维持机体的酸碱平衡、渗透压的稳定和组织的正常兴奋性有着十分重要的作用。矿物质还是许多酶的辅助因子或激活剂，会直接影响到酶的催化活力和代谢的进行。

1. 钙

钙是人体内含量最为丰富的矿物质，总量为 1 000~1 200 g，约为体重的 1.5%~2%，其中 99% 的钙储存在骨骼中。其主要功能，一是构成骨骼的核心部分，二是充当"钙库"，当血液中钙离子的浓度下降时，骨骼中的钙就会释放到体液中以维持平衡。因而骨骼中的钙离子并不是一成不变的，而是处在一种不断地沉积，又不断地溶解的动态平衡中。

（1）钙的营养功能。

① 钙是牙齿和骨骼的主要成分，二者合计约占体内总钙量的 99%。

② 钙与镁、钾、钠等离子在血液中的浓度保持一定比例才能维持神经、肌肉的正常兴奋性。

③ 钙离子是血液保持一定凝固性的必要因子之一，也是体内许多重要酶的激活剂。

（2）钙的吸收和利用。

钙在肠道内吸收很不完全，食物中的钙有 70%~80% 将随粪便排出。这主要是由于膳食中的植酸和草酸与钙结合成为不溶解难吸收的钙盐。膳食中的维生素 D 和维生素 C、牛奶中的乳糖以及膳食中钙/磷比例适宜（1∶1）等因素均可促进钙的吸收。此外，体育锻炼也可促进钙的吸收和储备。

（3）钙的供给量。

我国人民以植物性膳食为主，钙的吸收率比较低，中国营养学会推荐的钙供给量为成年男女均为 800 mg，青少年、孕妇和乳母应适当增多。

（4）钙的食物来源。

奶和奶制品中钙含量最为丰富且吸收率也高。小虾皮中含钙高，芝麻酱、大豆及其制品也是钙的良好来源，深绿色蔬菜，如小萝卜缨、芹菜叶等含钙量也较多。表4-9为食物含钙量排序表：

表 4-9　食物含钙量排序表　　　　　（单位：mg/100 g）

食物	钙含量	食物	钙含量
牛乳粉（强化）	1 796.8	芥末	656.2
芝麻酱	1 170.4	酱油（味精）	588.2
豆腐干（小香）	1 019.2	海米	555.2
牛乳分（婴儿）	998.4	茶叶（铁观音）	416.2
虾皮	991.2	海带	348.0
发菜	875.2	素鸡	319.2
奶酪	799.2	桂林腐乳	302.4
卤豆干	731.2	雪里蕻（腌）	294.4
臭豆干	720.0	黑木耳	247.2
牛乳粉（速溶）	659.2	炼乳	242.4

资料来源：李清亚，张松. 营养师手册［M］. 北京：人民军医出版社，2009.

2. 铁

人体内铁的含量居微量元素之首。成年人体内总铁含量为 4~5 g，主要以两种形式存在，其一是功能性铁，包括血红蛋白、肌红蛋白以及一些含铁的酶类，这些铁大多数存在于血液中，主要功能是参与氧的运输。其二是储存铁，包括铁蛋白等，存在于肝脏、脾脏、骨髓和血液中。血清铁蛋白和组织中的铁蛋白可互相交换呈动态平衡。

（1）铁的营养功能。

铁是合成血红蛋白的主要原料之一。铁缺乏时，不能合成足够的血红蛋白，造成缺铁性贫血。铁还是体内参与氧化还原反应的一些酶和电子传递体的组成部分，如过氧化氢酶和细胞色素都含有铁。

（2）铁的吸收和利用。

食物中的铁有两种形式，一种是非血红素铁，另一种是血红素铁。非血红素铁主要存在于植物性食物中，这种铁需要在胃酸作用下还原成亚铁离子才能被吸收，其吸收率很低，一般只有 1%~5% 被吸收。血红素铁存在于动物的血液、肌肉和内脏中，其吸收率可达 20% 以上，且不受膳食中其他成分的影响。此外，铁的吸收还与身体的铁营养状况有关。

（3）铁的供给量。

成年男子 12 mg，妇女 20 mg，孕妇和乳母 28 mg。

（4）铁的来源。

动物内脏（特别是肝脏）、血液、鱼、肉类都是富含血红素铁的食品。

3. 锌

正常成年男子体内的锌含量约为 2.5 g，成年女子约为 1.5 g，其中约有 50%存在于肌肉中，20%存在于骨骼内。此外，皮肤、头发和指甲中也含有 20%左右的锌，其余锌存在于肝脏、肾脏、脑、肺及心脏等组织中。血液锌量不到全身总锌量的 0.5%。

（1）锌的主要营养功能。

① 促进生长发育，参与核酸和蛋白质的合成，可促进细胞生长、分裂和分化，也是性器官发育不可缺少的微量元素；② 改善味觉，增进食欲；③ 增强对疾病的抵抗力。

（2）锌的吸收。

锌在十二指肠只有 20%～30%可被吸收，吸收率较低。膳食中植酸、钙和锌结合成络合物而降低锌的吸收率。发酵可破坏谷类食物中的植酸，提高锌的吸收率。

（3）锌的供给量。

成年男子每天为 12.5 mg，女子为 7.5 mg。

（4）锌的来源。

动物性食物是锌的可靠来源。海牡蛎含锌最丰富，每 100 g 海牡蛎肉含锌超过 100 mg；畜、禽肉及肝脏、蛋类含锌 2～5 mg；鱼及一般海产品含锌 1.5 mg；奶和奶制品含锌 0.3～1.5 mg；谷类和豆类含锌 1.5～2.0 mg。

4. 其他矿物质

除钙、铁、锌外，其他矿物质对机体来讲也是十分重要的。其他矿物质介绍见表 4-10。

表 4-10　其他矿物质概要

名称	主要功能	缺乏症	中毒症	主要来源/供给量
磷	细胞遗传物质的组成部分，形成细胞膜磷脂，参与能量的转换及缓冲液系统	食欲不振，骨骼疼痛，肌无力，发育缺陷，婴儿软骨病	磷过量可导致钙流失	所有动物组织 供给量：720 mg/d

续表

名称	主要功能	缺乏症	中毒症	主要来源/供给量
镁	参与骨骼矿物化，蛋白质合成，酶反应，正常的肌肉收缩，神经信号转导及牙齿的维护	虚弱，肌肉痉挛，食欲不振，神志不清，胰腺激素分泌受到抑制，严重时会引发惊厥，肌肉扭曲，幻觉，吞咽困难，儿童会停止生长	由于滥用轻泻剂及其他用于老年患者或肾病的药物而带来过量的镁会引起神志不清，肌肉协调能力丧失，昏迷甚至死亡	坚果、豆科植物、粗谷物、暗绿色蔬菜、海产品、巧克力、可可　供给量：330 mg/d
钠	钠、氯化物和钾（电解质）能维持体内细胞正常的液体平衡及酸碱平衡。钠在神经信号传导中起重要作用	肌肉抽筋，精神冷淡，食欲不振	高血压	食盐、酱油、经过加工的食物　供给量：1 500 mg/d
钾	钾能促使蛋白质合成、体液电解质平衡、细胞完整性的保持、神经信号的传导及肌肉（包括心肌）的收缩	脱水，肌无力，瘫痪及神志不清，甚至死亡	肌肉无力，呕吐，静脉中注射时会使心脏停止跳动	所有食物：肉类、奶类、水果、蔬菜、谷类和豆科植物　供给量：2 000 mg/d
硫	某些氨基酸的成分，维生素 H 和硫胺素以及胰岛素的成分，与有毒物质结合形成无毒化合物；形成二硫键帮助蛋白质形成一定三维结构	尚未发现缺乏症，可能会首先发生蛋白质缺乏	仅当摄入过量含硫氨基酸时才可能发生，抑制动物生长	含蛋白质食物

续表

名称	主要功能	缺乏症	中毒症	主要来源/供给量
碘	甲状腺素的成分，能帮助调节生长、发育及代谢的速度	甲状腺肿，呆小病	抑制甲状腺活性，甲状腺肿	碘盐、海产品、面包、全国大部分地区所生长的植物及用这些植物饲养的动物 供给量：120 μg/d
硒	能降解损害细胞的活性化学物质的一种酶中含有硒，配合维生素 E 起作用	肌肉退化及疼痛，白内障，精子减少，红细胞变脆，胰脏受损，心脏损伤，儿童停止生长	恶心，腹痛，指甲及头发病变，神经及肌肉损伤	含蛋白质的食物：鱼、肉、家禽、贝壳类谷物和蔬菜 供给量：60 μg/d
氟	帮助骨骼和牙齿的形成，防止牙齿腐蚀	牙齿容易腐蚀	牙齿氟中毒，恶心，呕吐，腹泻，胸痛，瘙痒	氟化的饮用水、茶、海产品 供给量：1.5 mg/d
铬	帮助胰岛素促进葡萄糖进入细胞内的效率是血糖的调节剂	葡萄糖代谢失常	可能与肌肉退化有关	肉、未经加工的谷类、植物油 供给量：30 μg/d
铜	帮助合成血红蛋白，几种酶的成分	贫血，伤口愈合缓慢	呕吐，腹泻	肉、饮用水 供给量：0.8 mg/d

资料来源：张钧. 运动营养学 ［M］. 2 版. 北京：高等教育出版社，2010.

三、其他膳食成分

（一）水

水是人体最重要的营养素。水是人体含量最多的成分，约占体重的 50%～60%。人体新陈代谢的一切生物化学反应都必须在水的介质中进行。

水的生理作用

（1）水是体内各种生理活动和生化反应必不可少的介质。

（2）水是体内吸收、运输营养物质、排泄代谢废物最重要的载体。

（3）维持正常体温。汗液的蒸发可散发大量热量，从而避免体温过高。

（4）润滑功能。泪液、唾液、关节液、胸腔腹腔的浆液等起着润滑组织的作用。

多种因素（如年龄、环境温度、劳动强度和持续时间）可影响人体对水的需要量。一般情况下，正常成人每日约需水 2 500 mL，人体主要通过饮水和进食的食物中获得水分。碳水化合物、脂肪和蛋白质代谢过程中也产生一部分水，称为代谢水，但数量较少。

（二）膳食纤维

膳食纤维是指人体不能消化的多糖类，包括纤维素、半纤维素、果胶、树胶等食物成分。近来发现很多慢性疾病（如便秘、高脂血症、冠心病、肥胖症等）与膳食中膳食纤维的多寡有关。

膳食纤维的主要生理功能

（1）预防便秘。

其可在肠道内吸收水分，增加粪便体积并使之变软利于排出，预防便秘。

（2）控制体重，防止肥胖。

由于富含膳食纤维的食物体积较大，有利于减少能量摄入量。

（3）降低血液中胆固醇浓度。

膳食纤维可抑制胆固醇的吸收，加速其排出。

膳食纤维虽然有上述有益作用，但过多的膳食纤维会妨碍矿物质和维生素的吸收。中国营养学会建议每人每日摄入 30 g 膳食纤维。粗粮（如玉米、高粱、糙米、全麦粉）、干豆类及各种蔬菜水果都富含膳食纤维。

四、营养素之间的关系

人体每天从食物摄取的各种营养素在体内必须互相配合才能发挥生理功能。例如，脂肪、碳水化合物和蛋白质的代谢过程需要维生素和矿物质（包括微量元素）的参与。营养素之间互相影响的方式是多种多样的。

（一）宏量营养素之间的关系

蛋白质、脂肪和碳水化合物三大营养素除了各自有其独特生理功能之外，都是产生能量的营养素，在能量代谢中既互相配合又互相制约。脂肪必须有碳水化合物的存在才能彻底氧化而不致因产生酮体而导致酸中毒。碳水化合物和脂肪在体内可以互相转化，而蛋白质是不能由脂肪或碳水化合物替代的，但充裕的脂肪和碳水化合物供给可避免蛋白质被当作能量消耗。因此，在膳食中必须合理搭配宏量营养素，保持三者平衡，才能使能量供给处于最佳状态。

（二）宏量营养素与维生素之间的关系

（1）宏量营养素的能量代谢过程需要维生素 B_1、维生素 B_2 和尼克酸的参与，因而这三种维生素的需要量随能量代谢的增加而增大。

（2）膳食中多不饱和脂肪酸越多，体内越容易产生过氧化物。需要增加维生素 E 的摄入量以对抗氧化损伤。

（3）膳食中如果蛋白质过少则维生素 B_2 不能在体内存留而经尿排出。

（三）矿物质之间及其与其他营养素之间的关系

矿物质（包括微量元素）之间及与其他营养素之间的关系错综复杂，十分微妙，在特定条件下既有协调关系又有制约关系，甚至还有拮抗关系。

钙和磷共同构成牙齿和骨骼，但钙磷比例必须适当（1∶1），如果磷过多，会妨碍钙的吸收。血液内钙、镁、钾、钠等离子的浓度必须保持适当比例才能维持神经肌肉的正常兴奋性。膳食钙过高会妨碍铁和锌的吸收，锌摄入过多又会抑制铁的利用。硒对氟有拮抗作用，大剂量硒可降低氟骨症患者骨骼中的氟含量。

硒和维生素 E 互相配合可抑制脂质过氧化物的产生。蛋白质对微量元素在体内的运输有很大作用，铜的运输靠铜蓝蛋白，铁的运输靠运铁蛋白。锌参与蛋白质合成，锌缺乏会影响儿童生长发育。碘是甲状腺素的成分，而甲状腺素是调节人体能量代谢的重要激素，对蛋白质、脂肪和碳水化合物的代谢有促进作用。

五、人体的能量需要

（一）能量

能量是指人体维持生命活动所需要的热能。人体所需要的热能来自蛋白质、脂肪和碳水化合物。人体必须从食物获得能量，用于各种生命活动，如内脏的活动、肌肉的收缩、维持体温以及生长发育等。国际上通常以"焦耳（J）"为热能的计量单位，同时也使用"卡路里（cal）"为计量单位。

1 J = 0. 239 cal, 1 cal = 4. 184 J。在实际应用中，通常使用千焦耳（kJ）和千卡（kcal）。

（二）人体的能量消耗

人体在正常情况下消耗的能量主要包括基础代谢、体力活动和食物的生热效应所消耗的能量。对于生长发育中的儿童，还包括生长发育和身体各种组织增长与更新所需要的能量。

1. 基础代谢

基础代谢是维持生命最基本活动的代谢状态，基础代谢消耗（RMR）的能量是维持生命活动最基本的能量需要。基础代谢消耗能量的数量受许多因素的影响，如体型、性别、年龄和生理状态对基础代谢的高低均有影响。一般来说，男性比女性高，儿童和青少年比成年人高，寒冷气候下比温热气候下高。

2. 身体活动

人体能量消耗的主要部分是身体活动的消耗。身体活动消耗能量的数量与身体活动的强度、时间、姿势及熟练程度有关。身体活动消耗的能量可分为职业活动、社会活动、家务活动和休闲活动等，其中以职业活动消耗的能量差别最大。2000 年，中国营养学会将体力活动定为轻、中、重三级，中国成年人活动水平分级见表 4-11。

表 4-11 建议中国成年人活动水平分级

活动强度	职业工作时间分配	工作内容举例	体力活动水平	
			男	女
轻	75% 时间坐或站立，25%时间站着活动	办公室工作、修理电器钟表、售货员、酒店服务员化学实验操作、讲课等	1.55	1.56
中	25% 时间坐或站立，75%时间特殊职业活动	学生日常活动、机动车驾驶员、电工安装、车床操作、金工切割等	1.78	1.64
重	40% 时间坐或站立，60%时间特殊职业活动	非机械化农业劳动、炼钢、跳舞、体育活动、装卸、采矿等	2.10	1.82

3. 食物的生热效应（TEF）

食物的生热效应指进食后数小时内发生的超过 RMR 的能量消耗，以前称为食物的特殊动力作用，这是由于摄入蛋白质、脂肪和糖三种能量物质引起的生热效应，也即食物在消化、转运、代谢和储存过程中消耗能量的结果。TEF 约占总能耗的 10%。

4. 生长发育

儿童和青少年的生长发育需要能量来建立新的组织。每增加 1g 新组织约需要消耗 20 kJ 能量。同样，孕妇体内胎儿的生长发育也需要消耗相应的能量。

（三）能量的来源

食物中的碳水化合物、脂肪和蛋白质是人体的能量来源。这三种营养素每 g 供给人体的能量分别为 16.7 kJ、37.6 kJ 和 16.7 kJ。动物性食物含有较多的脂肪和蛋白质；植物性食物中的油料作物的籽仁含有丰富的脂肪；谷类中则以碳水化合物为主；大豆除含脂肪外还含有丰富的蛋白质；坚果，如花生、核桃等与大豆近似；蔬菜水果中含能量较少。

碳水化合物、脂肪和蛋白质在膳食中应保持恰当的比例。根据我国人民膳食习惯，在摄入的总能量中碳水化合物提供的能量应占 55%~65%，脂肪提供的能量应占 20%~30%，蛋白质提供的能量应占 10%~15%。

（四）人体能量需要的确定

确定人体每日所需能量，对制订合理的膳食计划，维持能量平衡，防止肥胖和消瘦，预防疾病，保证健康是非常必要的。机体能量消耗测定方法有直接测热法、间接测热法、生活观察法以及能量平衡观察法。常用的有以下方法：

1. 计算法

（1）计算每日能量消耗，确定能量需要。

详细地记录其一天的各项活动，或根据工作性质，确定其活动强度，即可计算出一天的能量消耗，即能量的需要量。根据表 4-12 可以查出各种强度体力活动的能量消耗。

表 4-12　各种强度的体力活动的能量消耗

活动强度	能量消耗
休息	RMR×1.0
很轻	RMR×1.5
轻	RMR×2.5

续表

活动强度	能量消耗
中等	RMR×5
重	RMR×7

注：RMR 为静息代谢率，WHO 于 1985 年提出用 RMR 代替 BMR，RMR 的测定相对简单，禁食仅需 4 h，RMR 的数值略高于 BMR。

男性：RMR=(10×体重(kg))+(6.25×身高(cm))-(5×年龄(岁))+5；

女性：RMR=(10×体重(kg))+(6.25×身高(cm))-(5×年龄(岁))-161。

（2）膳食调查。

健康人在食物供应充足、体重相对稳定的情况下，从每日膳食回顾，可间接估算出其能量需要。应详细记录摄入食物的数量和种类，一般至少要调查 3 天，然后计算出平均每人每天的总能量供给。此法简单易行，已被广泛应用。

2. 测量法

（1）直接测热法。

经典的方法是受试者在特制的小室里，在一定时间内，进行特定的活动，测定循环进入和流出的空气温差，由气温差即可求得人体整个代谢过程中所散发的热量。因小室的造价昂贵，影响因素多，故目前很少采用。

（2）间接测热法。

这是一种通过测定受试者在一定时间内消耗氧气量和产生二氧化碳的量，来计算特定活动能量消耗的方法。每消耗 1 L 氧可产热 20.3 kJ（4.9 kcal）。其他还有心率检测法、用稳定同位素测产水量法等测定人体能量消耗的方法。

第二节　体育运动的膳食营养

人体在体育运动时，新陈代谢旺盛，单位时间内的能量消耗增加，体内的糖、脂肪被大量分解供能，蛋白质代谢更新加快，大量的维生素、无机盐参与分解代谢而加大了损失过程。这些运动消耗的营养物质要在运动结束后通过合理的膳食营养加以补充。如果缺乏合理膳食营养保证，消耗的物质得不到补充，机体就会处于一种营养缺乏状态。以合理的膳食营养为物质基础，以科学的体育运动为手段，才能有效地增进健康。因此，合理营养与体育运动是维持和促进健康的两个重要条件。

一、合理膳食营养

合理膳食营养是指对人体提供符合卫生要求的平衡膳食，是膳食的质和量都能适应人体的生理、生活、劳动以及一切活动的需要。膳食结构平衡是影响人类健康的主要因素，没有任何一种食物可以满足人体所需的能量及全部营养素。因此，只有多种食物组成的膳食才能满足人体对能量和各种营养素的需要。只有一日三餐食物多样化，才有可能达到平衡膳食。合理膳食营养应该包括三方面的内容：① 合理的膳食调配，达到平衡膳食，使膳食包含人体所需的所有营养素的种类和数量，且各营养素之间比例适宜；② 合理的膳食安排，每天以三餐为宜，能量分配比例合理；③ 合理烹调，使食物具有适当的色、香、味和多样化，以利于消化、吸收和利用，充分考虑个人的饮食习惯，并尽可能减少烹调对食物营养素的破坏。

中国的平衡膳食模式，是中国营养学会膳食指南专家委员会根据中国居民膳食营养素参考摄入量、营养与健康状况、食物资源和饮食特点所设计的理想膳食模式。2016 年出版的《中国居民膳食指南》（2016 年版）核心内容如下：

（一）食物多样，谷类为主

每天的膳食应包括谷薯类、蔬菜水果类、畜禽鱼蛋奶类、大豆坚果类等食物。建议平均每天摄入 12 种以上食物，每周 25 种以上。谷类为主是平衡膳食模式的重要特征，每天摄入谷薯类食物 250~400 g，其中，全谷物和杂豆类 50~150 g，薯类 50~100 g；膳食中碳水化合物提供的能量应占总能量的 50% 以上。

谷类为主，也是中国人平衡膳食模式的重要特征。谷类食物含有丰富的碳水化合物，它是提供人体所需能量最经济、最重要的食物来源，也是提供 B 族维生素、矿物质、膳食纤维和蛋白质的重要食物来源，在保障儿童青少年生长发育，维持人体健康方面发挥着重要作用。

（二）吃动平衡，健康体重

体重是评价人体营养和健康状况的重要指标，吃和动是保持健康体重的关键。各个年龄段人群都应该坚持每天运动、维持能量平衡、保持健康体重。体重过低和过高均易增加疾病的发生风险。推荐每周应至少进行 5 天中等强度身体活动，累计 150 min 以上；坚持日常身体活动，平均每天主动身体活动 6 000 步；尽量减少久坐时间，每小时起来动一动，动则有益。

（三）多吃蔬果、奶类、大豆

蔬菜、水果、奶类和大豆及其制品是平衡膳食的重要组成部分，坚果是膳食的有益补充。蔬菜和水果是维生素、矿物质、膳食纤维和植物化学物的重要来源，奶类和大豆类富含钙、优质蛋白质和 B 族维生素，对降低慢性病的发病风险具有重要作用。提倡餐餐有蔬菜，推荐每天摄入 300～500 g，深色蔬菜应占 1/2。天天吃水果，推荐每天摄入 200～350 g 的新鲜水果，果汁不能代替鲜果。吃各种奶制品，摄入量相当于每天饮用液态奶 300 g。经常吃豆制品，摄入量相当于每天食用大豆 25 g 以上，适量吃坚果。

（四）适量吃鱼、禽、蛋、瘦肉

鱼、禽、蛋和瘦肉可提供人体所需要的优质蛋白质、维生素 A、B 族维生素等，有些也含有较高的脂肪和胆固醇。动物性食物优选鱼和禽类，鱼和禽类脂肪含量相对较低，鱼类含有较多的不饱和脂肪酸；蛋类各种营养成分齐全；吃畜肉应选择瘦肉，瘦肉脂肪含量较低。过多食用烟熏和腌制肉类可增加肿瘤的发生风险，应少吃。推荐每周吃鱼 280～525 g、畜禽肉 280～525 g、蛋类 280～350 g，平均每天摄入鱼、禽、蛋和瘦肉总量 120～200 g。

（五）少盐少油，控糖限酒

目前，我国多数居民食盐、烹调油和脂肪摄入过多，这是高血压病、肥胖症和心脑血管疾病等慢性病发病率居高不下的重要因素，因此，应当培养清淡饮食习惯，成年人每天食盐不超过 6 g，每天烹调用油 25～30 g。过多摄入添加糖可增加龋齿和超重发生的风险，推荐每天摄入糖不超过 50 g，最好控制在 25 g 以下。水在生命活动中发挥重要作用，应当足量饮水。建议成年人每天饮水 7～8 杯（1 500～1 700 mL），提倡饮用白开水和茶水，不喝或少喝含糖饮料。儿童青少年、孕妇、乳母不应饮酒，成年人如饮酒，一天饮酒的酒精量男性不超过 25 g、女性不超过 15 g。

（六）杜绝浪费，新兴食尚

勤俭节约，珍惜食物，杜绝浪费是中华民族的美德。按需选购食物、按需备餐，提倡分餐不浪费。选择新鲜卫生的食物和适宜的烹调方式，保障饮食卫生。学会阅读食品标签，合理选择食品。创造和支持文明饮食新风的社会环境和条件，应该从每个人做起，回家吃饭，享受食物和亲情，传承优良饮食文化，树健康饮食新风。

二、体育运动合理膳食营养的基本原则

（1）保证三大宏量营养素的合理比例，即碳水化合物占总能量的60%~70%、蛋白质占10%~15%、脂肪占20%~25%。

（2）碳水化合物主要由谷类、薯类和淀粉食品构成，控制食糖及其制品。

（3）脂肪要以植物油为主，减少动物脂肪。脂肪中饱和脂肪酸、单不饱和脂肪酸和多不饱和脂肪酸之间的比例一般为1：1：1。

（4）蛋白质中应有三分之一以上的优质蛋白（动物蛋白和大豆蛋白），若以氨基酸为基础计算，成年人每日供给的蛋白质中，20%需要由必需氨基酸来供给，以维持氮平衡，10~12岁儿童需要有33%的必需氨基酸来供给，婴儿需要有39%的必需氨基酸来供给，以保证生长发育的需要。

（5）维生素要按供给量标准配膳，有特殊需要者另外增加，一般维生素 B_1、维生素 B_2、烟酸三者之间的比例为1：1：10较为合理。

（6）膳食中钙磷比例也要适当，膳食中钙磷比例在1：1之间基本符合机体的吸收及发育，若维生素 D 营养状况正常时，不必严格控制钙磷比例。

（7）膳食中搭配的食物种类越多越好。一日三餐都要提倡食物多样化，这样不仅能提高食欲，促进食物在体内的消化吸收，而且食物中的氨基酸种类齐全，也能充分发挥蛋白质的互补作用。

（8）食物的种属越远越好，最好包括鱼、肉、蛋、禽、奶、米、豆、菜、果、花，还有菌藻类食物，组合搭配、混合食用。将动物性食物与植物性食物搭配在一起，比单纯植物性食物之间搭配组合，更有利于提高蛋白质的营养价值。

三、体育运动膳食营养需求

良好的运动能力受运动水平、遗传、营养、心理素质等多方面的影响，其中膳食营养对健康及运动能力的影响，越来越引起人们的重视。体育运动者吃什么、吃多少、什么时间吃，对其锻炼效果和健康起着举足轻重的作用。

（一） 对热源营养素有特殊需求

碳水化合物的分解反应简单，容易氧化燃烧；脂肪和蛋白质的分解反应复杂，不易氧化，蛋白质的代谢产物硫化物可使体液变成酸性，加速疲劳的产生。因此，作为运动者的能源，应以碳水化合物类食物为主，其供给热量的效率最高。一般来说，碳水化合物的来源是谷类、水果、蚕豆、小扁豆、坚果以及植物种子。

（二） 蛋白质的补充

运动后是否需增加蛋白质营养，意见尚不一致。但体育运动者在加大运动量期、生长发育期和减体重期，如出现热能及其他营养水平下降等情况时，应增加蛋白质的补充量，且应补充优质蛋白。在补充蛋白质的同时，也必须补充适量的蔬菜、水果等碱性食物，防止蛋白质代谢产物使血液变为酸性而产生疲劳感。

（三） 无机盐的需要量

体育运动者的无机盐需要量与正常健康人无显著差别，但在大运动量和高温下锻炼时，应当注意无机盐不足引起的无力和运动能力下降等表现。一般健身者每天每人食盐需要量为 6~10 g，钙为 1 000~1 200 mg，铁为 20~25 mg。

（四） 维生素的补充

运动过程中，人体需要的能量、氧的摄入量和消耗量均增加，进而导致体内自由基成倍增多，最多时可达到平时的千倍。身体因此不得不消耗大量的抗氧化物质维生素 C、维生素 B、维生素 E 来消除多出来的自由基。因此，食品营养专家提示：体育运动者在大强度运动后最好服用适量的维生素 C、维生素 E 补充剂和富含维生素 C、维生素 E 的食品。此外，这类食品还有减轻肌肉酸痛、消除疲劳、恢复体力的作用。

（五） 水分的补充

人在剧烈运动时，由于消耗能量而发热，使体温上升，出汗成为调节体热平衡主要或唯一的途径。运动中的排汗率和排汗量与很多因素有关，运动强度、密度和持续时间是主要因素，运动强度越大，排汗率越高。此外，外界气温、湿度、运动者的训练水平和对热适应等情况都会影响排汗量。例如，足球健身者，踢球 1 h，体内水分约减少 10%，而这些水分主要来自血浆细胞间液和细胞内液体。因此，如不及时补充液体，不仅会发生脱水现象还会增加心血管负担，引起循环功能障碍以及导致肾脏的损害。

四、体育运动合理膳食营养的总体安排

（一）食物的数量和质量应满足体育运动的需要

食物的数量应满足体育运动能量消耗的需要，使体育运动者能保持适宜的体重和体脂；在质量方面应保证全面营养需要适合的配比。食物中能源物质，蛋白质、脂肪和碳水化合物的比例应适应于不同体育运动的需要，一般情况下蛋白质能量占总能量的 12%~15%，脂肪能量占总能量的 25%~30%，碳水化合物的能量占总能量的 55%~65%。

（二）食物应当营养平衡且多样化

人体必需的营养素有 40 余种，这些营养素均需要从食物中获得。人类需要的基本食物一般可分为谷薯类、蔬菜水果类、畜禽鱼蛋奶类、大豆坚果类和油脂类 5 大类，不同食物中的营养素及有益膳食成分的种类和含量不同。只有多种食物组成的膳食才能满足人体对能量和各种营养素的需要。只有一日三餐食物多样化，才有可能达到膳食平衡。

（三）一日三餐的能量分配应根据体育运动的量和强度安排

体育运动者的早餐应有较高的能量，并含有丰富的蛋白质、无机盐和维生素等。午餐应适当增加能量，但应注意避免肠胃负担过重。晚餐的能量一般不宜过多，以免影响睡眠。早、午、晚三餐的能量大致为 30%、40% 和 30%。运动量较大、能量消耗增多时，可考虑加餐措施。

（四）运动锻炼的进食时间应考虑消化机能和体育运动者的饮食习惯

在进行较大运动量前的一餐一般应当在 3 h 以前完成。因为正常情况下，胃中食物的排空时间为 3~4 h，不容易消化的食物（如牛肉）可在胃内停留 5~6 h。体育运动时，内脏缺血，进食和运动的时间间隔过近，既不利消化，又影响体育运动的效果。运动结束后，血液主要分布在肢体皮肤血管内，内脏仍处于一时性缺血状态。因此，运动结束后，不宜立即进食，至少需要休息 40 min 以上再进食。

（五）合理补水

体育运动者的水分摄取量应以满足失水量、保持水分平衡为原则，不能单凭口渴来判断。运动者在日常锻炼无明显出汗的情况下，每日水分的需要量为 2 000~3 000 mL；大量出汗时，应采取少量多次补给；长时间大量出汗时，应每隔 30 min 补液 150~250 mL。运动前也应补液 400~700 mL。

在运动过程中，应及时补充水分，如果运动时间不超过 1 h，每 15 min 应饮水 150~300 mL；如果运动时间在 1~3 h，应及时给身体补充糖水，以免出现低血糖。但切记运动时，一定不要饮用冰水。因为剧烈运动时，饮用冰水会引起人体消化系统的不良反应。

（六）合理的选择运动营养品

运动营养品是专为从事运动的人群而设计的一类特殊营养品，为保证锻炼的有效性，运动者在合理膳食的基础上，还应科学合理的选用运动营养品。

五、体育运动常见项目的膳食营养需求

在体育运动中，因各个项目代谢特点不同而对合理营养有着不同的需求。运动者应安排适合于该锻炼项目的平衡膳食，因为良好的营养对运动者的机能状态、体力适应过程、运动后的恢复及防治运动性疾病有重要作用。

（一）跑步运动的膳食营养需求

短跑是以力量素质为基础以无氧代谢供能为特点的运动项目，工作时间短，强度大，要求有较好的爆发力。在膳食中，要求有丰富的动物性蛋白质，以增大肌肉体积，提高肌肉质量，蛋白质的摄入量每日每公斤体重可达 2.0 g。另外，要求在膳食中增加磷和糖的含量，为脑组织提供营养，改善神经控制和增强神经传递，动员更多的运动单位参加收缩。还要求在膳食中增加矿物质，如钙、镁、铁及维生素 B_1 的含量，以改善肌肉收缩质量。

长跑是以耐力素质为基础，以有氧代谢供能为特点的运动项目，要求有较高的心肺功能及全身的抗疲劳工作能力。虽强度较小，但时间较长，体力消耗较大。要求膳食中应提供较全面的营养成分，增加机体碳水化合物等能源物质的贮备，在丰富的维生素、矿物质成分中，突出补充铁、钙、磷、钠、维生素 C、维生素 B_1 和维生素 E 的含量，有利于提高有氧耐力。

（二）操类运动的膳食营养需求

健美操、广播操、团体体操、艺术体操和技巧，动作复杂而多样，要求有较强的力量与速度素质以及良好的灵敏性与协调性，对神经系统有较高的要求。因此，要求参加操类项目的运动者有相对均衡的膳食营养，其营养需求是：高蛋白质、高热量、低脂肪。维生素、矿物质应突出补充铁、钙、磷的含量及维生素 B_1 和维生素 C 的含量。

运动后，运动者宜多食用富含维生素 C 的食物，如水果、蔬菜、豆类和豆制品等，另外，建议运动者运动后不要忘记食用一些碱性食物，以维持体内酸碱平衡，促进有害的代谢产物排出体外，尽快消除运动带来的疲劳。

（三）大球类运动的膳食营养需求

进行篮球、排球、足球等球类运动项目者需具备力量、灵敏性、速度、技巧等多方面的素质。此类项目具有运动强度较大，能量消耗高，能量转换率高且运动时间长等特点。

此类项目运动者在运动时能量消耗大，如一场篮球赛消耗能量约4 200 kcal，一场足球赛消耗能量可高达 5 000 kcal，其膳食供给量应根据运动量的大小，保证充足的能量。膳食能量成分一般为碳水化合物 60% ~ 65%，蛋白质 10% ~ 15%，脂肪 20% ~ 30%，应保证以高碳水化合物为中心，尤其在运动前的 3 ~ 4 h 采用高碳水化合物饮食。这类运动项目属于集体性运动，个体差异也较大，应根据运动者个体的运动强度和持续时间的长短来确定能量的消耗。

由于球类运动大多数是在神经高度紧张的情况下进行的，因此应注意蛋白质的营养需要。建议大球类运动者蛋白质的需要量应为每千克体重 1.5 ~ 2.0 g，应选择含优质蛋白质食物，注意必需氨基酸所占的比例。个别氨基酸，如蛋氨酸及赖氨酸有助于条件反射的建立。另外，对于足球、橄榄球等有身体接触的运动项目，往往易造成肌肉损伤，运动后迅速补充蛋白质有助于修复受伤的肌肉和组织。同时，补液对球类项目也有良好的作用，可减轻自觉的疲劳感，提高运动者耐力。一场比赛可失水 2 L 左右，运动者应注意在运动前、中、后及时补液。宜选用低糖、等渗的运动饮料。不要选用含咖啡因和乙醇的饮料。运动中不要使用含糖浓度高的饮料，以免引起胃不适和胃排空后延。

（四）　小球类运动的膳食营养需求

小球类项目是指乒乓球、羽毛球和网球等，这些项目对力量、速度、耐力、灵敏性、柔韧性等素质有较高的要求。食物中要含丰富的蛋白质、碳水化合物以及维生素 B_1、维生素 C、维生素 E、维生素 A。球的体积越小，食物中维生素 A 的量应更高些。小球类项目运动时，体内物质代谢变化很大，大量出汗使能耗增加，并使钙、钠、钾及维生素大量消耗和丢失。所以，及时合理地补充水与电解质及维生素比补充蛋白质、碳水化合物、脂肪更加重要。增加补充维生素包括维生素 B_1、维生素 B_2、维生素 C、维生素 B_6、胆碱、泛酸、叶酸等的摄入。

（五）　游泳运动的膳食营养需求

经常进行游泳运动项目的运动者在营养摄入应注意以下几个方面：

（1）摄入复合碳水化合物，占每天总能量供给的 55%~65%。

（2）尽量少吃简单的糖（葡萄糖、果糖等），如果需要请在正餐时摄入。

（3）蛋白质的摄入量占一天总热能摄入的 15%~20%。

（4）脂肪摄入的供能比例应为 25%~30%。

（5）饮用足够的水，补充运动中丢失的液体。

（6）摄入的能量应该能够维持理想的体重。游泳锻炼要求一定的力量与耐力素质，要求在膳食中含有丰富的蛋白质、碳水化合物和适量脂肪。

（7）多样化的平衡膳食。游泳项目在水中进行，使机体散热较多、较快，冬泳更是如此。老年人及在水温较低时出于抗寒冷需要，可再增多脂肪摄入。维生素的补充以维生素 B_1、维生素 C、维生素 E 为主。矿物质中要增加碘的含量，以适应低温环境下甲状腺素分泌增多的需要。

（六）　冰雪类运动的膳食营养需求

由于长时间在冰雪上活动，加之周围环境温度较低，机体产热过程增强以维持体温。所以，蛋白质和脂肪消耗较多，膳食中必须给予补充，同时增加碳水化合物以协调蛋白质和脂肪的代谢，维生素的补充应以 B 族为主并增加维生素 A 的摄入，保护眼睛，适应冰雪场地的白色环境。另外，冬季户外活动少，接受日光直接照射的机会、时间较少，还应在膳食中补充维生素 D 和钙、磷、铁、碘的含量。

从事这类项目的运动者也要注意水的补充。补液的温度以 8°~14° 为宜。

在此温度下，补液的效果最好，通过胃的时间较快。如补液的温度过低（尤其不宜饮用冰冻饮料），会使胃肠血管骤然收缩，胃肠供血量会突然减少而引起胃肠疾病。

第三节　儿童青少年体育运动的膳食营养

儿童青少年的年龄段一般是指 6~18 岁，从儿童青少年到成年人的生长发育呈现时快时慢的波浪式过程，阶段性规律很强。青春期是这一过程中的突增期，年龄在 10~11 岁至 18~19 岁。突增期过去以后渐渐缓慢下来，到 20 岁左右基本停止。儿童青少年阶段整体上正处于生长发育的快速时期，这一阶段的儿童青少年活泼好动，引导其进行适当的体育锻炼，并注意合理的营养是提高身体素质的重要影响因素。

一、儿童青少年的物质代谢特点和营养需求

儿童青少年处于生长发育期，物质代谢旺盛，并且合成代谢大于分解代谢。不同性别、不同个体及不同年龄阶段，生长发育速度和持续时间都存在着较大的差异，所需营养素也多有不同。

（一）能源物质代谢及营养需求

儿童青少年身体发育过程中，应注意合理均衡营养，避免营养过剩或不足，进而影响健康和体质。

1. 总热量

儿童青少年物质能量代谢旺盛，基础代谢率高（表 4-13）。在青春发育期，能量需要量激增。这是因为儿童青少年体格发育极为迅速，加上脑力劳动和体力活动的大量增加，能量需要量剧增，甚至超过中等劳动强度的成年人。

表 4-13　人体基础代谢率　　（单位：$kJ \cdot m^{-2}$）

年龄/岁	男	女	年龄/岁	男	女
7	197.7	200.0	11	179.9	175.7
9	189.9	179.1	13	177.0	168.6

年龄/岁	男	女	年龄/岁	男	女
15	174.9	158.8	45	151.5	144.3
17	170.7	151.9	50	149.8	139.7
20	161.5	147.7	55	148.1	139.3
25	156.9	147.3	60	146.0	136.8
30	154.0	146.9	65	143.9	134.7
35	152.7	146.4	70	141.4	132.6
40	151.9	146.0	75	138.9	131.0

资料来源：吴坤. 营养与食品卫生学 ［M］. 北京：人民卫生出版社，2003.

儿童青少年的物质代谢主要受到生长激素的调节，这一阶段，生长激素的分泌高于成年人，使儿童青少年的身体组织成分增加，表现为体重和身高的增长。

目前，我国城市小学男、女生平均每人每天摄入的能量基本满足能量的需要。

2. 蛋白质

儿童青少年期，蛋白质代谢处于正氮平衡阶段，随着年龄的增长，体重逐渐增加，其中肌肉的生长较快，每 kg 体重含蛋白质约 18%。此外，内脏器官的增长，酶、激素等物质合成的增加，也需要大量蛋白质，尤其需要充足的必需氨基酸。蛋白质供应不足将会导致生长发育迟缓，体质下降，并会影响到儿童青少年的智力发展。因此，儿童青少年期蛋白质的供给量应高于成年人。

保证儿童青少年优质蛋白的摄入，并注意蛋白质的互补作用。儿童青少年的膳食供给中，应当有 1/2 至 2/3 的蛋白质来自动物性食品和豆类食品，以保证优质蛋白质的供给。目前，我国城市学生蛋白质的摄入量已基本达到了要求，农村学生特别是中、小学女生蛋白质的摄入量还偏低，还需要适当地增加。

3. 碳水化合物

儿童青少年多处于学校教育阶段，学习任务较重，脑力劳动相对较多，大脑所需能量约 95% 来自血糖供应，如果能量供应不足则容易出现注意力分散，甚至强迫休息，如打瞌睡等。儿童青少年体力活动多，肌糖原和肝糖原的贮存量也相对较低，表现为儿童青少年活动耐力较低，易疲劳。因此，儿童青少年每日糖类的摄入量应占总热量的 55% ~ 65%，主要通过膳食主食获得，在考试或运动时，可适当增加 10% ~ 15% 的糖类，以点心、饮料或加餐的形式均可。正餐前应避免吃糖，因为糖摄入后会降低食欲，会使正餐进食量减少，影响营养的均衡。

4. 脂类

亚油酸是合成卵磷脂的主要成分，而卵磷脂有利于乙酰胆碱的产生，从而可以改善和提高记忆力，亚油酸和卵磷脂含量丰富的食物有鸡蛋、豆类、肉类和坚果类等。磷脂是细胞膜的构成成分，儿童青少年处于生长发育期，对于细胞的分裂增殖来说，磷脂的摄入不可缺少。胆固醇也是脂类的一种，它是胆汁、性激素（如睾酮）、肾上腺皮质激素和维生素 D 等的合成原料。虽然胆固醇可以内源性合成，但对于儿童青少年，尤其是青春期少年的性发育和骨骼的生长，必须有食物胆固醇提供。

儿童青少年期的脂肪摄入需占总热量的 25% ~ 30%，应既有动物脂肪，也应有植物脂肪，过多脂肪摄入会引起肥胖，一般认为肥胖的儿童青少年成年后，发生肥胖的概率高。从 1992—2002 年，我国城市男女儿童青少年膳食中脂肪提供的能量占总能量摄入的比例从 24.4% 和 27.4% 分别增加到 35.9% 和 35.7%，超过了中国营养学会建议的 30% 的上限。因此，我国儿童青少年应在目前的饮食水平上适当减少脂肪的摄入。

（二）非能源物质代谢及营养需求

1. 水

儿童青少年身体内水占体重的比例比成人更高。儿童青少年水摄入由饮水和食物含水提供，在学习紧张或体育锻炼的过程中可适当喝含糖饮料，一方面提供适量的能量，另一方面有利于水平衡的维持，学习过程中也可吃水果来达到这一目的。

2. 维生素

维生素缺乏会引起代谢障碍，并进而影响到儿童青少年的生长发育。在青春期，与生长发育及能量代谢有关的各种维生素的每日摄入量，比其他年龄阶段要多，若膳食中某种维生素不足，可导致代谢紊乱，形成缺乏症。在各种维生素中，学龄儿童对维生素 A、维生素 C、维生素 D 及维生素 B 族等需要量较大且容易缺乏。我国儿童少年维生素的摄入量以维生素 A 和维生素 B_2 较低，可通过适当增加动物性食品、豆制品和深色蔬菜的摄入来改善我国儿童青少年维生素 A 和维生素 B_2 摄入不足的状况。

维生素 B_1、维生素 B_2、烟酸等 B 族维生素对促进儿童生长发育、促进消化、防治贫血起重要作用，其需求量与蛋白质、能量成正比。儿童青少年生长发育迅速，蛋白质与能量的需求不断增加。我国儿童青少年膳食中最易缺乏的是维生素为 B_1 和维生素 B_2，应尽量为学龄儿童提供维生素 B_1、维生素 B_2 含量高的动物肝脏、肾脏、乳、蛋、大豆及绿叶蔬菜，提倡吃五谷杂粮，不吃精白米等。小学生活泼好动，代谢较旺盛，须注意提供含维生素 C 较高的食物，如绿叶蔬菜与水果，以满足机体需求，但膳食中的维生素 C 很不稳定，经烹调往往要损失一半以上，应予以考虑。

3. 无机盐

儿童青少年生长发育旺盛，对常量元素和微量元素的缺乏比较敏感，应特别注意补充。

（1）钙。

儿童青少年正处在骨骼、牙齿发育的关键时期。儿童青少年时期增加钙摄入可以改善其骨骼发育状况，使成年后获得较高的峰值骨量，减少老年后发生骨质疏松和骨折的危险性。我国儿童青少年膳食中奶及奶制品相对不足。因此，应在儿童青少年的膳食中保证足够的钙供给量，增加牛奶的供给量，或钙强化食品。

（2）铁。

小学生对铁的需要量较成年人高。缺铁易导致缺铁性贫血，而我国学龄儿童中缺铁性贫血的患病率很高，有的地区高达 40% 左右，这是值得关注的营养问题。铁缺乏是一个普遍存在的营养问题。虽然膳食中供给的铁数量不少，但缺铁性贫血的检出却相当高，主要是铁的吸收率低。即使是在生活条件较好的城市，也存在较为严重的缺铁性贫血现状。

（3）碘。

小学生是甲状腺肿的始发年龄。故在缺碘地区应大力提倡食碘盐，食用含碘丰富的食物，如海带、海鱼等，以预防碘缺乏病的发生。

（4）锌。

锌是酶的成分或酶的激活剂，参与蛋白质合成等。缺锌易导致生长发育和性发育停滞，味觉、嗅觉异常，出现异食症伴厌食等症状，影响人的智力发育。少年儿童长期缺锌可导致侏儒症。目前，我国儿童青少年缺锌现象也一定程度地存在。

其他如铜、氟、锰、钼、镍、硒等都是儿童青少年生长发育所必需的微量元素。

二、儿童青少年膳食指南

儿童青少年时期是一个人体格和智力发育的关键时期，也是一个人行为和生活方式形成的重要时期。对各种营养素均需要增加，充足的营养素摄入可以保证其体格和智力的正常发育，为成人时期乃至一生的健康奠定良好基础。青春期女性的营养状况会影响下一代的健康，也应特别予以关注。根据儿童青少年生长发育的特点及营养需求，在一般人群膳食指南的基础上还应强调：

（一）三餐定时定量，保证吃好早餐，避免盲目节食

2012 年中国居民营养与健康状况调查显示，一日三餐不规律、不吃早餐的现象在儿童青少年中较为突出，这将影响到他们的营养摄入和健康。三餐定时定量，保证吃好早餐对于儿童青少年的生长发育、学习都非常重要。还应注意不要盲目节食。

儿童青少年应该建立适应生理需要的饮食行为习惯。一般为每日三餐，每餐间隔 4~6 h。三餐比例要适宜。正餐不应以糕点、甜食取代主、副食。

避免不吃早餐的习惯。上午是中小学课程安排集中的时段，早餐对儿童青少年的营养和健康状况有着重要的影响。每天食用营养充足的早餐可以为儿童青少年提供体格和智力发育所需的能量和各种营养素。不吃早餐或早餐营养不足，不仅会影响学习成绩和体能，还会影响消化系统的功能，不利于健康。早餐应食用种类多样的食物，通过早餐摄取的能量应该充足。早餐提供的能量应占全天总能量的30%，早餐的食物量应相当于全天食物量的 1/4 至 1/3。谷类食物是早餐不可缺少的。合理的早餐食品最好应包括牛奶和豆浆，还可加上鸡蛋、豆制品或瘦肉等富含蛋白质的食物。这样可使食物在胃里停留较久，使整个上午精力充沛。另外，水果和蔬菜的摄入也很有必要。

（二）食用富含铁和维生素 C 的食物

儿童青少年由于生长迅速，铁需要量增加，女生加之月经来潮后的生理性铁丢失，更易发生贫血。2012 年中国居民营养与健康状况调查显示，无论是城市还是农村，贫血患病率都相当高。城市儿童青少年贫血患病率为12.7%，农村为 14.4%，虽较 1992 年有所下降，但仍处于较高水平。为了预防贫血的发生，儿童青少年应注意饮食多样化，注意调换食物品种，经常吃含铁丰富的食物，如动物血、肝脏、瘦肉、蛋黄、黑木耳和大豆等。另

外，还可以增加铁强化食品的摄入，如食用铁强化酱油、铁强化面包来改善铁营养状况。同时，应注意补充富含维生素 C 的食物，因为维生素 C 可以显著增加膳食中铁的消化吸收率，儿童青少年每天的膳食均应含有新鲜的蔬菜水果等维生素 C 含量丰富的食物。

（三）每天进行充足的户外运动

儿童青少年每天进行充足的户外运动，能够增强体质和耐力；提高机体各部位的柔韧性和协调性；保持健康体重，预防和控制肥胖；对某些慢性病也有一定的预防作用。户外运动还能接受一定量的紫外线照射，有利于体内维生素 D 的合成，保证骨骼的健康发育。

儿童青少年最好每天进行至少 60 min 的运动。学习任务繁重，不能有连续的 60 min 锻炼时，可以通过每天 3~6 次，每次 10 min 中等强度的短时间进行锻炼。减少久坐或活动小的状态，鼓励儿童青少年参与家务劳动。家务劳动有利于培养责任感，有利于培养热爱劳动、珍惜劳动成果的好品德，有利于锻炼意志和毅力，有利于养成勤劳的作风和培养劳动技能，有利于促进身体健康，有利于培养独立生活能力，有利于培养交往能力，有利于调节家庭气氛、协调家庭关系。

（四）不抽烟、不饮酒

儿童青少年正处于迅速生长发育阶段，身体各系统、器官还未成熟，神经系统、内分泌系统、免疫系统的机能等尚不稳定，对外界不利因素和刺激的抵抗能力都比较差，因而，抽烟和饮酒对儿童青少年的不利影响远远超过成年人。另外，儿童青少年的吸烟和饮酒行为还直接关系到其成年后的行为。因此，儿童青少年应养成不吸烟、不饮酒的好习惯。

（五）控制零食

零食可以补充儿童青少年部分能量需要，但我国儿童青少年所选用的零食含有较多的糖，而维生素和无机盐的含量相对较少，营养不全面。另一方面，过多的零食摄取会影响正餐的食欲，对于良好的膳食习惯培养不利，易形成挑食和偏食的毛病。

（六）多喝牛奶，少喝饮料

儿童青少年的奶摄入量偏低，应注意多饮奶及奶饮品。目前，我国从学龄前儿童到中学生，饮用碳酸饮料和果汁的比例逐渐上升，而饮用白开水和牛奶的比例逐渐下降。儿童青少年过量饮用软饮料，导致糖摄入量过多，能量摄入增加，有可能引起肥胖。饮料中的磷酸可以引起低钙血症，易导致儿童青少年骨密度下降。

三、儿童青少年体育运动的膳食营养安排

体育运动是儿童青少年喜好的内容之一，也是增强他们功能的有效手段。营养是构成机体组织的物质基础及供给身体活动的能量，是儿童青少年从事体育活动的基础。营养和运动都是维持和促进儿童青少年健康的重要手段。

（一）儿童青少年体育运动的能源物质代谢及营养需求

1. 能量

运动时，能量的消耗取决于运动强度、密度和持续时间。中、轻强度的运动量，对能量的需要和平时的需要基本相同，因此，儿童青少年日常能量供应充足就不需要额外增加。如果参加较剧烈的体育活动，能量消耗增大，需要及时补充充足的能量。当然，能量也不宜过多，过多的能量将引起体脂增多，身体发胖。一般认为，如果每天锻炼 2~4 h，能量应比非运动或轻度体力活动儿童青少年多摄入 1.26~3.77 兆焦耳（MJ）（300~900 kcal）。

进行不同的运动项目、运动强度和持续时间，总的能量消耗也不同。为此，补充能量时要根据人体能量消耗情况而定。大多数运动项目的参加者每天能量消耗在 14 647.5~16 740 kJ 范围内，蛋白质、脂肪、碳水化合物三者的重量之比为 1：0.7~0.84：4；进行耐力项目时，蛋白质、脂肪、糖三者的重量之比为 1：1：7，应做到高糖、低脂肪（表 4-14）。

表 4-14　中国儿童青少年膳食能量推荐摄入量（按年龄计算值）（单位：kcal/d）

年龄/岁	平均体重/kg	基础代谢率	轻度体力活动	中度体力活动	重度体力活动
男					
6	19.8	944	1 479	1 669	1 860
7	22.0	994	1 557	1 758	1 958
8	23.8	1 035	1 621	1 830	2 039
9	26.4	1 094	1 713	1 934	2 155
10	28.8	1 155	1 808	2 041	2 275

续表

年龄/岁	平均体重/kg	基础代谢率	轻度体力活动	中度体力活动	重度体力活动
11	32.1	1 213	1 809	2 144	2 389
12	35.5	1 272	1 992	2 249	2 506
13~15	42.0	1 368	2 170	2 450	2 730
16~17	54.2	1 600	2 610	2 937	3 345
女					
6	19.8	929	1 407	1 548	1 782
7	22.0	972	1 472	1 619	1 864
8	23.8	1 021	1 547	1 701	1 959
9	26.4	1 080	1 635	1 799	2 072
10	28.8	1 097	1 663	1 829	2 106
11	32.1	1 145	1 735	1 908	2 197
12	35.5	1 200	1 836	2 019	2 325
13~15	42.0	1 263	1 933	2 126	2 448
16~17	54.2	1 335	1 955	2 225	2 495

2. 蛋白质

运动时，机体蛋白质分解代谢加强以提供能量，蛋白质提供的能量约占总能量的 12%~14%。运动后机体的蛋白质合成增多，根据体力活动情况确定蛋白质的摄入量，儿童青少年蛋白质的摄入量应高于成年人。经常参加体育锻炼的儿童青少年蛋白质推荐摄入量为 80~90 g/d。在摄入食物时除保证蛋白质的摄入量外也要保证质量。食物中的优质蛋白质应占总摄入量的 30% 以上，如鸡蛋、牛奶、禽肉等，这些食物除了容易消化吸收外，还含有较多的酪氨酸和谷氨酸，有利于提高神经系统的兴奋性。

3. 脂肪

脂肪是耐力性运动中产能的重要物质，在运动强度不大的运动中，脂肪利用较多，提供能量。由于脂肪不容易被消化，过多摄入脂肪会影响其他营养素的吸收。在运动当日的饮食中，脂肪不宜过多，其所提供的能量占总能量的 25%~30% 比较适宜，其中饱和脂肪酸的量要少于 10%，脂肪中的饱和脂肪酸、单不饱和脂肪酸和多不饱和脂肪酸的比例应为 1∶1∶1~1.5。在冬季参加体育活动时，可适当增加一些脂肪摄入。

4. 碳水化合物

碳水化合物容易氧化、耗氧量少，是运动时的最好能源。运动时，碳水化合物消耗较多时，易发生疲劳。运动前，可适当增加碳水化合物的摄入，以提高糖储备。如果运动时间较长，可在运动过程中补充含糖饮料。儿童青少年长时间运动后，可适当补充糖，促进肌糖原和肝糖原贮备的恢复，若考虑在运动时消耗较多的能量，应适当增加碳水化合物的比例，其碳水化合物摄入量占总能量的 60%~65% 比较恰当。同时增加维生素 B_1、维生素 C 的摄入量。

谷类、蔬菜和水果中含有较多的糖，儿童青少年应注意膳食搭配和膳食平衡，使膳食中含有各种糖，如单糖、双糖和多糖。使肝脏、血液和肌肉之间的各种糖原保持平衡，有利于儿童青少年在运动时对能量的需要。

（二）儿童青少年体育运动的非能源物质代谢及营养需求

进行一般运动量时，机体对无机盐和维生素的需要量和平时的需求没有明显的差别，但在运动量较大时或在高温气候下运动，由于出汗比较多，水、无机盐和维生素的丢失量增加，这时机体对水、无机盐和维生素的需要有所增加。

1. 水

儿童青少年运动时，体内产能增加，身体通过排汗来调节体温平衡。一般运动时，身体对水的需要和平常没有明显的差别，大约为 2 000~2 500 mL，但在气温高、运动量大、出汗多时，对水的需要量增加。在热环境下，儿童青少年在体育课前、课中和课后都应适量补充水分。课前应适量饮水，使体内贮备充足的水分；课中和课后的饮水应少量多次，速度不超过每小时 1 000 mL，一次 120 mL，每次间隔 15~20 min，饮水的温度最好在 5~15 ℃。运动时水的供应要以补足失水量、维持水平衡为原则。运动后可根据体重减少的量来补充，一般每减少 1kg 体重，补水量为 1 000~1 500 mL。补水的同时要注意无机盐的补充，最适合的饮料是运动性功能饮料，运动性功能饮料可以增加儿童青少年的饮用量，既可以补充水分，又可以补充从汗液中丢失的无机盐。

2. 维生素

维生素需要量与运动量、机能状态及营养水平有关。剧烈运动造成维生素的需求量增加，可使维生素缺乏症提前出现，而儿童青少年对维生素缺乏的耐受性又比成年人差。由于维生素 B 族与机体物质代谢和能量代谢的关系密切，且维生素 B_1、维生素 B_2 和维生素 C 都有助于提高肌肉的耐力，有消除运动性疲劳作用。因此，我国一些专家建议，经常参加运动的儿童青少年每消耗 1 000 kcal（4.184 MJ）的能量，维生素 B_1、维生素 B_2 的供给量为 1 mg，烟酸为 10 mg，维生素 C 为 35～40 mg。大量的体力活动后，儿童青少年应多吃水果、蔬菜，尤其吃深绿色和橙黄色的蔬菜、水果以补充各种维生素，但也必须防止维生素补充过多，以免引起维生素过多症。各种维生素摄入量应保持适宜比例，才能使各种维生素在体内发挥良好作用。

3. 无机盐

儿童青少年运动时由于出汗量增多，可造成无机盐的丢失，直接影响运动能力和健康水平。运动时红细胞破坏增多，铁的消耗量较大，如不及时补充铁，则易产生缺铁性贫血。国内调查表明，儿童青少年运动性贫血的发生率为 16%，而儿童青少年运动员的贫血率可达到 39.5%，其中男子达 33.3%，女子达 45.3%。儿童青少年的食谱中应含有足够的铁、钙、磷、镁等。目前我国儿童青少年无机盐的膳食推荐摄入量见表 4-15。

表 4-15　儿童青少年无机盐推荐供给量

年龄 /岁	钙/ (mg/d)	磷/ (mg/d)	钾/ (mg/d)	钠/ (mg/d)	镁/ (mg/d)	氯/ (mg/d)	铁/ (mg/d)	碘/ (μg/d)	锌/ (mg/d)	硒/ (μg/d)	铜/ (mg/d)
7～10	1 000	470	1 500	1 200	220	1 900	13	90	7.0	40	0.5
11～13	1 200	640	1 900	1 400	300	2 200	15（男） 18（女）	110	10.0（男） 9.0（女）	55	0.7
14～17	1 000	710	2 200	1 600	320	2 500	16（男） 18（女）	120	11.5（男） 8.5（女）	60	0.8

（三）儿童青少年体育运动的膳食营养安排

1. 进食时间要与运动时间相适应

食物一般在进餐后 3～4 h 从胃内排空。因此，进餐 2 h 后开始运动比较适宜。运动开始过早，胃中还存有许多食物，在运动中容易引起腹痛、恶心或呕吐等情况；运动开始过晚，运动中会出现血糖降低，影响运动的持久性。由于在运动时体内的血液重新分配，胃肠道的血液相对减少，因此，在运动结束后不要立即进食，应在 1 h 后进食。

2. 食物分配

进行体育运动的儿童青少年一日三餐食物分配要合理。良好的早餐习惯、营养丰富的早餐可为儿童青少年提供体格和智力发育所需的能量和各种营养素，一个合理、平衡的早餐应该既含蛋白质、脂肪，又含有碳水化合物，三者比例恰当，才有利于机体的吸收利用。部分儿童青少年过分强调高蛋白食物的摄入，而忽视富含碳水化合物类的粮谷类，造成早餐能量摄入偏低，使蛋白质用于能量消耗，浪费了蛋白质。午餐和晚餐应包含中国居民平衡膳食宝塔中的食物（谷类、蔬菜水果、畜禽肉类、奶及奶制品等）。午餐的目的是补充上午学习和体力活动所损失热量、储备下午各种活动的能量，在一天中最为重要，不但要吃饱，更要吃好。晚餐不宜吃得太饱，不宜多吃脂肪和蛋白质丰富的食物以及有刺激性的食物，以免影响睡眠，七八成饱即可，不要酗酒。三餐的能量分配大体为早餐30%，午餐40%，晚餐30%左右。

3. 食物选择

参加体育运动的儿童青少年宜选择易消化易吸收且营养丰富的食物；食物要多样化，注意谷类食物和豆类食物的搭配，发挥蛋白质的互补作用；同时，适当增加动物性食物，如肉、蛋、奶的摄入，多食用豆制品；新鲜蔬菜、水果的摄入可以补充机体运动时无机盐和维生素的丢失；注意酸碱性食物的搭配，烹调时尽量保留食物的营养成分，并要注意食物的色、香、味，增进儿童青少年的食欲。

四、常见儿童青少年的保健食谱

儿童青少年的身体处于生长发育阶段，身体长高、体重增加，各器官系统发育成熟。此阶段保持营养素摄入的比例和数量均衡对生长发育影响较大，营养素过多或过少均可导致营养不平衡，影响生长发育。

整体说来，膳食中碳水化合物、脂肪和蛋白质所提供的能量占总能量的比例应为55%~65%、25%~30%、12%~15%；同时，保持与能量消耗相一致的维生素摄入；保证必需氨基酸的摄入；保持饱和与不饱和脂肪酸之间的平衡等。在配菜和制订菜谱的过程注意荤素搭配、生熟搭配、粗精粮搭配等。食物的加工上应少用油炸、油煎、熏烤、腌制等方法，口味以清淡为主，少辛辣。根据年龄的大小适当安排就餐次数，儿童青少年一般每天可安排3~4餐。各餐间的热量分配应以早、中、晚三餐为主。

（一）学龄儿童保健食谱示例

1. 基本要求

（1）以谷类食物为主食，加工方法多样化。

（2）每天的蔬菜、水果不能少。保证维生素、无机盐和膳食纤维的摄入。

（3）每天吃奶类、豆类及其制品。每天饮用不少于 350 mL 的奶或 400～600 mL 的豆浆。保证优质蛋白和钙的营养需求。

（4）每天适量提高动物性蛋白食物摄取，如蛋、鱼、禽、瘦肉等。

（5）早餐吃好，饮用清淡饮料，控制食糖摄入。

（6）少吃零食，少吃油炸食物，少吃膨化食品。

2. 学龄儿童每日膳食的食物构成（表 4-16）

表 4-16 学龄儿童每日膳食的食物构成

品种	数量/g
谷类和薯类	300～400
蔬菜（叶菜不少于一半）	250～350
动物性食物（鱼、虾、禽、瘦肉等）	50～100
鸡蛋	40（1只）
水果	100～150
牛奶（鲜）	350
豆类	25～50
植物油	15～25

3. 学龄儿童日食谱示例（表 4-17）

表 4-17 小学生日食谱示例

餐次	食谱	食物原料/g
早餐	豆浆	豆浆 300
	鸡蛋	鸡蛋 40～50（1只）
	面包	面粉 50
	苹果	苹果 150
午餐	米饭	大米 125

续表

餐次	食谱	食物原料/g
晚餐	山药木耳炒肉片	山药 60、木耳 30、瘦猪肉 50、植物油 8
	紫菜猪血汤	紫菜 5、猪血 20、调味品（姜、葱）、植物油 1
	米饭	大米 125
	毛豆炒鸡丁	毛豆 40、鸡丁 50、植物油 6
	鱼头豆腐汤	豆腐 50、鲢鱼头 50、调味品（姜、葱）
	水果	葡萄 100
晚点	牛奶	鲜牛奶 300

（二）青少年保健食谱示例

1. 基本要求

青少年进入青春期，身高和体重快速增长，食谱制订和安排应在学龄儿童要求之外注意：

（1）注意蛋白质和钙的营养，保证鱼、奶、豆类的摄入，适度增加肉、禽、蛋的摄入。

（2）注意维生素和无机盐营养，多吃蔬菜和水果。

（3）避免盲目节食。

（4）多吃谷类，供给充足能量。

2. 青少年每日膳食的食物构成 （表 4-18）

表 4-18　青少年每日膳食的食物构成

品种	数量/g
谷类和薯类（注意选用杂粮、粗粮）	400~500
蔬菜（叶菜不少于一半）	200~300
动物性食物（鱼、虾、禽、瘦肉等）	150~200（鱼虾类 25~50；蛋类 25~50；畜、禽类 75~100）
鸡蛋	40（1 只）
水果	100~150
牛奶（鲜）	不少于 200
豆类	40~60
植物油	15~25

3. 青少年日食谱示例 （表 4-19）

表 4-19　青少年日食谱示例

餐次	食谱	食物原料/g
早餐	牛奶	鲜牛奶 200
	煮鸡蛋	鸡蛋 50
	面包	面粉 50
	苹果	苹果 200
午餐	米饭	大米 150
	豆腐干烧牛肉	豆腐干 80、牛肉 50
	青椒土豆丝	青椒 50、土豆 100、植物油 8
晚餐	白菜虾皮鱼头汤	小白菜 100、虾皮 7、鲢鱼头 100、植物油 3
	肉片菜心炒面	瘦猪肉 25、菜心 100、面条 150、植物油 8
	香菇蒸鸡	香菇（干）10、鸡 50、植物油 2
	海带猪骨汤	海带 100、猪骨 50、植物油 2
	水果	梨 200

（三）儿童青少年紧张学习考试期间的膳食

中小学学生复习、考试期间生活和学习节奏较快，大脑活动处于高度紧张状态。在此期间并不需要为营养而"营养"，进食过多，改变饮食习惯均有可能影响大脑功能的发挥。烹调应以清淡为主，三餐正常。增加碱性食物（如蔬菜和水果）和坚果类食物的摄入量，保证碳水化合物的摄入。适当参加体育活动，以增进食欲，增加血液循环，对缓解学习紧张带来的压力有良好帮助。

在复习考试期间，除了注意膳食，还应注重卫生问题，考试复习期间不要在街头小摊吃东西，不要吃生冷食品。另外，要给儿童青少年创造一个轻松、愉快的就餐环境。最后，不过分相信和依赖"健脑品""益智品"等对智力和考试成绩的作用。

第四节　运动员的膳食营养

运动员营养具有两个基本特点：一是由于其特有的训练、比赛等职业特性，导致运动员能量和营养需要有别于一般人群；二是由于所从事运动项目不同，导致运动员营养具有一定的运动项群和专项特征。以上特点决定了运动员营养不是一般普通人群营养模式在"质"和"量"上的简单增减，而是具有自身的特点。

一、运动员膳食营养制订的依据

运动员的膳食营养制订主要依据运动员的能量需要量。运动员的能量需要是指能够满足运动员能量消耗以维持身体形态、身体结构、生理功能以及正常运动训练和比赛的膳食能量水平。根据营养学的原理，运动员的能量需要构成主要包括基础代谢、食物的生热效应、生长发育以及包括训练与比赛在内的一切体力活动等所消耗的能量。由于运动员人群在基础代谢和食物的生热效应等方面与一般人群之间没有明显的差异，因此，运动员人群的能量需要实际上主要取决于不同运动项目的能量消耗率以及运动训练或比赛的持续时间等。

运动员的能量需要量通常是以其能量消耗量为依据计算的，主要是以不同运动项目为基础，以其净能量消耗率（即 $kcal \cdot min^{-1} \cdot kg^{-1}$、MET 等）和实际运动持续时间为依据计算获得的，其实质是净运动能量消耗量。此外，还可以根据运动员包括基础代谢等在内的全部能量消耗量的多少，以每日或者每周能量消耗总量加以表示。这些都是运动营养学表示不同项目运动员运动训练能量需要的常用方法。表 4-20 为不同运动项目的能量消耗率，表中的数值代表不同体重的人群在完成不同运动项目活动时的能量消耗率（$kcal \cdot min^{-1}$），以该数值乘以运动持续时间便可获得完成该项目活动所消耗的能量。

表 4-20   不同运动项目的能量消耗率   （单位：$kcal \cdot min^{-1}$）

项目	体重											
	50 kg	53 kg	56 kg	59 kg	62 kg	65 kg	68 kg	71 kg	74 kg	77 kg	80 kg	83 kg
排球	12.5	2.7	2.8	3.0	3.1	3.3	3.4	3.6	3.7	3.9	4.0	4.2
舞蹈	6.7	7.1	7.5	7.9	8.3	8.7	9.2	9.6	10.0	10.4	10.8	11.2
自行车	5.0	5.3	5.6	5.9	6.2	6.5	6.8	7.1	7.4	7.7	8.0	8.3
篮球	5.5	5.8	6.1	6.4	6.8	7.1	7.4	7.7	8.1	8.4	8.7	9.0
游泳	6.4	6.8	7.2	7.6	7.9	8.3	8.7	9.1	9.5	9.9	10.2	10.6
足球	6.6	7.0	7.4	7.8	8.2	8.6	9.0	9.4	9.8	10.2	10.6	11.0
跑步	10.8	11.3	11.9	12.5	13.1	13.6	14.2	14.8	15.4	16.0	16.5	17.1
滑雪	13.7	14.5	15.3	16.2	17.0	17.8	18.6	19.5	20.3	21.1	21.9	22.7

资料来源：张钧. 运动营养学 ［M］. 北京：高等教育出版社，2010.

二、运动员膳食营养措施

（一）运动员赛前调整期的膳食营养措施

1. 延缓运动性疲劳的营养措施

从营养学角度出发，缓解运动性疲劳主要包括以下一些常用措施：

（1）防止乳酸堆积，主要采取增加碱性食物的摄取和保证体内维生素 C、维生素 E、维生素 A、维生素 B_2 和维生素 B_1 等的膳食摄入。

（2）运动前和运动中补糖，使肌糖原储备充足，保持运动中血糖水平。

（3）注意赛前、赛中合理补充液体，保持机体良好的水合状态。

（4）校正运动前微量元素营养不足或缺乏状态。

（5）适量补充抗氧化物质，减轻疲劳，增强耐力，防止运动损伤和炎症。

（6）适量补充提升免疫功能的营养物质。有利于增强机体抗病的能力。

2. 运动性应激综合征的膳食营养措施

运动性应激综合征的膳食营养调理主要包括以下几个要点：

（1）饮食要有严格规律性。发生运动性应激综合征时，机体自主神经功能紊乱，调节能力减弱，所以饮食要有严格规律性，避免因饮食无规律而加重其调节负担。

（2）酌情控制每餐进食量。发生运动性应激综合征时，消化系统的功能相对较弱，过多的进食可加重其负担。在营养全面的情况下要酌情控制每餐进食量。

（3）尽量减少刺激性食物的摄入。由于消化道黏膜屏障受损、功能降低，所以要尽量减少刺激性食物摄入以及要忌烟忌酒。

（4）赛前慎用营养补剂。由于胃肠黏膜发生不同程度的受损，胃肠动力功能下降，有些营养补剂可能会刺激胃肠黏膜导致胃肠不适。

3. 运动员赛前调整期的膳食营养原则和措施

（1）饮食的热量应当相应减少，纤维素、产气食品应当相应减少，保持适宜的体重。运动员在赛前均有不同程度地减小运动量，膳食中的能量摄取量应适应于运动量的变化而减少。赛前的膳食营养应使运动员获得最佳竞技能力的体重和体脂水平。避免食用刺激、辛辣、盐渍的食品。

（2）采用习惯的膳食种类，保证高碳水化合物膳食。选择食物应考虑每个运动员的心理需要。赛前饮食中应充分利用糖，采用高糖、低脂，充足的维生素和矿物盐的饮食，使体内的糖原储备充足，维生素和无机盐达到饱和状态。赛前补糖的目的是使体内有充足的肝糖原和肌糖原的储备量。

（3）增加碱性食物供给，减少蛋白质和脂肪等酸性食物，增加碱储备。赛前应多吃碱性食物，如牛奶、土豆、黄瓜、萝卜、海带、水果等。在运动中补充碱性饮料。这些都能提高体内的碱储备，延缓运动疲劳的产生。

（4）作好比赛前的 10 天至两周内的膳食调整，纠正体内维生素缺乏。比赛前的 10 天至两周内，应按比赛期的饮食制度进食，合理服用运动补剂。

（5）饮食内容要具有运动项目针对性。长时间耐力运动，应多选择一些含糖丰富的食物，提高肌肉和肝脏的糖原储备量，补充含电解质和糖的饮料。间歇性运动性项目，如足球、排球等，应以高糖、低脂肪、水分充足（如牛奶、果汁）等的膳食为主。亚极限强度的运动项目，如 400 米和 800 米跑，100 米、200 米和 400 米游泳等应在比赛期多吃水果和蔬菜以增加碱储备，缓冲大量乳酸堆积导致的血液酸化。

（二）运动员比赛当日的膳食营养措施

1. 比赛当日的膳食营养原则和措施

比赛当日的膳食营养要求是速效，并能在比赛时起作用。具体膳食营养原则和措施如下：

（1）食物应口感好，满足热能和体液平衡的需要，体积和重量要小，易消化，低脂肪，含少量的蛋白质和充足的水分，富含无机盐和维生素。

（2）应避免食用高脂肪、含膳食纤维多的粗杂粮，避免食用易产气或延缓胃排空时间的食物，并少食或不食辛辣、过甜的浓缩糖，以减少对胃肠道的刺激。

（3）选择含磷、糖、维生素 C 及维生素 B 丰富的食物，保证能源物质动员快，燃烧完全。

（4）赛前的饮食应根据运动员平时习惯，而不应当在比赛日突然增加某种食物。

（5）一般情况下，不允许空腹参加比赛，空腹运动使机体组织中蛋白质耗损，并可能发生低血糖的危险。

2. 比赛当日赛前一餐的膳食营养原则和措施

（1）赛前一餐在比赛开始 3 h 以前完成。食物的体积要小，重量轻，能提供 2.09~4.18 MJ（500~1 000 kcal）的能量。

（2）比赛当日不宜换食新的食物或改变习惯饮食的时间。换食新食物有发生过敏、胃肠道不适或腹泻的可能。

（3）大量出汗的比赛项目及在高温环境下比赛时，应在赛前补液 500~700 mL。赛前一般不宜服用咖啡或浓茶，以免引起赛中的利尿作用。赛前不可服用含酒精的饮料，因为酒精会延缓反应时间、产生乳酸盐而影响细微的协调能力。

3. 比赛前 1 h 至比赛开始的膳食营养原则和措施

进食少量糖加能量棒、果汁（稀释比为 1 杯果汁加 3 杯水）、新鲜水果，如香蕉、芒果或其他时令水果，赛前 15~30 min 应饮至少 1 杯含渗透压低的低聚糖、维生素、无机盐的运动饮料，保持运动员较高的糖原储备。

4. 比赛途中的膳食营养原则和措施

（1）比赛途中的补液。

除比赛前少量补水外，比赛中应每隔 15~30 min 补液 100~300 mL，或每跑 2~3 km 补液 100~200 mL。补液量以不大于 800 mL/h 为宜。比赛中的补液量一般为出汗量的 1/2 至 1/3。比赛中的饮料应以补水为主，15% 的低聚糖饮料在比赛中可收到良好的效果。

（2）比赛途中的补食。

能量消耗较大的项目，途中运动员可根据饥饿感觉选用和摄取一些体积小，不影响呼吸、胃部排空快、容易消化吸收的液体型或质地柔软的半流食物。一般比赛时间短的项目不主张比赛途中进食。

（三）运动员赛后的膳食营养措施

营养措施促进恢复是运动训练恢复手段的重要方面。营养恢复的重点在于恢复体液和能量储备。

1. 运动员赛后的体液恢复——赛后补液

运动后体液的恢复以摄取含糖，如电解质饮料效果最佳。比赛一结束即可给运动员饮用 100~150 g 的葡萄糖液，及时补充运动员所消耗的热能，促进肝脏糖原储备。赛后补液应以少量多次为原则，饮料的糖浓度可以是 5%~10%，钠盐的含量可为 30~40 mmol/L，以获得体内快速复水。

2. 运动员赛后的能量恢复——赛后膳食

运动后能量储备的恢复主要是补充已消耗的肌糖原。肌糖原的恢复率约为 5%，完全恢复需要 20 h。运动后前 2 h 的糖原恢复率为 7%，运动后前 6 h 内的糖原合成酶活性最高。因此，运动后的补糖时间以越早越好。不论是单糖、双糖、复合糖或液体型糖均有效；也可采用含糖的果汁或饮料。赛后的饮食仍应是含高糖、低脂肪、适量蛋白质和容易消化的食物以及无机盐和维生素丰富的平衡膳食。赛后少则 2~3 天，多则 5~7 天仍应加速体内能量、水分、电解质、酶和激素的恢复。促进关键酶浓度的恢复，应补充电解质、维生素、微量元素和碱性食物，同时可恢复酸碱平衡；为加速抗氧化酶的恢复，可补充具有抗氧化性质的天然食物，如大量的蔬菜和水果或含有抗氧化性质的植物化合物。

三、不同项目运动员的膳食营养需求

运动员应当摄取营养平衡和多样化的膳食，膳食能量水平应使体重和体脂维持在适宜水平。在此基础上，再考虑不同项群运动员在力量、耐力、爆发力、协调性、反应能力等方面的不同侧重。

（一）耐力项目运动员的膳食营养要求

耐力项目，如马拉松、长距离跑、长距离自行车、长距离游泳和滑雪等项目，其特点是运动时间长，运动中无间隙，动力型，运动强度小，以有氧代谢为主。此类运动员的膳食营养要求为：

1. 运动员能量消耗大，营养膳食应首先满足能量的消耗

该类运动员的营养膳食应首先满足能量的消耗，应提供充足的能量。膳食的蛋白质供应量要丰富，使其占总能量 12%~15%，应提供牛奶、奶酪、牛羊肉等富含蛋氨酸的食物，膳食脂肪可略高于其他项目运动员，膳食的碳水化合物应为总能量的 60% 以上。比赛当天应食用低纤维食物。

2. 增加体内的糖原储备

耐力运动员由于运动时间长、能量消耗大，为提高其运动能力和促进恢复，推荐食糖量为 8~10 g/kg 体重。

3. 及时补充体液

耐力运动中出汗量大，容易发生脱水，运动前、中、后适量补液有利于维持内环境稳定。运动中丢失的电解质可在运动后补充。食物中维生素 B 族和维生素 C 的供给量应随能量的增加而增加。

4. 增加铁营养

耐力性项目运动员容易发生缺铁性贫血，应提供含铁丰富的食物。

（二）力量、速度项目运动员的膳食营养要求

该类运动项群对力量和速度有很高的要求，如短跑、短距离游泳、划船、冰球、举重、投掷、摔跤等项目，该类项目具有强度大、缺氧、氧债

大、运动有间隙以及无氧供能等特点。其膳食营养安排为：

1. 膳食应提供丰富的蛋白质

我国建议此类项目运动员的蛋白质供应量应达到 2 g/kg 体重，其中优质蛋白质占 1/3，增加体内的碱储备。部分举重和摔跤运动员还有减体重后脱水的问题，及时补液将有利于脱水后重建心血管功能。

2. 膳食中含有增加体内磷酸肌酸储备量的食物

增加体内磷酸肌酸储备量，可能会增强运动能力。

3. 膳食中适量补糖

肌糖原本身并非冲刺性或力量爆发运动的限制因素，但若连续减少糖原储备，最大运动能力可减少 10%～15%，因此，推荐以适宜的摄糖量作为支持日常高强度训练的重要措施。

（三）灵巧、技巧项目运动员的膳食营养要求

击剑、体操、跳水等项目运动员在训练中神经活动紧张，为非周期性及动作多变的运动项目，并在协调、速率和技巧性等方面要求较高，同时这些运动员还需要控制体重和体脂水平，因此，其膳食的能量摄入量应较低。为保证紧张神经活动过程的需要，膳食中应提供充足的蛋白质（蛋白质食物占总能量的 12%～15%）、B 族维生素、钙、磷等营养。减体重期间，蛋白质的供给量要增加为总能量的 18%，食物的脂肪含量不宜过高，维生素 B_1 的供给量应达到每日 4mg，维生素 C 每日 140mg。此外，乒乓球、击剑等项目运动员训练中视力紧张增加，应保证充足的维生素 A供给。

（四）综合性素质项目运动员的膳食营养要求

篮球、排球、足球、冰球等项目的运动员要求具备力量、耐力、灵敏性、速度、技巧等多方面的素质，这类项目运动强度大、多变、能量消耗高。其膳食要求应根据其运动量的大小，保证充足的能量，膳食应全面平衡。运动员的膳食应以高碳水化合物为主，同时需要及时补液。这些运动员的营养措施是：运动前 3～4 h 采用高碳水化合物的饮食；在长时间的训练及比赛前，应每隔 20 min 即补充配方科学的运动饮料 150 mL；为了加速糖原储备的恢复，应在运动结束后尽快补充 50 g 糖，以后每隔 1～2 h 重复补充，直至下一餐；为了取得充分的复水合状态，可饮用含糖电解质饮料，补充量应达到运动后体重减轻量的 150%。

常见慢性病患者体育运动的膳食营养

作业与思考

1. 阐述宏量营养素的生理功能。

2. 各种维生素的主要生理功能有哪些？各种维生素的缺乏症有哪些？

3. 膳食纤维的主要生理作用是什么？

4. 体育运动合理膳食营养的基本要求是什么？

5. 儿童青少年的物质代谢特点是什么？儿童青少年在参加健身锻炼时，对营养素的需求发生了怎样的变化？

（上海师范大学　张　钧）

第五章

运动性病症

章前导言

　　本章主要介绍各种常见运动性病症的特点和现场处理方法，重点介绍运动性应激综合征、肌肉痉挛、运动性腹痛、运动性中暑、运动性低血糖症、运动性尿异常、运动性脱水和运动性猝死 8 种常见运动性病症。

学习目标

1. 掌握常见运动性病症的现场处理方法。
2. 熟悉常见运动性病症的预防措施。
3. 了解常见运动性病症的原因和临床表现。

第一节　运动性应激综合征

　　运动性应激综合征是指一次运动负荷超过一定范围，超出体育运动参加者的最大耐受能力时（或过度负荷时），而引发的一系列生理功能紊乱或病理过程。运动性应激多在运动后即刻或间隔较短时间后发生，常见于训练水平较低或经验较少的运动人群，有时也可见于伤病恢复期或过度紧张的运动员。

一、原因与发病机理

（一）原因

引发运动性应激综合征的原因有以下几个方面：

（1）运动参加者身体素质和心理素质较差，训练水平较低，运动经验较少。

（2）由于伤病等原因较长时间中断运动后，突然进行高强度运动或比赛。

（3）体育锻炼地点环境恶劣或突然改变运动条件，运动参加者机体不能适应。

（4）心血管疾病患者参加剧烈运动也可引发运动性应激反应，严重可导致猝死发生。

（二）发病机理

剧烈运动或过度紧张引发血液中促肾上腺皮质激素和糖皮质激素激增；机体内能量储备大量消耗；骨骼肌细胞内堆积大量的代谢产物；氧自由基产生，大量增加；细胞凋亡等机体内环境稳态遭到破坏而发生一系列全身反应。

二、体征与分型

（一）单纯虚脱型

单纯虚脱型为运动性应激的最常见类型。运动后即刻出现恶心、头晕和面色苍白，可出现呼吸表浅，大汗淋漓，肌肉松弛，周身无力，多数神智清醒。轻症休息后好转，重者数日后缓解。

（二）晕厥型

晕厥型是指在运动过程中或运动后感到全身软弱、头昏、耳鸣、眼前发黑，突然昏倒，多有短暂意识障碍。表现为面色苍白，手足发凉，血压降低，醒后仍有头昏、全身无力等症状。

（三）脑血管痉挛型

运动中或运动后突然出现的一过性意识丧失，由脑动脉在一段时间内的异常收缩导致。症状主要表现为：

（1）头晕，旋转性眩晕，严重时伴恶心，剧烈呕吐，或者伴随耳鸣、胸闷，心慌，气短，呼吸紧迫。

（2）持续性的头痛、压迫感、沉重感，多为两颞侧、后枕部及头顶部或全头部。头痛性质为钝痛、胀痛、压迫感、麻木感和束带样紧箍感。

（3）肢体麻木，动作不利，四肢无力等。

（四）应激性心血管功能不全

过强的运动负荷刺激会给运动者的心脏机能带来较大刺激而引发损伤，使心血管系统出现一系列病变：应激性心律失常和应激性高血压，以及极度紧张诱发的心室肌纤维室颤而导致的心源性猝死。表现为运动后突发严重呼吸困难、端坐呼吸、胸闷、咳嗽、咳出大量白色或血性泡沫样痰、并伴有烦躁不安、胸痛、面色苍白、大汗、四肢湿冷、面容焦虑、头晕甚至晕厥。体检发现心率和脉率加快。

（五）应激性胃肠功能失调

长时间的精神紧张及情绪波动可影响胃消化液的分泌和胃肠功能，主要表现为"应激性溃疡"等病症。应激主要通过下列两个途径影响胃的功能：

（1）自主神经系统。迷走神经亢进，胃酸分泌增多，胃运动增强，交感神经过度兴奋，造成血液中儿茶酚胺水平升高，致使胃黏膜微血管痉挛以及胃黏膜下动静脉短路开放和血液分流，导致黏膜缺血，缺血进一步使毛细血管扩张，瘀血，血管通透性增加，从而发生黏膜水肿、坏死，最终导致黏膜出血、糜烂，形成溃疡。

（2）内分泌系统。通过下丘脑—垂体—肾上腺皮质轴使皮质酮释放，促进胃酸分泌并减少胃黏液分泌，最终形成溃疡。溃疡发生会出现慢性发作性上腹部钝痛、灼痛、胀痛或隐痛。若并发出血，则有呕血和（或）黑便症状；若并发穿孔，则有剧烈上腹痛，腹壁呈板样强直症状。

（六）应激性免疫系统症状

竞争激烈的重大赛事及长时间超负荷训练，导致运动员的神经系统经常处于亢奋状态，再加上长时间应激作用，致使体内适应机能失控，而表现出机体免疫力降低的现象。

三、处理

（1）处理单纯虚脱患者首先将其置于仰卧位，患者头部放低，双腿抬高，有利于血液回流，给心脏供血创造有利条件；保证呼吸道通畅，严重时需吸氧；可指压人中穴；神志清醒者可服用温水或糖水。

（2）晕厥者应放置于仰卧位或下肢抬高位，这可增加脑血流量；松解紧身衣服，头转向一侧，以免舌后坠堵塞气道；指压人中穴；面部及颈部冷湿敷，如体温低加盖毛毯。

（3）脑血管痉挛及应激性心血管症状者除应采取平卧、头部放低、保持呼吸道通畅等措施，同时应立即送至医院进行急救。

（4）出现应激性消化道症状时应终止运动，采取住院治疗后观察病情，饮食主要以流食、半流食和易消化食物为主。症状完全消失两周左右后，视病情进行适当量的体育锻炼。

（5）出现应激性免疫系统症状时，应适当调整运动强度，提高膳食营养水平，改善机体免疫力。

四、预防

（1）参加运动者应先进行健康体检，避免机体不适或有急慢性疾病时参加剧烈的运动或比赛。

（2）运动需循序渐进，逐渐增加运动强度，避免突然增加运动量或运动强度。

（3）疾病恢复期和年龄较大者参加运动时，必须严格按照相应人群的运动处方进行。

（4）避免在夏季高温、高湿度或闷热天气条件下进行长时间的运动。

（5）进行长距离跑要及时补充糖、盐和水分，避免体液大量丢失导致的电解质紊乱。

（6）不要在闭气下进行游泳，水下游泳运动应有安全监督措施。

第二节　肌肉痉挛

肌肉痉挛俗称抽筋，是指肌肉发生不自主的强直收缩所显示出的一种现象，是因脑或脊髓的运动神经元或神经肌肉的异常兴奋所致。运动中最易发生痉挛的肌肉是小腿腓肠肌，其次是足底的屈踇肌和屈趾肌。在游泳运动中发生肌肉痉挛的人较多。痉挛可伴肌痛、肌强直和/或不自主运动及头、颈、肢体、躯干扭转障碍等症状。

一、原因与发病机理

（一）寒冷刺激

在寒冷的环境里运动，肌肉受冷空气的刺激，兴奋性突然增高使肌肉发生强直收缩。例如，游泳时，受到冷水的刺激；冬季在户外锻炼受冷空气的刺激都可能引起肌肉痉挛。如果在寒冷环境中运动时，未做准备活动或做得不充分，或未注意保暖，就更容易发生肌肉痉挛。

肌肉痉挛的现场处理方法

（二）电解质丢失过多

运动中大量排汗，特别是长时间的剧烈运动或高温季节运动时大量排汗，或有些运动员急性减体重使大量电解质从汗液中丢失，造成电解质含量过低，引起肌肉兴奋性增高，发生肌肉痉挛。

（三）肌肉舒缩失调

在训练和比赛中，肌肉连续过快地收缩，而放松的时间太短，以至于肌肉收缩与放松的协调性紊乱，引起肌肉痉挛。这在训练水平不高、新运动者中较多见。

（四）疲劳

身体疲劳也将直接影响肌肉的生理功能。疲劳的肌肉往往血液循环和能量代谢发生改变，肌肉中有较多的代谢产物堆积，如乳酸不断地对肌肉产生刺激，导致痉挛产生。因而身体疲劳时，特别是局部肌肉疲劳时再进行剧烈运动或做一些突发性的用力动作，容易发生肌肉痉挛。

二、征象与体征

发病部位的肌肉出现剧烈挛缩，疼痛难忍，痉挛肌肉所涉及的关节伸屈功能出现障碍，发生肌肉痉挛的运动者无法坚持运动。发作常可持续数分钟。

三、现场处理

（一）牵拉和按摩

一般来说将痉挛缩短的肌肉向收缩的相反方向拉长是解除痉挛最简单有

效的方法。一旦发生痉挛，应缓慢、轻柔、持续牵拉痉挛部位肌肉，可以帮助改善痉挛局部的血流状况，帮助减轻痉挛疼痛。

在陆上运动中发生腿部、足部痉挛时，要先保持镇静，放松身体，用痉挛肢体对侧手握住痉挛肢体足趾，用力向身体方向拉，使踝关节及足趾充分背伸，拉长痉挛的腓肠肌、踇长屈肌和趾长屈肌，同时伸直膝关节。取同侧委中、涌泉、承山、昆仑等穴位按摩。胃部痉挛多取同侧梁丘穴按摩。很多人发生较轻的肌肉痉挛时会坚持运动，这对肌肉的痉挛恢复是不利的。正确的方法是：一旦发生痉挛应立即停止运动，休息 15 min 以上，令痉挛肌肉充分放松，否则持续运动只会让肌肉痉挛持续时间更长，损害加深。处理时，要注意保暖，同时，热疗（如热水浸泡、局部热敷）也有一定疗效。

在游泳中如果发生肌肉痉挛，不要惊慌，如自己无法处理或自救时，先深吸一口气，仰浮于水面，同时立即呼救。在水中解救腓肠肌痉挛的方法是，先吸一口气，仰浮于水面，用痉挛肢体对侧的手握住痉挛肢体的足趾，用力向身体方向拉，同时，用同侧的手掌压在抽筋肢体的膝盖上，帮助膝关节伸直，待缓解后，慢慢游向岸边。发生肌肉痉挛后，不宜再进行游泳，应上岸休息、保暖、局部按摩使肌肉放松。

（二）补充水和电解质

治疗腿部和脚部的肌肉痉挛应首先考虑补充水和电解质。研究表明，人体缺水易发生肌肉痉挛，镁、钙、钾的缺乏也会引发肌肉痉挛。如果频发肌肉痉挛，应在膳食中添加镁、钙、钾或其他矿物质。例如，吃香蕉或薯片，香蕉往往在咀嚼或含在舌下时就会发挥一定的补钾功效。如果以上方法还不能缓解痉挛，应及时就医。

四、预防

加强体育锻炼，提高身体的耐寒力和耐久力。运动前，必须认真做好准备活动，对容易发生痉挛的肌肉可事先做适当按摩。冬季运动要注意保暖。夏季运动时，尤其是进行剧烈运动或长时间运动时，要注意电解质的补充和维生素 B 的摄入。疲劳和饥饿时，不宜进行剧烈运动。游泳下水前，要用冷水冲淋全身，使身体对寒冷有所适应；水温太低时，游泳时间不宜过长。在运动中要学会肌肉放松，在降体重和控制体重时要讲究科学性。

第三节　运动性腹痛

运动性腹痛是运动中常见症状之一，在中长距离跑、马拉松、足球、篮球、排球等运动项目中发生率较高，原因较复杂。

一、原因与发病机理

（一）运动引起的腹痛

1. 身体对运动的适应能力差

精神紧张导致植物性神经功能紊乱，呼吸肌、平滑肌痉挛而发生腹痛。

2. 运动前准备活动不充分

运动前，身体各脏器都处在安静或休眠状态，在准备活动不充分时，突然参加比赛或运动强度突然增加到极限强度，身体各组织器官在血供和神经支配上都不能迅速提高到相应水平，导致神经系统、呼吸系统（剧烈运动急促呼吸引发胸膜腔内压剧烈升高）、循环系统（心肌收缩力不能满足运动需要，引发心腔内压增加）等功能紊乱，下腔静脉回流受阻，肝脾等脏器瘀血出现腹痛。

腹部九区分法

3. 胃肠功能紊乱

进食后马上剧烈运动，胃部没有排空，运动进一步加剧胃的负担，运动时胃蠕动快，腹内压升高，胃部受到牵拉而引发腹痛；运动中进食较冷饮料也可以刺激胃肠痉挛的发生，导致腹痛。

4. 机体内环境稳态遭到破坏

（1）高温。高温环境中剧烈运动往往使体液大量丧失，使机体内水、钠、钾、镁等电解质丢失，体内代谢失衡，引发肌肉痉挛，出现腹部疼痛。

（2）低温。高寒地区比赛、滑冰、滑雪或进食大量冷饮都会引起机体内环境稳态破坏。在低温环境中，人体温度为 36 ℃～37 ℃，而周围温度可能在零下 20 ℃～零下 30 ℃，人体内外温差过大，导致运动时因呼吸急促、肺通气量增大等情况吸入大量冷空气，呼吸肌及平滑肌痉挛，引发腹痛。

5. 运动性伤害

（1）运动量过大。运动量过大导致呼吸节奏破坏，摄氧量下降，体内缺氧严重，呼吸肌与膈肌疲劳、痉挛，出现腹痛。

（2）外伤。腹肌拉伤或运动中冲撞（球类项目）易引发腹部外伤，常见腹壁单纯性挫伤，严重时可发生腹腔脏器损伤。

（二）腹内疾病

许多腹内疾病会引发疼痛，如急性胃炎、急性胆囊炎、急性胰腺炎、急性阑尾炎、急性腹膜炎、急性胃肠穿孔、急性胃肠扭转或梗阻、胆道蛔虫症、胆石症、尿路结石和腹腔脏器破裂等。

（三）腹外疾病

心绞痛、心肌梗死、大叶性肺炎也可出现上腹痛，铅中毒、糖尿病酮中毒、尿毒症及低血糖等均可引起痉挛性下腹痛。

二、征象与体征

早期均表现为上腹痛，无法维持预定运动负荷。胀痛或钝痛常见肝脾痛；痉挛性疼痛或绞痛常见胃肠痉挛及结石病；持续性痛常见损伤；阑尾炎呈现为转移性右下腹痛、反跳痛、腰大肌试验阳性；胆囊炎通过膈神经的联系常引起右肩痛；腹腔外脏器疾病特点是无明显腹部压痛及反跳痛、板状腹等急腹症表现。

三、现场处理

（1）运动中出现腹痛，应立即减慢运动速度并降低运动强度，缓慢深呼吸，调整呼吸与动作的节奏，用手按压痛部，一般疼痛即可减轻。如无效或疼痛剧烈时，则应停止运动，同时，可针刺或点掐内关、足三里、中脘穴。

（2）运动中如出现受伤导致腹痛，应迅速检查伤情，排除脏器损伤，采取急救措施后迅速就医。

（3）及时补充运动饮料，如为温度过低应积极保暖，如中暑应采取相应措施（详细内容见运动性中暑）。

四、预防

（1）注意运动前饮食结构及时间间隔。运动前不宜过食和过度饮水；

慎食易产气食物，如豆薯类食品及碳酸饮料；也不宜在饥饿状态下进行运动，应在进食 1~2 h 后进行运动。

（2）运动前要做充分的准备活动，使内脏血供、氧供均能迅速提升到运动所需的状态，防止由于下腔静脉压过大引发的肝脏瘀血等准备活动不充分导致的急性腹痛发生。

（3）注意防寒及避暑，夏季运动出汗时要保证体液的补充，防止发生电解质失衡性腹痛，局部按摩腹直肌，做背伸运动拉长腹直肌可以缓解腹痛。

（4）运动中调整呼吸节律，尽可能用鼻呼吸而不要张嘴呼吸，防止冷空气刺激呼吸肌痉挛引发的腹痛。

（5）应积极提高身体素质，防止因运动水平过低导致过度紧张而引发腹痛。

第四节　运动性低血糖症

运动性低血糖症是指在运动中或运动后由于血糖降低导致头晕、恶心、呕吐、出冷汗等不适的现象，严重者可能出现休克或死亡，常见于长距离跑、马拉松、长距离滑雪、滑冰和自行车等运动项目，以女性多见。正常人空腹全血血糖为 3.9~6.1 mmol/L（70~110 mg/dL），血浆血糖为 3.9~6.9 mmol/L（70~125 mg/dL）。血糖浓度低于 2.78 mmol/L（50 mg/dL）时，可认为是低血糖。

一、原因与发病机理

（一）原因

（1）长时间剧烈运动，体内的血糖大量消耗和减少。

（2）运动前饥饿，肝糖原储备不足，不能及时地补充消耗的血糖。

（3）中枢神经系统调节血糖代谢紊乱，引起胰岛素分泌量增加。

（4）情绪过于紧张，极度恐惧或身体患病（特别是运动性贫血）也会导致运动性低血糖。

（二）发病机理

各种精神刺激、忧虑、焦虑的诱发，血管舒缩不稳定而致使神经体液对胰岛素分泌或糖代谢调节不稳定，或因迷走神经紧张性增加使胃排空加速及胰岛素分泌过多，进食后食物迅速移至小肠，致使食物的迅速吸收，促进胰岛素过早分泌。低血糖多在服糖后 2~4 h 出现。

二、征象与体征

低血糖最早出现的症状：心慌、手抖、出冷汗、面色苍白、四肢冰冷、麻木和无力，同时有头晕、烦躁、焦虑、注意力不集中和精神错乱等神经症状。继续恶化，则出现剧烈头痛、言语模糊不清、答非所问、反应迟钝、眼前发黑、视物不清，严重者会出现惊厥、昏迷、呼吸短促、瞳孔放大、血压或高或无明显变化、血糖浓度明显降低，检查时脉搏快而弱，最后完全失去知觉发生昏迷并伴随各种反射消失。如仍得不到及时抢救，最终将导致死亡。

三、现场处理

立即停止运动，迅速补糖。口服浓糖水或姜糖水，一般在休息 10 min 左右症状即可缓解，若未能缓解，可再进食高糖食物，并考虑送往医院就医。

四、预防

（1）空腹不要参加运动。

（2）确定自己是否有过低血糖病史，如果有则在运动前做好充分准备。

（3）运动前 1~1.5 h 进食适量食物（非甜味的碳水化合物），以保证运动所需能量。

（4）保持规律的饮食习惯，保护正常的肠胃功能。

（5）运动中准备一些巧克力、香蕉或甜味饮料，在即将出现低血糖时及时补充能量。

（6）如平时较少运动，最好控制运动量，防止剧烈运动引发的低血糖。

第五节　运动性血尿

正常人尿液中无红细胞或在高倍视野下偶见两个以下的红细胞。如离心沉淀后的尿液，在高倍视野里见到红细胞超过 3 个，即可诊断为镜下血尿；尿外观呈现洗肉水样或红色，称为肉眼血尿。运动性血尿是指健康人在运动后出现一过性血尿，经详细检查但找不到其他原因引起，常见于直立体位下运动后，一般需达到一定量的负荷后发生，练习腰部动作较多或在硬场地（如柏油马路、硬地草场）上运动也易诱发。

一、原因与发病机理

（1）运动时剧烈震动导致泌尿系统出现损伤。其原因主要是由于运动中肾脏剧烈震动或打击使之发生创伤，这种创伤可使肾组织或肾小球的毛细血管壁损伤破裂而出现血尿。例如，拳击运动后，大约有 28% 的人出现血尿，就属于剧烈震动导致泌尿系统出现损伤而引发的血尿。此外，进行较长时间跑步时，因脚着地时对身体产生反复震动，震动可传至膀胱后壁，造成膀胱后壁持续地受到撞击，引起膀胱后壁损伤而发生血尿。

（2）运动时全身的血液重新分配，尿量比平时减少 1/4，而抗利尿激素比平时增加两倍，肾脏的血液流量减少，肾小球的滤过率降低。越是剧烈运动，流经肾脏的血液量越少，大量的血液流向身体活动的部位，如心、肺及肌肉，以满足剧烈运动的需要。肾脏血流量减少，肾小球缺血、缺氧而通透性增加，导致红细胞漏出，出现血尿。训练强度大易导致出汗增加，如在夏季比赛，易造成高温脱水，亦可导致肾血流减少，引起血尿。

（3）长时间直立体位下运动或做蹬地动作，易造成肾脏位置下移，肾静脉与下腔静脉之间的角度变锐，造成两静脉交叉处扭曲，导致肾静脉回流受阻，肾静脉压力明显增高（比安静时增加 5 倍左右），肾瘀血，造成血尿。

（4）酸性代谢产物刺激。运动时代谢废物堆积，易造成体内环境成酸性，刺激肾脏通透性增强，产生血尿。

（5）肾组织结构和肾小球毛细血管负电荷的变化，产生血尿。

（6）肾素-血管紧张素和血管舒缓素的影响。运动时，肾上腺素和去甲肾上腺素的分泌增加，交感神经活动增强，引起小动脉收缩，产生血尿。

二、征象与体征

运动性血尿有 5 个特点：① 血尿在运动后即刻出现，血尿的严重程度与运动量和运动强度大小密切相关；② 多数为镜下血尿，亦可表现为肉眼血尿，但不伴其他症状和体征；③ 血液化验、肾功能检查、腹部 X 光及肾盂造影等项检查均属正常；④ 出现尿血后应立即停止运动，绝大多数人群在 3 天内血尿消失；⑤ 血尿可在多年内反复出现，每次都与运动有关。

三、现场处理

对运动性血尿的诊断与处理十分重要。任何一例运动后血尿，均应做仔细问诊及检查。只有排除因全身性疾患、泌尿系统病变、泌尿系统附近器官的疾病引起的病理性血尿后，又符合运动性血尿的特点者才能诊断为运动性血尿。切忌把具有病理改变的运动后诱发的血尿当作运动性血尿，延误治疗。如诊断为运动性血尿，可按下列原则处理：

（1）运动后仅出现少量镜下血尿且运动后第二天血尿即消失者，可继续进行训练，但应注意训练情况及身体机能情况，必要时可适当调整运动量。

（2）运动后出现肉眼血尿者，血尿后 1~2 天，应中止训练，充分休息。并就医进行药物治疗。血尿完全消失后，应根据运动员当时的身体机能情况与训练情况，给予短期休息或调整运动量。在反复查尿的严密观察下，如运动后血尿始终阴性，才可逐步加大运动量，恢复正常训练。部分人运动后出现的血尿虽能在休息后短期内消失，但运动后（有的甚至在较小运动量训练后）反复出现肉眼血尿，应延长其休息时间，在进行药物治疗的同时，应尽早做较全面深入的检查，以排除器质性病变。

四、预防

（1）合理安排训练。要因人施训，区别对待，照顾个体差异。体质稍差的人，训练强度可由小到大，由易到难，循序渐进。因病或因故停止运动后，重新恢复运动时，运动量应从小到大，逐渐增加。

（2）充分饮水，适当补充维生素等。

（3）在硬场地进行跑、跳等运动时，可穿带有弹性鞋垫或泡沫塑料鞋垫的鞋。

（4）暂停跑、跳、腰部动作较多的项目运动，久治不愈者应考虑调换运动项目。

第六节　运动性中暑

运动性中暑是近年来提出的运动性病症之一，是一种急性病。正常人体通过下丘脑体温调节中枢的作用，使产热和散热保持动态平衡，将体温维持在 36 ℃ ~ 37 ℃。运动时，人体产生大量的热能，除 1/4 用于做功以外，其余均以热的形式储存或通过皮肤血管扩张、血流加速、血循环增加、汗腺分泌增多等方法将热送达体表，再通过皮肤表面辐射、传导、对流及汗液蒸发等方式散热，保持正常体温。运动性中暑主要是由于体温过高（40 ℃ ~ 42 ℃），身体多器官出现功能障碍，导致身体虚脱直至衰竭。运动性中暑主要发生在青少年人群和中长距离跑项目。

运动性中暑的现场处理方法

一、原因与发病机理

（一）原因

1. 高温环境

（1）散热障碍。高温环境即超过 32 ℃，湿度 > 60%，人体通过辐射、传导和对流散热出现困难，只能通过汗液蒸发散热。但湿度过大导致汗液蒸发减少，体内高温蓄积，引发中暑。

（2）血容量不足。高温环境下运动导致大量出汗，失水、失钠、血液浓缩黏稠，血管扩张，血容量迅速下降，如果不能及时补充血容量，易引发中暑衰竭或中暑痉挛。

2. 适应能力不足

耐热能力较差，缺乏运动经验，女性、年老者、体弱者等均为运动性中暑易发人群。

（二）发病机理

1. 体温调节失控

高温使机体产热大于散热，热在体内蓄积，体温调控中枢失控引发高热，汗腺功能障碍加重高热。

2. 脑水肿

高温长时间作用头部，可穿透颅骨引起脑膜充血、水肿，发生日射病。引起中枢神经系统抑制，注意力不集中，对外界反应迟钝，运动能力下降。

3. 肌肉痉挛

高温作用下体液丢失，血循环下降，多发性电解质与新陈代谢异常（高钠血症或低钠血症、高钾血症或低钾血症、高磷血症、尿毒症、低钙血症、乳酸性酸中毒等），引发肌肉痉挛，热衰竭。

4. 循环衰竭

高温导致的体液大量丢失，最终引发循环衰竭，心血管系统功能衰竭，血压下降，严重时将危及生命。

二、征象与体征

（一）中暑先兆

中暑先兆指在高温环境下一定时间后出现头痛、头晕、耳鸣、眼花、大量出汗、口渴、全身乏力、行走不稳、注意力不集中、体温正常或略有升高、面色潮红、胸闷、皮肤干热等现象。应及时离开高温环境，移至阴凉环境，补水、补钠后，短时间即可减轻症状或恢复。

（二）轻度中暑

轻度中暑指除以上症状外，还发生体温升高达 38 ℃ 以上，中度精神错乱、定向障碍、抑郁症、呼吸循环衰竭早期症状。有面色苍白、恶心、呕吐、大汗、血压下降、脉细等症状，经及时休息和药物对症处理后，3~4 h 可以缓解。

（三）重度中暑

重度中暑指除以上症状外，出现高热、昏迷或痉挛等症状。一般分为以下三种类型：

1. **热射病 （又称高热中暑）**

主要表现为高热（可达 41 ℃），无汗，呼吸细弱，脉速快（可达 140 次/min），昏迷。先兆为全身软弱乏力、头晕、恶心、晕厥。常为高温环境下训练数小时或数日，也常见于老年人、体弱者。严重者可出现播撒性血管内凝血，肝肾功能损害以致死亡。

2. **热痉挛**

多见大量出汗后未能及时补钠、补水。轻者有短暂、间歇发作的四肢骨骼肌痛性痉挛，多见腓肠肌；重者多发生大肌群阵发性痉挛，可涉及腹壁肌、肠平滑肌和膈肌，引起腹绞痛。体温多正常。

3. **热衰竭**

热衰竭为中暑最常见的一种，常见老年人、儿童、体弱者，也见高温环境中持续运动人群。非体内高热蓄积，故不出现高热，而是心血管系统不能适应性调节所致。发病急，先出现多汗、疲乏、头昏、脉细速、血压下降、意识丧失，常伴发热痉挛。脱水型表现为：口渴、焦虑、胸闷、冷汗淋漓、判断力欠佳、手足抽搐。失盐型表现为：软弱无力、恶心、呕吐、腹泻、肌肉痉挛。

三、现场处理

（一）中暑先兆及轻度中暑

出现中暑先兆时，要迅速将患者撤离高温环境，移至阴凉通风处休息，宽松衣服，及时补充含盐饮料；按压额部、颞部并涂抹清凉油、风油精或服用藿香正气水等。

（二）热衰竭与热痉挛

以纠正水、盐、钙代谢紊乱为主。应立即掐按人中穴，促其苏醒；同时，将患者快速转移到阴凉通风处，并迅速送到医院救治。在等待医护人员期间，头部冷敷冰块或湿毛巾，协助降温。伴发痉挛者还应及时补充含盐饮料。

（三）高热中暑

处理原则为：迅速降温；防休克、心肾衰竭和脑水肿；纠正体液失衡状态。用冰水或酒精擦拭头部、腋下及腹股沟等身体部位降温；药物降温；对症治疗等。

四、预防

（1）针对高温预报合理安排运动时间。在高温天气，尤其是每天 11:00—14:00 时，尽量减少训练和运动。训练时间应选择在上午 9:00 以前和下午 4:00 以后，且每锻炼 50 min 后至少休息 10 min，减小训练强度，缩短训练时间，充分休息，必要时取消训练。

（2）比赛和训练时科学补液。保证蛋白质、维生素 B_1、维生素 B_2、维生素 C 的摄入，水盐供给要遵循少量多次原则。高温环境运动后，盐的补充量应从常温的每人每日 10~15 g 增加至 20~25 g。

（3）加强不耐热人群的个人防护。积极进行热耐力训练，提高机体在高温环境的耐受力。

第七节　运动性脱水

脱水是运动中比较常见的运动性病症，同时也是经常被运动者忽略的身体严重伤害之一。运动性脱水是指人们由于运动而引起体内水分和电解质（特别是钠离子）丢失过多的现象。常见于中长距离跑、自行车、户外徒步等体能消耗大的运动项目，也见于举重、摔跤等项目运动员为参加低体重级别的比赛而采取快速减体重措施，造成体内严重脱水时。

一、原因与发病机理

（一）原因

水是人体细胞正常生命活动的最基础物质，是构成人体最重要的组成成分，人体的各种生理生化活动都是在水的参与下完成的。在人体成分中水的含量最高，成年人体内水分约占体重的 60%~70%，年龄越小，体内所含水分的百分比越高，所以，青少年运动员发生脱水对身体影响更大。水还具有润滑作用，如保障关节灵活自如的活动，同时水也是保持体温平稳的重要物质。特别是对于时间长、强度大的身体活动来说，保持体内有足够的水分对于提高运动机能和促进身体健康都至关重要。

人体如果水供应不足，生命很快就会受到威胁。正常成人每天水分的摄入和排出基本保持一个动态平衡状态，大约为 2 500 mL。运动性脱水的常见原因是在高温、高湿情况下进行大强度运动，人体大量出汗而未及时补水所造成的，属于高渗性失水，主要包括单纯性失水、失水大于失钠和水摄入不足。通过皮肤和呼吸不断蒸发水，引起失水多于失钠，而使血浆渗透压升高。

（二）发病机理

运动性脱水主要是高渗性脱水，即水和钠同时丧失，但缺水多于缺钠，故血清钠高于正常范围，细胞外液呈高渗状态，又称原发性缺水。当缺水多于缺钠时，细胞外液渗透压增加，抗利尿激素分泌增多，肾小管对水的重吸收增加，尿量减少。醛固酮分泌增加，钠和水的再吸收增加，以维持血容量。如继续缺水，细胞外液渗透压进一步增高，细胞内液移向细胞外，细胞内缺水的程度超过细胞外液缺水的程度，最后可导致脑细胞缺水将引起脑功能障碍。

二、征象与体征

人体失水超过体重的 2% 时，会出现尿少、口渴等症状。脱水对呼吸系统有影响，会导致最大吸氧量下降；持续脱水不仅会降低运动能力，还会加重心血管负担，并可导致肾缺血和肾损害，还可引起泌尿系结石。根据丢失水分的多少，可将运动性脱水分为轻度脱水、中度脱水和重度脱水，水分的丢失势必会影响运动能力，严重者甚至会危及生命。

（一）轻度脱水

失水量为体重的 2%～4%，以细胞外液（血液和细胞间液）丢失为主。在血容量减少的情况下运动时，心脏负担加重，运动能力下降 10%～15%。

（二）中度脱水

失水量为体重的 4%～6% 时，细胞内、外液均有丢失，表现为极度口渴，唇干舌燥，皮肤弹性差，心率加快，体温升高，血压下降，容易疲劳，运动能力下降 20%～30%。

（三）重度脱水

失水量达到体重的 6% 以上时，细胞内液的丢失量大于细胞外液的丢失量，除了有中度脱水的表现外，还可出现呼吸频率增加、肌肉抽搐，严重时出现幻觉、谵妄甚至昏迷。

三、现场处理

补液的方法应遵循预防性补充和少量多次的原则。预防性补液可以避免脱水的发生，防止运动能力下降；少量多次补液可以避免一次性大量补液加重胃肠道和心血管系统负担，出现腹胀、恶心、呕吐、心慌等症状。为防止运动性脱水对健康的损害，补液的总量应大于失水总量，特别应重视钠的补充。

（一）预防性补水

运动前根据个体差异，适当进行运动前补水是非常必要的。很多人不重视运动前补水，也有人担心运动前补水会加重胃肠道负担。大量科研实践证明，只要方法正确，运动前补水不会对机体和运动能力造成任何影响。补充的饮料可含有一定比例的电解质和糖。有专家建议，在运动前 2 h 饮用400~600 mL 含糖和电解质的饮料可有效防止运动性脱水。

（二）运动中补水

运动中补水应根据运动时的出汗量而定。一般情况下补水总量不应超过800 mL，如补水过多会增加胃肠道负担，出现恶心、腹胀等症状。运动中补水应少量多次进行，每 15~20 min 补水一次较为适宜，每次补水控制在150~300 mL 较为恰当。如果运动时间在 60 min 以内，补充纯水即可；如果运动时间大于 60 min，应补充含电解质和糖的饮料。

注意，运动中补水最好选用专门的运动饮料。如果饮料中含糖较多，大量饮用会导致血浆渗透压急剧升高，影响运动能力。另外，一般不主张在运动前和运动中饮用含二氧化碳气体的饮料，这样会使胃部产生胀气感，对运动不利。大量出汗情况下所用的运动饮料应以补水为主，可适当采用糖和电解质饮料。

（三）运动后补水

运动后，为使机体进出液体达到平衡状态，也应进行补水。补水应补充含电解质的饮料，还可加葡萄糖，以促进血容量的恢复。不能只饮用纯水，纯水虽然能解一时之渴，但会造成血浆渗透压的降低，增加排尿量，延缓机体的复水过程。在运动中丢失的体液应在次日前得到恢复。

四、预防

（1）提高对运动性脱水的耐受性。经过在各种环境下进行各种强度的运动和训练，可增强对运动性脱水的耐受性。

（2）进行补水，防止和纠正脱水。及时的补水，使机体水分达到平衡。应根据运动情况和运动特点，在运动前、中、后补水。补水的原则为少量多次，同时还应适量补充无机盐。

第八节　运动性猝死

运动性猝死作为运动中最严重的医学问题一直备受关注。运动性猝死是指与运动有关的猝死的简称。目前，国内外研究者对运动性猝死发生的时间范围尚无统一的界定，参照世界卫生组织国际心脏病学的有关资料，运动性猝死的定义是：有或无症状的运动员和进行体育锻炼的人在运动中或运动后24 h 内意外死亡。定义强调，猝死发生在运动中或运动后，而且患者从发病到死亡迅速，这是运动猝死最重要的特征。运动性猝死过去主要发生在体能类项目（中长距离跑、球类等）专业运动员，近年来随着全民健身的热潮不断兴起，越来越多的普通民众参与各种马拉松、户外运动及高强度的球类运动，发生运动性猝死的情况逐步增多，如何预防和处理运动性猝死已成为运动伤害防护的焦点问题。

运动性猝
死讲解

一、原因与发病机理

（一）原因

1. 心源性猝死

心源性猝死（sudden cardiac death，SCD）（图5-1）在运动性猝死中所占比例最大，最常见的是心脏性猝死。

（1）冠状动脉粥样硬化性心脏病（冠心病）。心脏性猝死可发生于多种心脏病，但以冠心病最为多见，其中有一部分是急性心肌梗死；大部分虽无

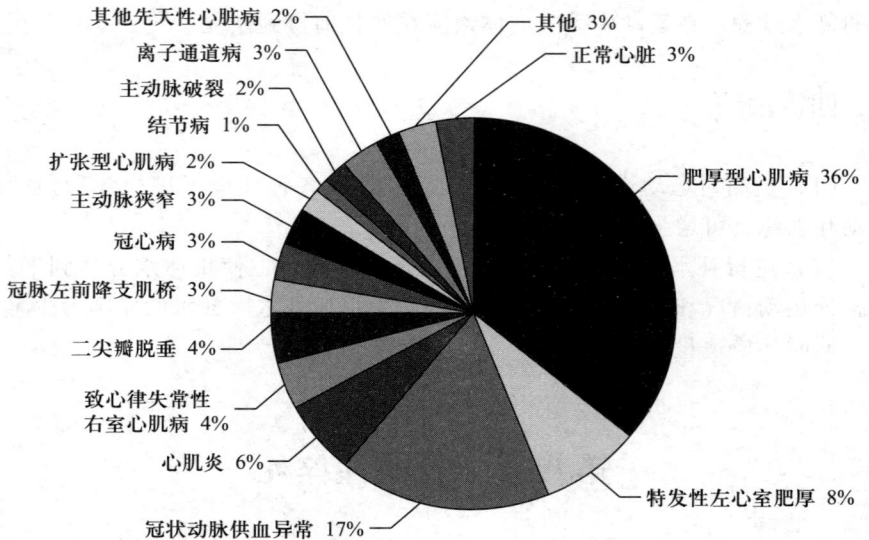

图 5-1　心源性猝死的原因

新发生的心肌梗死，但有冠状动脉狭窄。

（2）心脏瓣膜病。心肌病及心脏传导系统结构异常等，肥厚性心肌病及心肌炎是运动猝死的常见疾病之一。严重室性心律失常、室速和室颤，致使心脏停止收缩，失去排血功能，医学上称之为心脏骤停。这类心律失常自行转复可能性甚小。

（3）先天性心脏病。血管畸形，冠状动脉先天异常在运动中猝死的危险性很大。

（4）马凡氏综合征。又名蜘蛛指（趾）综合征，属于一种常染色体显性遗传综合征，也称先天性遗传性结缔组织疾病，有家族史。病变主要累及中胚叶的骨骼、心脏、肌肉、韧带和结缔组织。骨骼畸形最常见，升主动脉夹层动脉瘤破裂和左房室瓣中度脱垂易造成猝死。尽管此病发生率较低，但在运动员中较多见。

2. 脑（源）性猝死

主要由于脑血管畸形、脉瘤或高血压病、动脉粥样硬化所致脑卒中。

3. 中暑

有些资料将中暑列为运动性猝死中次于心脏性猝死的第二大原因。体温调节紊乱可致完全健康的人发生死亡。剧烈运动尤其是耐力项目在热环境下进行时，尤易发生中暑，甚至导致死亡。

4. 其他

胸腺淋巴体质和肾上腺机能不全可使机体应激能力低下而致死。

（二）发病机理

心源性猝死往往不是由运动这一单个因素引起的，而是由运动和潜在的心脏病共同引起的致死性心律失常所致。

对于年轻运动员来说，其潜在的心脏病多为与动脉粥样硬化无关的结构性心脏病，最常见的为肥厚型心肌病，占所有心源性猝死的36%；其次为先天性冠状动脉畸形，占17%～19%；再次为特发性左心室肥厚，占9%～10%；其他比较少见的病因包括主动脉破裂、致心律失常性右室心肌病、主动脉瓣狭窄、二尖瓣脱垂、心脏震荡、预激综合征和冠心病等。而在年龄大于35岁较年长的运动员中，冠心病是心源性猝死的最常见原因，所占比例高达73%～95%。

二、征象与体征

有些运动性猝死患者以前有过心绞痛发作史，猝死发作前心绞痛会突然加剧，表现为面色灰白、大汗淋漓、血压下降。有的是出现原来没有的症状，如显著疲乏感、心悸、呼吸困难、精神状态改变等。大多数年轻人往往认为自己体力良好，身体不适只是疲劳，这往往是发病的前兆。运动性猝死发病快，可迅速出现心搏骤停，表现神志不清，高度痉挛或出现几次喘息样呼吸而进入临床死亡。

运动前要注意年龄过大者、糖尿病患者、过于肥胖者、严重心律不齐者，家族中有心脏病史、脑血管意外病史以及猝死病史者，既往有心脏疾病史、高血脂症、高血压病、糖尿病或冠心病家族史者，不要长时间剧烈运动。如果运动中出现胸痛、胸闷、头痛、心动过速、异常疲劳等情况，可能就是运动性猝死先兆症状，必须马上停止运动。

三、现场处理

当出现猝死情况后，应争分夺秒进行现场急救，通过心肺复苏（CPR）和心室除颤术的组合应用，往往能取得效果。

（1）识别心脏骤停。首先要通过反应、呼吸（和脉搏）来确认倒地者是心脏骤停，判断方法要对、判断时间要够。不可贸然开始按压（详见第

国内马拉松比赛中运动性猝死的案例

六章的心肺复苏术）。

（2）使用自动体外除颤器（AED）。一旦确认心脏骤停，应立即使用AED，打开 AED，黏贴电极片，让机器分析心律、按语音提示实施除颤。若有其他人配合，可以在操作 AED 过程中保持胸外按压（仅在 AED 分析心律和按下电击按钮时暂停按压）。在 AED 分析心律同时，呼叫指挥中心。

（3）在 AED 电击前或者电击后，使用单纯胸外按压，省略人工呼吸步骤，此为延迟通气策略，将主要力量放在高质量的胸外按压和除颤上，胸外按压加 AED 除颤 1~2 次（大部分被救活的案例都是在这个阶段）。

（4）急救车医护到达后，继续就地心肺复苏，继续使用粘贴好的 AED，就地建立静脉通道，并使用首剂量肾上腺素 1 mg 静脉推注。此时，若距离患者倒地时间超过 5 min 未到 10 min，患者已经接受 2~4 次 AED 电击除颤，大部分心脏骤停将会当场恢复心跳、呼吸。但是，若在 10 min 内仍没有恢复心跳的，随着时间的延长，存活希望将明显降低。

（5）经过早期现场高效的急救，若患者心跳恢复，送往医院进一步治疗。若心跳没恢复，需要转移到医院采取进一步的高级生命支持手段治疗。为保证转运途中的急救质量，建议在救护车内（不要开车）给予气管插管和安装自动胸外按压机，然后紧急送往医院。

注意：在现场如没有 AED 可以进行除颤，可手握空心拳头，在患者心前区捶击 2 次，如无反应，则可再捶击 2~3 次。对于刚刚发生室颤的心脏，胸前区捶击有较好的除颤效果，可以使室颤消除而重新出现心脏跳动。必须注意，要及早采用除颤，在用耳朵听不到心跳瞬息间的 1 min 内，实施拳击除颤效果最好。

四、预防

运动性猝死因发作突然、病程急、病情严重，因此，如何预防和避免其发生是解决问题的关键。

（1）参加运动训练或比赛前进行严格体格检查，识别运动性猝死的高危人群。运动性猝死者大多都有器质性病变存在，其中不少病例都被认为是健康者，有的甚至是高水平运动员。参加运动训练或比赛前进行体检是非常必要的，特别是对心血管系统的监测，包括心电图、超声心动图，并且每年要进行全面的复查，及早发现，及早预防。

（2）严格鉴别运动员长期训练引起的心脏生理性变化与病理性变化的区别。一些学者认为，某些运动员发生运动性猝死可能与"运动员心脏"

有关。运动员安静时，可见由于迷走神经紧张性增强引起心电图上Ⅰ度或Ⅱ度房室传导阻滞，运动后可暂时消失。因此，对运动员出现的心波变化、束支传导阻滞、心律失常等心电图变化都应进行全面系统的检查，以排除心脏病的隐患。

（3）密切观察运动时出现的各种症状。对运动中出现晕厥的病例，要做全面系统的检查。对运动中或运动后出现的胸闷、胸痛、胸部压迫感、头痛和极度疲乏等症状要引起足够的重视，进行详细的检查。

（4）遵守科学训练的原则、训练的卫生原则和患病后恢复训练的原则。运动训练应遵守循序渐进、系统性、个体性和量力而行的科学原则。保持良好的精神状态，避免情绪激动和过度紧张。为适应大运动量，训练和比赛前应充分做好准备活动，结束时做好整理活动。

（5）严格运动员的选材。注重体格检查，严密筛查马凡式综合征，特别是篮球、排球、跳高等需要身材高大运动员的项目。

作业与思考

1. 简述运动性应激综合征的概念。
2. 肌肉痉挛如何进行现场处理？如何有效预防？
3. 如何预防运动性中暑和运动性低血糖症？
4. 如何在运动中进行有效补水？
5. 运动性猝死如何进行现场急救？

实践训练

（华南师范大学　杨忠伟）
（重庆文理学院　杨　艳）

第六章

运动性伤害的现场急救

章前导言

本章主要介绍常见运动性伤害现场急救的方法与措施，包括绷带和三角巾包扎法、出血的现场急救、肩关节前脱位及肘关节后脱位的急救、骨折的急救、心肺复苏、休克与脑震荡的急救、搬运伤员等基本急救措施。

学习目标

1. 掌握常见运动性伤害的现场急救方法及急救措施。
2. 熟悉常见运动性伤害的发生机制、症状及体征。
3. 了解常见运动性伤害的现场急救目的、原则及工作内容。

第一节　急救概述

急救是指对意外或突然发生的伤病事故，进行紧急的临时性处理。运动性伤害的现场急救是指在运动现场对受伤的人员进行紧急处理，属于损伤救治过程中一个非常重要的环节。一旦发生伤害事故，要求急救人员必须准确、及时地把伤员从运动现场抢救出来，分秒必争地实施紧急救护措施，并负责将伤员安全送到有关医疗单位。现场急救处理的正确与否直接关系到患者的生存率与致残率。因而，无论何种急性损伤，做好现场急救都是十分重要的。

一、急救的目的

急救的目的是保护伤员的生命安全，避免再度损伤，防止伤口污染，减轻痛苦，预防并发症，并为伤员的转运和进一步治疗创造条件。

二、急救的原则

进行现场急救应遵循一定的原则。首先，要以抢救生命为第一，做到救命在先。其次，急救要注重时间观念，即要争分夺秒地进行抢救，能够快速准确判断病情，迅速进行现场处理，又要及时转运伤员。最后，急救人员要具备较高的业务能力，包括高度的责任心、正确熟练的急救技术、沉着冷静的心理素质。这样在进行现场急救时，才能够迅速且准确地将急救工作做得井井有条、全面周到。

三、急救的工作内容

（一）急救的组织工作

1. 设置急救点

在固定场地训练或比赛时，应就近设置急救点。当训练路线不固定时，如跨省马拉松跑及长距离自行车训练，医生和保健员有时无法照顾，可设置游动的急救点，在随行的机动车上放置急救箱以便应急。急救点的工作应由医务工作者和保健员共同负责。

2. 急救物质的准备

根据运动项目的特点、损伤发生的情况，做必要的急救物质准备，如冷敷用品和大的压迫棉垫、粘胶和缝合包、绷带和三角巾、止血带及常用的急救药物等。一些易发生严重损伤的比赛项目，如摩托车、公路自行车等比赛，应预先查看比赛路线，在易发生损伤的地点设置急救站，并配备急救车和医护人员，保证一旦受伤后能得到及时救护。此外，还要确定后方医院，以便及时联系做好伤员的转运工作。

（二）现场的具体急救工作

1. 初步诊断

（1）收集病史。首先要了解伤情，迅速加以分析，确定损伤性质、部位、范围，以便进一步重点检查。询问的内容包括：受伤经过、受伤时间、受伤原因、受伤动作、伤员的自我感觉等。

（2）就地检查。包括全身状况观察和局部检查。检查要点如下：① 有无呼吸道阻塞、呼吸困难、紫癜、异常呼吸等现象；② 有无休克，检查时若发现呼吸急促、脉搏细弱、血压下降、面色苍白、四肢发凉出汗，提示有休克发生，应先抢救；③ 有无伤口、外出血及内出血；④ 有无颅脑损伤，凡神志不清的伤者，出现瞳孔改变、耳鼻道出血、眼结膜瘀血以及神经系统症状者，应疑有颅脑损伤；⑤ 有无胸腹部损伤；⑥ 有无脊髓周围神经损伤及肢体瘫痪等；⑦ 有无肢体肿胀、疼痛、畸形及功能丧失等，以确定骨骼与关节损伤。

2. 初步急救处理

根据以上检查结果做出诊断后，应迅速按不同情况进行初步急救处理。

第二节　急救包扎方法

伤口包扎在急救中应用范围较广，可起到保护创面、固定敷料、支持伤肢、防止感染和止血、止痛的作用，有利于伤口早期愈合。包扎时，应做到动作轻巧，不要碰撞伤口，以免增加出血量和疼痛；接触伤口面的敷料必须保持无菌，以免增加伤口感染的机会；包扎要快且牢靠，松紧度要适宜，打结避开伤口和不宜压迫的部位。包扎一般用绷带和三角巾。绷带包扎应从伤处的远心端到近心端，尽可能使四肢指（趾）端外露，以便观察末梢血液循环的情况。包扎结束时，绷带末端用胶带固定。

一、绷带包扎法

（一）环形包扎法

适用于头额部、手腕和小腿下部粗细均匀部位。包扎时，把绷带头斜放，用手压住，将绷带卷绕肢体包扎一圈后，再将带头的一个小角反折过来，然后继续绕圈包扎，后一圈压前一圈，包扎 3~4 圈即可（图 6-1）。

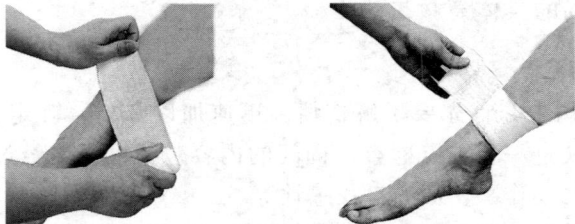

环形包扎法

图 6-1　环形包扎法

（二）螺旋形包扎法

用于包扎肢体粗细相差不多的部位，如上臂、大腿下段和手指等处。包扎时，以环形包扎法开始，然后将绷带向上斜形缠绕，后一圈压前一圈的1/2 至 1/3（图 6-2）。

螺旋形包扎法

（三）转折形包扎法

转折形包扎法适用于包扎前臂、大腿和小腿粗细相差较大的部位。包扎时，从环形包扎法开始，然后用一个拇指压住绷带，将其上缘反折，后一圈压住前一圈的1/2 至 1/3，每圈的转折线应互相平行（图 6-3）。

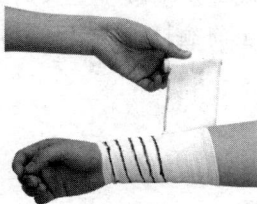

转折形包扎法

图 6-2　螺旋形包扎法

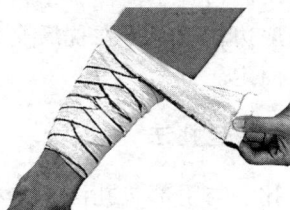

图 6-3　转折形包扎法

（四）"8" 字形包扎法

"8" 字形包扎法多用于包扎肘、膝、踝等关节处，包扎方法有两种：

（1）从关节开始，先做环形包扎法，后将绷带斜形缠绕，一圈绕关节的上方，一圈绕下方，两圈在关节凹面交叉，反复进行，逐渐远离关节，每圈压住前一圈的1/2 至 1/3（图 6-4）。

（2）从关节下方开始，先做环形包扎，后由下而上、由上而下地来回做 "8" 字形缠绕，逐渐靠拢关节，最后以环形包扎法结束（图 6-4）。

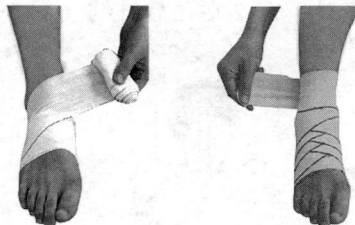

"8" 字形包扎法

图 6-4　"8" 字形包扎法

二、三角巾包扎法

用边长为 1 m 的正方形白布或纱布，将其对角剪开即分成两块大三角巾，小三角巾是大三角巾的一半。应用三角巾进行包扎，使用方便，适用于全身各部位的包扎。

（一）手部包扎法

将三角巾平铺，手指对向顶角，将手平放在三角巾的中央，底边横放于腕部。先将三角巾顶角向上反折，再将三角巾两底角向手腕背部交叉围绕一圈，在腕背侧打结。

（二）头部包扎法

将三角巾底边置于前额，顶角在后，将底边从前额绕至头后，压住顶角并打结。若底边较长，可在枕后交叉后再绕至前额打结。最后，把头角拉紧并向上翻转固定。

（三）足部包扎法

足部包扎法与手部包扎法基本相同。

（四）大悬臂带

大悬臂带用于除锁骨和肱骨骨折以外的上肢损伤。将大三角巾顶角放在伤肢后，一底角放在健侧肩上，肘关节屈曲90°放在三角巾中央，下底角上折，包住前臂并在颈后与上方底角打结。最后，把肘后的顶角折在前面，用别针固定（图6-5）。

（五）小悬臂带

小悬臂带适用于锁骨和肱骨骨折。将大三角巾叠成四横指宽的宽带，中央放在伤侧前臂的下1/3处，两端在颈后打结（图6-6）。

图 6-5　大悬臂带　　　　　图 6-6　小悬臂带

第三节　出血的急救

血液是维持生命的重要物质，成年人血量约占体重的 8%，即 4 000~5 000 mL，如出血量达总血量的 20%（800~1 000 mL）时，会出现乏力、头晕、口渴、面色苍白、心跳加快、血压下降等全身不适症状。若出血量达总血量的 30%（1 200~1 500 mL），可出现休克，甚至危及生命。大出血伤员的急救，只要稍拖延几分钟就会造成无法弥补的危害。因此，外伤出血过多是最需要急救的危重症之一。

一、出血的分类

血液从损伤的血管外流称为出血，出血分为外出血和内出血两种。外出血指血液从皮肤创口处向体外流出，是运动损伤中较为常见的一种。外出血按受伤血管不同，可分为动脉出血、静脉出血和毛细血管出血三类，但一般所见的出血多为混合型出血。内出血指血液从损伤的血管内流出后向皮下组织、肌肉、体腔（包括颅腔、胸腔、腹腔和关节腔）及胃肠和呼吸器官内注入。内出血也分为三种，组织内出血、体腔出血和管腔出血。组织内出血包括皮下组织和肌肉等，体腔出血是指胸腔和颅内，管腔出血主要是指胃肠道出血。内出血较外出血性质严重，因其初期不易被察觉而容易被忽视。

（一）动脉出血

动脉血的颜色鲜红，血液自伤口的近心端呈间歇性、喷射状流出，出血速度快，出血量多，危险性大，伤员常因失血过多而出现急性贫血，以至血压下降，呼吸与心跳中枢麻痹，进而引起心跳与呼吸停止。

（二）静脉出血

静脉血的颜色暗红，血液自伤口的远心端呈持续性、缓慢地向外流出，危险性小于动脉出血。

（三）毛细血管出血

毛细血管血的颜色介于动脉血和静脉血之间，血液在创面上呈点状渗出并逐渐融合成片，最后渗满整个伤口，通常可以自行凝固，一般没有危险性。

二、止血的方法

现场急救常用的止血方法有多种，使用时可根据具体情况选用一种，也可以把几种止血法结合一起应用，以达到最快、最有效、最安全的止血目的。下面介绍几种外出血常用的止血方法：

（一）冷敷法

冷敷可使血管收缩，减少局部充血，降低组织温度，抑制神经的感觉，因而有止血、止痛、防肿的作用，常用于急性闭合性软组织损伤。冷敷法一般用冷水或冰袋敷于损伤部位，常与加压包扎止血法和抬高伤肢法同时使用。

（二）抬高伤肢法

抬高伤肢法是指将受伤肢体抬至高于心脏 $15°\sim20°$，使出血部位压力降低。此法适用于四肢小静脉或毛细血管出血的止血。常在绷带加压包扎后使用，在其他情况下仅为一种辅助方法。

（三）加压包扎止血法

有创口的可先用无菌纱布覆盖压迫伤口，再用三角巾或绷带用力包扎，包扎范围应比伤口稍大，在没有无菌纱布时，可使用消毒卫生巾、餐巾等代替。这是目前最常用的一种止血方法，此法适用于小静脉和毛细血管出血的止血。

（四）加垫屈肢止血法

前臂、手、小腿和足出血时，如果没有骨折和关节损伤，可将棉垫或绷带卷放在肘关节或膝关节窝上，屈曲小腿或前臂，再用绷带做"8"字形包扎固定（图6-7）。

图 6-7　加垫屈肢止血法

（五）直接指压止血法

该方法是用手指指腹直接压迫出血动脉的近心端。为了避免感染，宜用消毒敷料、清洁的手帕或清洁纸巾盖在伤口处，再进行指压止血。

（六）间接指压止血法

该方法又叫止血点止血法，是止血方法中最重要、最有效且极简单的一种方法。压迫时，用手指把身体浅部的动脉压在相应的骨面上，阻断血液的来源，可暂时止住该动脉供血部位的出血。该止血法适用于动脉出血，但只能临时止血。重要的止血点有 6 个：颞浅动脉止血点，颌外动脉止血点，锁骨下动脉止血点，肱动脉止血点，股动脉止血点，胫前、胫后动脉止血点。

1. 头部出血

头部前额、颞部出血，要压迫颞浅动脉（图 6-8）。其压迫点在耳屏前方，用手指摸到搏动后，将该动脉压在颞骨上。

2. 面部出血

面部出血可压迫颌外动脉（图 6-9）。其压迫点在下颌角前面约 1.5 cm 处，用手摸到搏动后，将该动脉压迫在下颌骨上。

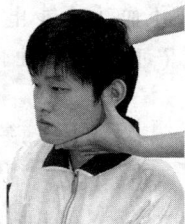

图 6-8　颞浅动脉指压法　　　　图 6-9　颌外动脉指压法

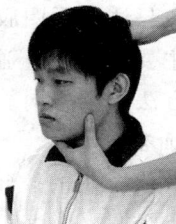

3. 上肢出血

肩部和上臂出血可压迫锁骨下动脉（图 6-10）。在锁骨上窝、胸锁乳突肌外缘，用手指将该动脉向后内，正对第一肋骨压迫。前臂出血可压迫肱动脉（图 6-11）。让患肢外展，用拇指压迫上臂内侧。手指出血可压迫指动脉（图 6-12）。压迫点在第一指节近端两侧，用拇指、食指两指相对夹压。

4. 下肢出血

大腿、小腿部出血，可压迫股动脉（图 6-13）。压迫点在腹股沟皱纹中点动脉搏动处，用手掌或拳向下方的股骨面压迫。足部出血可压迫胫前动脉和胫后动脉（图 6-14）。用两手的拇指分别按压于内踝与跟骨之间和足背皱纹中点。

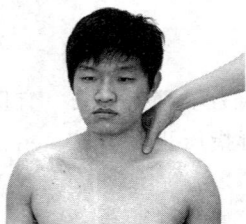

图 6-10　锁骨下动脉指压法　　图 6-11　肱动脉指压法　　图 6-12　指动脉指压法

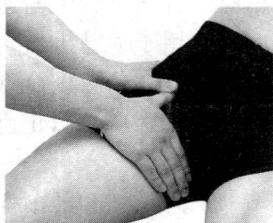

图 6-13　股动脉指压法　　　　图 6-14　胫前、胫后动脉指压法

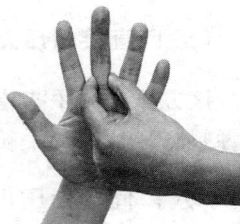

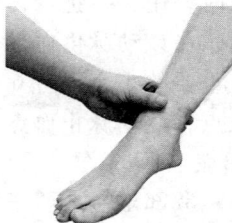

（七）止血带止血法

止血带止血只适用于四肢大出血，且当其他止血法不能止血时才使用此方法。止血带主要有橡皮止血带、气性止血带（如血压计袖带）和布制止血带，其操作方法各不相同。

1. 橡皮止血带

常用的是一种特制的胶皮管，操作时，左手在离带端约 10 cm 处由拇指、食指和中指紧握，使手背向下放在止血带的部位，右手持带中段绕伤肢一圈半，然后把带塞入左手的食指与中指之间，左手的食指与中指紧夹一段止血带向下牵拉，使之成为一个活结，外观呈 A 字形。

2. 气性止血带

常用的是血压计袖带，操作方法比较简单，只需把袖带绕在扎止血带的部位，然后打气至伤口进行出血。

3. 布制止血带

将三角巾折成带状或将其他布带绕伤肢一圈，打一个蝴蝶结；取一根小棒穿在布带圈内，提起小棒拉紧，将小棒依顺时针方向绞紧，再将绞棒一端插入蝴蝶结内，最后拉紧活结并与另一头打结固定。

4. 使用止血带时应注意如下事项

（1）部位。先将患肢抬高然后再上止血带，止血带应缚在出血部的近心端。上臂外伤大出血应扎在上臂上 1/3 处，前臂或手部大出血应扎在上臂下 1/3 处，下肢外伤大出血应扎在股骨中下 1/3 交界处。

（2）衬垫。使用止血带的部位应有衬垫，否则会损伤皮肤。止血带可扎在衣服外面，把衣服当衬垫。

（3）松紧度。应以出血停止、远端摸不到脉搏为合适。过松达不到止血目的，过紧又会损伤组织。

（4）时间。缚上止血带后，上肢应每 30 min、下肢应每 1 h 放松一次，放松时间为 1~2 min，以免引起肢体缺血坏死。

（5）标记。使用止血带者应有明显标记贴在前额或胸前易发现部位，写明时间。如立即送往医院，可不写标记，但必须当面向值班人员说明缚扎止血带的时间和部位。

第四节 关节脱位的急救

凡相连两骨之间失去正常的连接关系，均称为关节脱位。关节脱位时，由于暴力作用往往伴有关节囊及关节周围软组织的损伤，严重者还可伤及神经、血管或伴有骨折。关节复位的原则是使脱位的关节端，按原来脱位的途径复位回原处。严禁动作粗暴和反复复位，以免加重损伤，造成骨折或血管、神经的损伤。实施复位的时间越早，越易复位，效果也越好。复位成功的标志是关节被动活动恢复正常，骨性标志复原，X 线检查显示已复位。复位后将关节固定在稳定的位置上，固定期间要加强功能锻炼。没有整复条件时，应立即用夹板和绷带在脱位所形成的姿势下固定伤肢，保持病员安静，尽快送医院处理。

体育运动中最常见的关节脱位是肩关节前脱位和肘关节后脱位。

一、肩关节前脱位

（一）损伤机制

在运动过程中，只要在跌倒时，肩关节处于上臂外展位，用手或肘部着地，都有可能发生肩关节前脱位。这种姿势使肱骨头移向肩胛盂的前下方，一旦外力过大，肱骨头就会自肩胛盂脱出。此外，上臂在外展位突然过度背伸或过度外旋时，都可能发生肩关节前脱位。

（二） 症状与诊断

（1）一般有跌倒时手或肘部着地的受伤史。

（2）肩关节疼痛及运动障碍。

（3）肩关节周围明显压痛。

（4）上臂固定于外展 25°～30°。

（5）由于关节周围软组织损伤后，组织内血管撕裂出血和反应性炎症出现，关节脱位后不久即出现明显的肿胀。

（6）肩部变平，呈角肩，又称"方肩畸形"。

（7）患侧手不能触到健侧的肩部，肘不能靠于胸前。

（8）触诊时，可发现肩峰下有凹陷，锁骨下或喙突下可摸到肱骨头。

（9）X 光检查，可进一步了解受伤关节局部的变化，如脱位的方向、程度及是否合并骨折等。

（三） 急救固定方法

取三角巾两条，分别折成宽带，一条悬挂前臂，另一条绕过伤肢上臂，在健侧腋下打结。

（四） 整复方法

采用 Kocher 法或牵引整复法，整复后用绷带将前臂固定于胸壁，直至关节囊及周围软组织愈合后，再开始活动。固定时间依肩关节损伤的情况及年龄而不同，一般为三周。由于这种损伤常继发肩关节习惯性脱位，近年来不少医生主张，优秀运动员伤后应立即进行手术将撕裂组织修补。

二、肘关节后脱位

（一） 损伤机制

任何外力只要使肘关节过伸或外展致使肘关节内侧副韧带断裂，都能引起肘关节后脱位。例如，跌倒时肘关节过伸，尺骨鹰嘴又猛烈冲击肱骨鹰嘴窝，使肱骨下端前移，尺骨鹰嘴后移，引起典型的肘关节后脱位。

（二） 症状与诊断

肘关节后脱位时，肘关节保持在半屈曲位，屈伸受限，上肢缩短，肘前三角部膨出，肘前后径加大，局部肿胀；触诊可发现肘后三角部的关系发生改变，鹰嘴远移至肘后上方。

（三）急救固定方法

将铁丝夹板弯成合适的角度，置于肘后，用绷带缠稳，再用小悬臂带挂起前臂。如无铁丝夹板，可直接用大悬臂带包扎固定。

（四）整复方法

采用单人或双人手法复位，一般称为"牵引屈肘法"。

第五节　骨折的急救

骨折是指骨与骨小梁的连续性发生断裂。骨折急救的目的，在于用简单而有效的方法抢救生命，保护患肢，使伤者能安全而迅速地运送至医院。

一、骨折的原因及分类

（一）骨折的原因

引起外伤性骨折的暴力，按其作用的性质和方式可分为直接暴力、传达暴力、牵拉暴力和积累性暴力。

1. 直接暴力

骨折发生于暴力直接作用的部位，如跌倒时膝关节直接撞击于地面所引起髌骨骨折。

2. 传达暴力

骨折发生在暴力作用点以外的部位，如跌倒时用手掌撑地，由跌倒时的冲力所引起的地面反作用力沿上肢向上传导，可引起舟状骨或桡骨远端、尺骨与桡骨干和肱骨骨折等。这是最常见的骨折方式。

3. 牵拉暴力

由于不协调的、急剧猛烈的肌肉收缩或韧带突然紧张而引起附着部的撕脱骨折，如股四头肌猛烈收缩引起髌骨或胫骨粗隆的撕脱骨折。

4. 积累性暴力

多次或长期积累性暴力作用引起的骨折，也称疲劳性骨折，如反复跑跳或长途行军引起第二跖骨颈或腓骨的疲劳性骨折等。

（二）骨折的分类

1. 按骨折周围软组织的病理分

（1）闭合性骨折。骨折处皮肤或黏膜完整，骨折断端与外界不相通。

（2）开放性骨折。骨折锐端穿破皮肤，直接与外界相通。这种骨折容易感染，发生骨髓炎与败血病。

2. 按骨折断裂的程度分

（1）不完全骨折。骨的连续性未完全破坏，或骨小梁的一部分连续性中断。因儿童的骨质较软而韧，不易完全断裂，如幼嫩的树枝折断，又称青枝骨折。

（2）完全骨折。整个骨的连续性，包括骨外膜完全破裂。骨折端可以保持原位（无移位），也可移位而形成重叠、分离、旋转、成角、侧方移位等。

3. 按手法复位外固定后骨折的稳定性分

（1）稳定骨折。如骨折面横断或近乎横断有锯齿的斜折，经反复固定后，不易再移位。

（2）不稳定骨折。骨折后经反复外固定，仍易再移位，如斜面骨折、螺旋骨折和粉碎性骨折等。

4. 按骨折线的形态分

（1）裂缝骨折。骨折后无移位，就像瓷器上的裂纹一样。

（2）骨膜下骨折。骨膜未破，移位不明显。

（3）青枝骨折。仅有部分骨质和骨膜被拉长、皱褶或破裂，常有成角、弯曲畸形。多见于儿童。

（4）撕裂骨折。又称撕脱骨折。

（5）横骨折。骨折线与骨干纵轴接近垂直。

（6）斜骨折。骨折线与骨干的纵轴呈一定的角度。

（7）螺旋骨折。骨折线呈螺旋状，多由扭转力引起。

（8）粉碎性骨折。骨折块碎裂成两块以上者，多由直接外力所致，常见于成年人。

（9）嵌入骨折。多由于压缩性间接外力所致。

（10）骨骺分离。骨骺骨折多发生在儿童少年。

二、骨折的症状与体征

（一）疼痛

骨折当时疼痛较轻，随后即加重，活动受伤肢体时则疼痛加剧，持续剧痛可引发休克。

（二）肿胀和皮下瘀血

骨折时，骨及周围软组织的血管破裂，发生局部出血和肿胀。若软组织较薄，骨折的部位表浅，血肿渗入皮下，形成青紫色的皮下瘀斑。也可随血液沿肌间隙向下流注，在远离骨折处出现瘀斑。

（三）患肢失去功能

因疼痛、肌肉痉挛、骨杠杆作用遭受破坏和周围软组织损伤等，使肢体不能站立、行走或活动。

（四）畸形

完全骨折时，常因暴力作用和肌肉痉挛使骨折断端移位，出现伤肢缩短、成角或旋转等畸形。

（五）异常活动或骨摩擦音

四肢长骨完全骨折时，在关节以外的地方出现异常活动；轻微移动肢体时，因断端互相摩擦而出现摩擦音，这是完全骨折的特有征象。检查时，应小心谨慎，以免加重损伤和造成伤员的痛苦。

（六）压痛和震痛

骨折处有敏锐的压痛，有时轻轻叩击远离骨折的部位。在骨折处也出现震痛。

（七）X 线拍片

骨折裂痕、断裂或粉碎，X 线拍片是最具有权威性的确诊方法。

三、骨折的急救

（一）骨折的急救原则

1. 防治休克

严重骨折、多发性骨折或同时合并其他损伤的伤员，可能会发生休克，急救时应注意预防休克。若有休克必须先抗休克，再处理骨折。预防休克的方法在于早期就地实施制动固定术，并在骨折部位注射 1%～2% 的普鲁卡因止痛。针刺人中、十宣或静脉注射 50% 葡萄糖液；吸氧，平卧保暖是升压和预防休克发展和治疗的简要措施。

2. 就地固定

骨折后及时固定可避免断端移动，防止加重损伤；固定时，必须先牵引再上夹板，使伤肢处于较为稳定的位置，可减少疼痛，便于伤员转运。未经固定，不可随意移动伤员，尤其是大腿、小腿和脊柱骨折的伤员。

3. 先止血再包扎伤口

伤口有出血时先止血，可根据情况选择适宜的止血方法。有开放性骨折的患者应先清洗伤口，再用消毒巾包扎，以免感染。争取在 6～12 h 送达医院施行手术，并注射破伤风血清 1 500 IU 以预防破伤风。暴露在伤口外的骨折端，未经处理一定不要复回，应敷上清洁纱布，包扎固定后急送医院处理。

（二）骨折急救的注意事项

夹板的长短、宽窄要适宜，使骨折处上下两个关节都固定。若无夹板时，可用树枝、竹片等代替。夹板要用绷带或软布包垫，夹板的两端、骨突部和空隙处要用棉花或软布填妥，防止引起压迫性损伤。肢体明显畸形而影响固定时，可将伤肢沿纵轴稍加牵引后再固定。缚扎夹板的绷带或布条应缚在骨折处的上下段。固定要牢靠，松紧度适中，过松则失去固定的作用，过紧又会压迫神经血管。因此，固定时应露出指（趾）端，若发现指（趾）端出现苍白、发麻、发凉、疼痛或变紫时，须立即松解，重新固定；上肢骨折固定后，用悬臂带把患臂挂于胸前；下肢骨折固定后，可把患腿与健腿捆缚在一起。经固定后尽快将伤员送到医院，争取及早整复治疗。

（三）骨折急救固定法

常见的骨折固定法有以下几种：

1. 锁骨骨折

锁骨骨折可采用"双环包扎法"固定。先取三条三角巾并折叠成宽带，在双肩腋下填上软布团或棉花，然后用两条宽带分别绕过伤员两肩在背后打结，形成两个肩环，再用第三条宽带在背后穿过两个肩环，拉紧打结，最后将两前臂缚扎固定或将伤侧肢体挂在胸前（图6-15）。

2. 肱骨干骨折

屈肘成直角，用两块长短宽窄适宜的有垫夹板，分别放在伤臂的内、外侧，用3~4条宽带将骨折处上下部缚好，再用小悬臂带把前臂挂在胸前，最后用宽带或三角巾将伤臂固定于体侧（图6-16）。

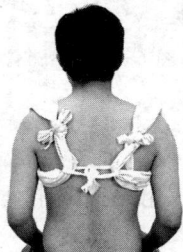

图 6-15　锁骨骨折固定法　　　　图 6-16　肱骨干骨折固定法

3. 前臂骨折

用两块有垫夹板分别放在前臂的掌侧和背侧，板长从肘到掌，前臂处于中立位，屈肘90°，拇指朝上。用3~4条宽带缚扎夹板，再用大悬臂带把前臂挂在胸前（图6-17）。

4. 手腕部骨折

用一块有垫夹板放在前臂和手的掌侧，手握绷带卷，再用绷带缠绕固定，然后用大悬臂带把伤臂挂于胸前（图6-18）。

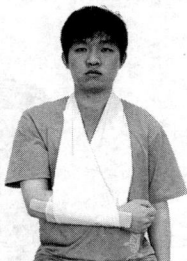

图 6-17　前臂骨折固定法　　　　图 6-18　手腕部骨折固定法

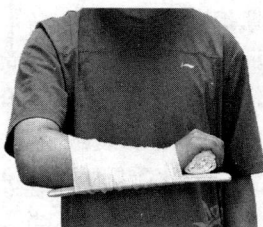

5. 股骨骨折

股骨骨折可采用旁侧夹板固定。先用两手（一手握脚背，一手托脚跟）

轻轻将脚向下拉，直到与健腿等长。如疼痛可注射吗啡。再将两块长夹板分别放在伤肢的内、外侧，内侧夹板上至大腿根部，下达足跟；外侧夹板自腋下达足部。然后用 5~8 条宽带固定夹板，在外侧打结（图 6-19）。

6. 小腿骨折

用两块有垫夹板放在小腿的内、外侧，两块夹板上自大腿中部，下至足部。用 4~5 条宽带分别在膝上、膝下及踝部缚扎固定（图 6-20）。

图 6-19　股骨骨折固定法

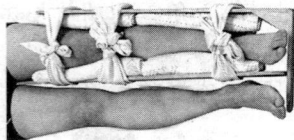

图 6-20　小腿骨折固定法

7. 踝足部骨折

踝足部骨折可采用直角夹板固定。脱鞋，取一块直角夹板置于小腿后侧，用棉花或软布在踝部和小腿下部垫妥后，再用三条宽带分别在膝下、踝上和足跖部缚扎固定（图 6-21）。

8. 胸腰椎骨折

疑有胸腰椎骨折时，应尽量避免移动骨折处，以免脊髓受压迫而损伤。将硬板或门板置于患者体侧，一人稳住头，再由两人将患者轻轻推滚至木板上，取仰卧位，用数条宽带将伤员缚扎于木板上。若为软质担架，令伤员采取俯卧位，使脊柱伸直，禁止屈曲，送至医院（图 6-22）。

图 6-21　踝足部骨折固定法

图 6-22　胸腰椎骨骨折俯卧式

9. 颈椎骨折

颈椎骨折时，务必使伤员头部固定于伤后位置，不屈、不伸、不旋转，数人合作将伤员抬至木板上，头部两侧用沙袋或卷起的衣服垫好固定，用数条宽带把伤员缚扎在木板上（图 6-23）。颈椎损伤时，若搬运不当，有引起骨髓压迫的危险，可造成四肢和躯干的高位截瘫，甚至影响呼吸造成死亡。

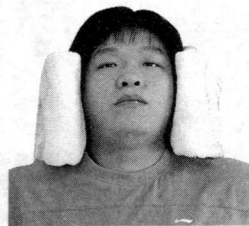

图 6-23　颈椎骨折固定法

第六节　心肺复苏

　　心肺复苏是针对呼吸、心跳停止所采用的抢救措施，即以心脏挤压形成暂时的人工循环，诱发心脏的自主搏动，并以人工呼吸代替患者的自主呼吸。因此，临床上将二者合称为心肺复苏术。体育运动中一些严重意外事故，如溺水、外伤性休克等可能会出现呼吸或心搏骤停的情况，如未能在现场得到及时正确的抢救，患者将因全身严重缺氧而很快死亡。胸外心脏按压和人工呼吸是心脏复苏初期最主要的急救措施。

　　在常温情况下，心脏停搏 3 s 时患者就会感到头晕；10 s 即出现晕厥；30~40 s 后瞳孔散大；60 s 后呼吸停止、大小便失禁；4~6 min 后大脑将发生不可逆的损伤。因此，对心脏停搏、呼吸骤停患者的抢救应当在 4 min 内进行心肺复苏，开始复苏的时间越早，成功率越高。

心肺复苏
操作技术

一、胸外心脏按压

　　此方法是通过按压胸骨下端而间接地压迫左右心室腔，使血流流入主动脉和肺动脉，从而建立有效的大小循环，为心脏自主节律的恢复创造条件。胸外心脏按压时，收缩压可达 13.3 kPa（100mmHg），平均动脉压为 5.3 kPa（40 mmHg）；颈动脉血流仅为正常的 1/4 至 1/3，这是支持大脑活动的最小循环血量。因此，进行胸外心脏按压时，患者应平卧，最好置于头低脚高位，背部垫木版，以增加脑的血流供应。

心肺复苏
与除颤

　　操作方法：使患者仰卧于硬板床或地上，急救者以一手掌根部置于患者胸骨的中、下 1/3 交界处，另一手交叉重叠于其手背上，肘关节伸直，充分利用上半身的重量和肩、臂部肌肉的力量，有节奏的、带有冲击性的垂直按压胸骨，使之下陷 5~6cm（儿童相对要轻些）。每次按压后随即迅速抬手，使胸部复位，以利于心脏舒张。频率为 100~120 次/min，如有条件，应尽早除颤。

　　操作中，如能摸到颈动脉或股动脉搏动，上肢血压收缩压达 8 kPa（60 mmHg）以上，口唇、甲床颜色较前红润或者呼吸逐渐恢复，瞳孔缩小，则为按压有效，应操作至自主心跳出现为止。

　　对呼吸、心跳均停止的患者，应同时进行上述两种急救措施。单人心肺复苏时，每按压胸部 30 次，吹气 2 次，即 30 : 2。最好由两人配合进行，一人做人工呼吸，一人做胸外心脏按压（图 6-24），双人心肺复苏时，不中断胸外按压，每 6 s 吹气 1 次。

图 6-24   口对口吹气和胸外心脏按压法

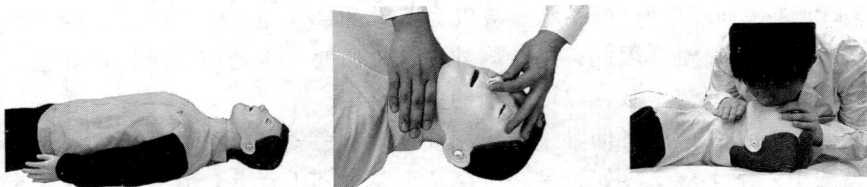

二、人工呼吸

　　人工呼吸是借助人工方法来维持机体的气体交换，以改善患者缺氧状态，并排出二氧化碳，为恢复患者自主呼吸创造条件。人工呼吸的方法很多，现介绍最常用的口对口人工呼吸法，此法简便有效。

　　操作方法：使患者置于仰卧位，松开领口、裤带和胸腹部衣服，清除口腔内异物，把患者口腔打开，盖上一块纱布。急救者一手掌尺侧置于患者前额，使其头部后仰，拇指和食指捏住患者鼻孔，以免气体外溢。另一手托起患者下颌，掌根部轻压环状软骨，使其间接压迫食道，以防吹入的空气进入胃内。然后深吸一口气，张开嘴巴，用双唇包绕封住患者的嘴外缘，并紧贴住向里吹气，吹气完成后立即放开鼻孔。待患者呼气，并吸入新鲜空气，准备下一次吹气，如此反复进行（图 6-25）。吹气要深而快，每次吹气量为 800~1 200 mL 或每次吹气时观察患者胸部上抬即可。开始应连续两次吹气，以后每隔 6 s 吹一次气，频率为 10 次/min，直到患者恢复呼吸为止。

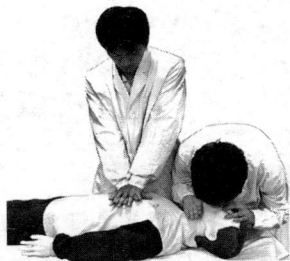

图 6-25   口对口吹气

　　进行心肺复苏时，急救一经开始，就要连续进行，不能间断，直至患者恢复自主呼吸、心跳或确诊死亡为止。心肺复苏的步骤应先进行胸外心脏按压，然后保持气道通畅，最后进行人工呼吸。此外，在实施急救的同时，应迅速拨打急救电话。

第七节　抗　休　克

　　休克是人体遭受体内外各种强烈刺激后所发生的严重的全身性综合征，临床上以急性周围循环衰竭为特征，有效循环血量锐减是复杂综合征中的主要矛盾。休克时，由于有效循环血量绝对或相对地减少，使组织器官缺氧，发生一系列的代谢紊乱，造成恶性循环，如不及时纠正，就会导致死亡。各种严重致病因素，如创伤、感染、低血容量、中毒和过敏等均可引起有效血容量不足，而引起休克。运动损伤造成的休克，一般以失血性休克和创伤性休克较为多见。

一、休克的原因与发生机制

　　凡能引起有效循环血量不足或心输出量减少的各种因素，都能引起休克。在运动损伤中并发休克的原因主要是剧烈疼痛和大量出血，这些致病因素刺激交感神经-肾上腺髓质系统的活动增强，使儿茶酚胺大量释放，导致微血管痉挛，毛细血管网内的血流量减少，组织血液灌流量不足，引起休克。骨折、脱位、严重软组织损伤、睾丸挫伤等，引起剧烈疼痛可致使周围血管扩张，使有效循环血量相对减少；或大血管破裂出血、腹部挫伤合并肝脾破裂等，以及心脏病、严重感染、中毒、药物反应等，均可引起休克。此外，疲劳、饥饿、寒冷、酷暑等也都能诱发休克，或加重休克程度。

二、休克的发展过程与临床表现

（一）休克早期

　　休克早期又称缺血缺氧期。由于受休克因素的刺激，使大量的体液因子释放，导致末梢小动脉、微动脉、毛细血管前括约肌及微静脉持续痉挛，毛细血管前阻力增加，大量真毛细血管关闭，使微循环的灌流量急剧减少。此时，患者出现精神紧张、烦躁不安、多汗、呼吸急促、心率加快、体温和血压正常或稍高，此期易被忽略。

（二）休克期

休克期又称失代偿期。此期由于组织显著缺氧，致使毛细血管前括约肌开放，大量血液进入毛细血管网，造成循环瘀血，血管通透性增加，大量血浆外渗。白细胞在微血管壁黏附，形成血栓，使血压下降，收缩压在 12 kPa（90 mmHg）以下，脉压小于 2.7 kPa（20 mmHg）。出现表情淡漠，反应迟钝，面色苍白，口唇、肢端发绀，四肢厥冷，全身冷汗，脉搏细速，尿量减少和血压下降，严重时患者昏迷，甚至死亡。因此，血压下降是判断休克严重程度的重要标志。

（三）休克晚期

休克晚期又称弥漫性血管内凝血期。此期是指在毛细血管瘀血的基础上，细胞缺氧更严重，导致血管内皮损伤，血小板聚集，促发内凝血及外凝血系统在微血管形成广泛的微血栓；细胞因持久缺氧使胞膜损伤，溶酶体释放，细胞坏死自溶；并因凝血因子的消耗而产生弥漫性出血。其临床表现主要为广泛性出血、低血压休克、溶血及血栓栓塞所致多种器官的功能障碍等。

三、休克的急救

（一）安静休息

迅速使伤员平卧使之安静，并予以安慰与鼓励，消除患者的顾虑。最好不要采取头低脚高位，因为这种位置将使颅内压增高，静脉血回流受阻，并使膈肌上升影响呼吸，不利于休克的矫治（尤其是呼吸困难者）。

（二）保暖和防暑

换去潮湿的运动服，以防散热过快，尽量使患者在温暖安静的环境下休息。若为炎热的夏季，要注意防暑降温，避免中暑。

（三）饮水

神志清醒又无消化道损伤的患者，可给以适量的盐水（盐水的含盐量为 3 g/L，碳酸氢钠 1.5 g/L）或热茶等饮料。

（四）保持呼吸道通畅

昏迷患者，常因分泌物或舌后缩等原因，引起呼吸道的堵塞。因此，要及时清除分泌物及血块，松解衣领，必要时把舌牵出口外。对心脏停搏、呼吸停止的患者应立即进行心肺复苏。

（五）镇静与止痛

骨折、脱位和严重的软组织损伤后，可根据情况口服苯巴比妥 0.9 g，或肌肉注射苯巴比妥钠 0.1 g，其主要作用在于可解除中枢神经系统的应激性，加强大脑皮质的保护性抑制，起镇静作用。有剧烈疼痛者，可口服阿片20 mL 或吗啡片 10 mL，或皮下注射吗啡 5～10 mL 或哌替啶 50 mg 以镇痛，防止休克加重。需要注意的是，凡有颅脑损伤、颈髓损伤、胸腹部损伤或缺氧发绀的伤员，都禁用吗啡或哌替啶。

（六）包扎和固定

开放性损伤，要用无菌敷料或清洁的毛巾等将创口敷盖包扎，骨折或脱位的伤员，应进行必要的急救固定。

（七）止血

外出血的伤员应在急救的早期，采用绷带加压包扎法、指压法或止血带等方法及时止血。内出血的伤员，应尽早送医院处理。

（八）针刺疗法

昏迷的患者可针刺或手指掐点人中、百会、内关、涌泉、合谷等穴位。

在进行上述现场急救的同时，应与医院联系，或将患者迅速送到医院，进行进一步处理，如输血、输液、吸氧等。

第八节　脑　震　荡

脑震荡是脑损伤中最轻而又最多见的一种，可发生于体操、足球、垒球和棒球等运动中，也是日常工作、生活中的常见损伤。

一、脑震荡的病因与发生机制

脑震荡是指头部因受到足球、棒球的打击或体操练习中从高处跌下时头部撞地等，使神经细胞和神经纤维受到普遍震荡所引起的一时性意识和功能障碍，不久即可恢复，多无明显解剖病理改变。

二、脑震荡的症状与体征

头部受到外力撞击后，立即出现意识障碍，出现一时性意识丧失（昏迷）或神志恍惚。意识障碍的时间长短不一，短则几秒钟，长则几分钟乃至 20~30 min 不等。意识丧失时，患者呼吸表浅、脉率缓慢、肌肉松弛、瞳孔稍放大但左右对称，神经反射减弱或消失。

意识清醒后出现逆行性健忘，即患者不能回忆受伤经过和情况，但能清楚回忆受伤前或更早以前的事情。患者有头痛、头晕、情绪紧张或变换体位时症状加重，以后会逐渐消失。可有轻微的恶心、呕吐感，几天后即可消失。此外，还有情绪不稳、易激动、注意力不易集中和耳鸣、心悸、多汗、失眠等自主神经功能紊乱的症状。

诊断脑震荡的依据是：头部有明确的外伤史；伤后即刻确有短时间的意识障碍；意识清醒后出现逆行性健忘；神经系统检查和血压、脉率、呼吸、脑脊液压力及其细胞数均为正常。

脑震荡有时可合并轻微脑挫伤或颅骨骨折。若伤员昏迷时间超过 5 min 以上，或两侧瞳孔大小不对称，或耳、鼻有出血、流清水及咽后壁、眼球出现青紫，或神志清醒后剧烈头痛、呕吐，或出现再度昏迷，都说明伤情较重，必须立即送医院。

外伤性颅内出血的早期表现和脑震荡非常相似，应引起注意。

三、脑震荡的急救

急救时，立即令患者平卧、安静休息，不可让患者坐起或站起。注意身体保暖，头部可用冷水毛巾做冷敷。若患者昏迷，可用手指掐点人中、内关等穴，以促使患者苏醒；呼吸停止者，应立即施行人工呼吸。同时，要尽快请医生来处理或把患者送至医院。在转运时，患者要平卧、保暖；头颈两侧要用枕头或衣服垫妥固定，防止颠簸振动或晃动；意识不清者，要注意保持呼吸道通畅，患者可侧卧或把头转向一侧，避免呕吐物吸入气管或舌坠而发生窒息，并严密观察病情变化。

无严重征象、短时间意识障碍后很快恢复的患者，经医生诊治后也可平卧送至宿舍休息，直至头痛、头晕等症状消失为止。在休养期间，要注意休息，保持安静的环境和充足的睡眠，不宜过早地参加紧张的体育活动或脑力劳动。一般认为，症状完全消失后，可用"闭目举臂单腿站立平衡试验"来初步判定可否恢复体育锻炼，并在恢复运动的最初阶段，注意观察其动作的协调能力，以了解患者是否已完全康复。

第九节　搬运伤员的方法

伤员在现场进行初步急救处理后和随后送往医院的过程中，必须经过搬运这一重要环节。搬运伤员的方法很多，根据不同条件、不同情况大致有以下几种方法：

一、徒手搬运法

徒手搬运法是指在搬运患者过程中凭人力和技巧，不使用任何器具的一种搬运方法。该方法适于伤势轻和搬运距离较短的患者。它又可分为单人、双人和多人搬运法。

（一）扶持法

急救者位于患者的体侧，一手抱住患者腰部。患者的手绕过急救者颈后至肩上，急救者的另一手握住其腰部。两人协调缓行（图6-26）。适用于伤势轻、神志清醒而又能自己站立步行的患者。

（二）抱持法

急救者一手抱住患者的背部，另一手托住患者的大腿及腘窝，将患者抱起，患者的一侧臂挂在急救者的肩上（图6-27）。此法适用于伤势轻、神志清醒但较软弱的患者。

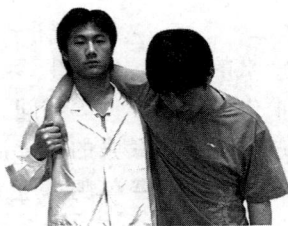

图 6-26　扶持法

图 6-27　抱持法

（三）托椅式搬运法

两名急救者站立于患者两侧，各以一手伸入患者大腿下方而相互十字交叉紧握，另一手彼此交替支持患者背部。患者坐在急救者互握的手上，背部支持于急救者的另一臂上，患者的两手分别搭于两名急救者的肩上（图 6-28）。此法适用于神志清醒、足部损伤而行走困难的患者。

（四）卧式三人搬运法

三名救护者同站于患者的一侧。第一个人以外侧的肘关节支持患者的头颈部，另一肘置于患者的肩胛下部；第二人用双手自腰至臀托抱患者；第三人托抱患者的大腿下部及小腿上部。三人行走要协调一致（图 6-29）。

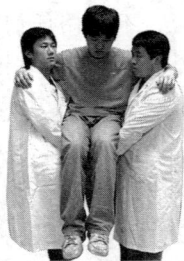

图 6-28　托椅式搬运法

图 6-29　卧式三人搬运法

二、器械与车辆搬运法

在患者不能徒手搬运时，应采用担架或车辆搬运。

（一）担架搬运法

特制的担架可用棉被或毛毡垫好，将患者放入担架上，并盖好保暖。若患者神志不清，需用宽带将其固定于担架上。如有脊柱骨折，不宜使用特制担架时，可采用床板、门板等临时担架。

（二）车辆搬运法

当患者伤势严重、运送路程较远时，应用车辆，最好用救护车，车宜慢行，避免震动。

作业与思考

1. 运动性伤害现场急救的初步诊断方法有哪些？
2. 怎样鉴别外出血？常用的止血方法有哪些？
3. 简述肩关节前脱位的损伤机制与症状。
4. 简述肘关节后脱位的损伤机制与症状。
5. 简述运动性伤害中骨折的原因、症状与体征。

（北京师范大学　刘晓莉）

（河北师范大学　陈　巍）

章前导言

　　本章主要介绍运动损伤的概念、分类、发生原因和预防原则；阐述开放性软组织损伤和闭合性软组织损伤的病理变化、处理原则与方法，以及常见运动性损伤的处理。

学习目标

1. 掌握运动损伤发生的原因、处理方法及预防手段。
2. 熟悉开放性、闭合性软组织损伤的病理变化过程及处理原则。
3. 了解运动损伤的概念和分类方法。

第一节　运动损伤概述

　　运动损伤的发生往往与体育运动项目及技、战术动作特点密切相关，同时也与训练水平、运动环境和条件等因素有关；对运动损伤的概念、分类、原因及预防原则进行了解，有助于运动损伤的治疗和康复，同时为合理安排患者的体育锻炼提供科学依据和实践指导。

一、运动损伤概念和分类

（一）概念

　　运动损伤是指人体在体育运动过程中所发生的以软组织损伤为主的各种伤害。其中与运动项目特点有关联的慢性损伤，又称为运动技术病。其主要

何为运动
技术病

发生在人体运动系统，但也包括血管和神经系统的损伤。

（二）分类

1. 按运动损伤的组织结构及皮肤或黏膜是否破损分类

（1）按运动损伤的组织结构。

运动项目的种类很多，不仅包括常见的田径、球类、体操等项目，而且还有军事体育项目，如摩托、滑翔、跳伞等。常见的运动损伤有肌肉韧带的扭伤及断裂，挫伤，四肢、颅骨、脊椎骨折，关节脱位，脑震荡，内脏破裂等。临床诊断多采用此种分类方法。

（2）按皮肤或黏膜是否破损。

① 开放性损伤：伤处皮肤或黏膜的完整性遭到破坏，有伤口与外界相通。例如，擦伤、刺伤、撕裂伤及开放性骨折等。

② 闭合性损伤：伤后皮肤或黏膜仍保持完整，无伤口与外界相通。例如，挫伤、肌肉拉伤、关节韧带损伤、闭合性骨折、关节脱位等。

2. 按运动损伤轻重程度及运动能力丧失程度分类

（1）按运动损伤轻重程度。

① 轻度伤：基本不影响工作能力。

② 中度伤：受伤后需要停止工作 24 h 以上，且需要在门诊治疗。

③ 重度伤：需要长期住院治疗。

（2）按运动能力丧失程度。

① 轻度伤：受伤后仍能进行体育活动或训练。

② 中度伤：受伤后需要进行门诊治疗，不能按训练计划进行训练，需减少患部活动或停止患部练习。

③ 重度伤：完全不能训练，往往需要住院治疗。

根据北京大学运动医学研究所的统计，在运动中发生重度损伤的较少，大部分属于轻度和中度损伤，其中以肌肉、筋膜、肌腱、腱鞘、韧带、关节囊损伤最多，其次是肩袖损伤、半月板撕裂和髌骨软化症。

3. 按运动损伤的部位及关节分类

（1）按运动损伤的部位。

如头颈部损伤，腰背部损伤，肩部损伤，肘部损伤，腕部损伤或髋、膝、踝部损伤等。

（2）按关节位置。

如肩关节、肘关节、桡腕关节、掌腕关节、髋关节、膝关节或踝关节损伤等。

4. 按运动损伤的病程分类

（1）急性损伤。

急性损伤是瞬间暴力一次作用而致伤，伤后症状迅速出现。其特点为发病急、症状骤起。例如，关节扭伤、骨折、脱位、急性滑囊炎、肌肉拉伤等。

（2）慢性损伤。

慢性损伤是由于长时间的局部负荷过大，超出了组织所能承受的能力而导致的组织损伤。其特点为发病缓慢、症状渐起。例如，慢性腱鞘炎、疲劳性骨膜炎、髌骨软骨病、慢性牵拉性骨骺炎等。

（3）陈旧伤。

陈旧伤是急性损伤后，因早期失治或处理不当而导致的组织损伤，其特点是病程长，病情绵延。

5. 按运动技术与训练的关系分类

（1）运动技术伤。

运动技术伤与运动项目和技战术动作密切相关。多数为慢性损伤，如网球肘、跳跃膝、足球踝等。少数为急性伤，如标枪肘，体操、技巧运动中的跟腱断裂等。

（2）非运动技术伤。

非运动技术伤多为意外伤，如骨折、挫伤、擦伤、关节扭伤等。

二、 运动损伤的原因和预防原则

（一） 运动损伤的原因

1. 基本原因

（1）缺乏运动损伤预防常识。

运动损伤的发生，常与体育教师、教练员、社会体育指导员和体育运动参加者对预防运动损伤的认识不足，思想上麻痹大意及缺乏专业的预防知识有关。他们往往平时不重视安全教育，在健身运动、体育教学、运动训练和比赛中没有积极采取各种有效的预防措施，发生运动损伤后不认真分析原因、总结规律和吸取教训，使伤害事故不断发生。

（2）准备活动不合理。

为了提高中枢神经系统的兴奋性和各器官系统的功能活动，使人体从相对静止状态过渡到紧张的运动状态，在体育运动前，都应该进行科学规范的准备活动。据报道，缺乏准备活动或准备活动不合理，是造成运动损伤的最重要原因之一。在准备活动问题上常存在如下问题：

① 不做准备活动或准备活动不充分：在身体相关系统没有得到充分动员的情况下，就投入高强度的运动。由于身体的协调性不足，肌肉的弹性和伸展性较差，关节的灵活性也不能满足运动的需要，因而容易发生损伤。

② 缺乏专项准备活动：准备活动的内容与正式运动的内容衔接不好，特别是运动中负担较重部位或有运动损伤隐患部位的功能没有得到充分地改善，因休息而消退的条件反射性联系尚未恢复。

③ 准备活动的强度和负荷量安排不当：开始做准备活动时，用力过猛、速度过快，违反了循序渐进的原则和功能活动的规律，容易引起肌肉拉伤和关节扭伤；或身体已经出现疲劳，在参加正式运动时，身体的功能水平已经有所下降，此时完成高难度的动作就容易发生损伤。

④ 准备活动距正式运动的时间过长：准备活动所产生的生理作用已经减弱或消失，失去其活动的生理价值。

（3）技术动作错误。

违反人体解剖结构和生理特点，不符合运动时的生物力学原理，因而容易发生运动损伤。不仅是初学者和学习新动作时容易因错误动作致伤，已熟练掌握技术动作的运动员在身体疲劳或注意力不够集中的情况下，也会因此致伤。例如，做前滚翻时，因头部位置错误引起颈部扭伤；篮球接球时，因手形不正确引起手指挫伤；投标枪时，在上臂外展 90°、屈肘 90°（甚至肘低于肩）的错误姿势下出手，引起肘关节内侧软组织损伤，甚至发生撕脱性骨折等。

（4）运动量过大。

安排运动负荷时，没有充分考虑到运动者的解剖和生理特点，运动量安排过大，尤其是局部负担量过大，这往往是专项训练中造成慢性损伤的主要原因。在健身运动或体育教学中，同样也存在局部负担量过重而导致的运动损伤。

（5）组织方法不得当。

在教学或训练中，不遵守循序渐进、系统性和个别对待的原则以及比赛的编排不合理；在组织方法方面，如学生过多，教师又缺乏正确的示范和耐心细致的教导，缺乏保护和自我保护，组织性、纪律性较差，以及比赛日程安排不当，比赛场地和时间任意更改，允许有疾病或身体不适的人参加比赛等，这些都可成为受伤的原因。

（6）运动参加者的生理功能或心理状态不良。

运动参加者处于睡眠或休息不好，患病受伤、伤病初愈阶段或疲劳时，会存在肌肉力量、动作的准确性和身体的协调性显著下降，警觉性和注意力减退，反应较迟钝等，在上述情况下，参加剧烈运动或练习较难的动作，就可能发生损伤。另外，心理状态与损伤的发生也有密切关系。例如，心情不舒畅，情绪不高，对训练和比赛缺乏自觉性和积极性，注意力不集中，急躁、胆怯、犹豫等，都容易导致动作失常而引起损伤。对于某些青少年缺乏锻炼的知识和经验，争强好胜，不顾客观条件，盲目地参加有一定危险性的运动，也容易发生运动损伤。

（7）动作粗野或违反规则。

在比赛中不遵守比赛规则，或在教学训练中相互逗闹、动作粗野、故意犯规等，往往是篮球或足球等同场竞技项目中发生损伤的重要原因。

（8）场地、器材设备、服装不符合要求及气候不良。

运动场地不平，有小碎石或杂物；跑道太硬或太滑；沙坑没掘松或有小石头，坑沿高出地面，踏跳板与地面不平齐；器械维护不良或年久失修，表面不光滑或有裂缝；器械安装不牢固或安放位置不妥当；器械的高低、大小或重量不符合锻炼者的年龄、性别特点；光线不足、能见度差；缺乏必要的防护用具（如护腕、护踝、护腰等）；运动时的服装和鞋袜不符合运动卫生要求；气温过高或过低，湿度过大等，都容易引发运动损伤。

2. 潜在因素

运动损伤发生的原因除了基本原因以外，还与人体某些部位的解剖、生理特点和运动项目本身的技、战术特点有关。在教学训练安排不当、局部负担过重等直接原因作用下，导致局部解剖、生理特点与专项技、战术的特殊要求不相适应，从而导致运动损伤的发生。每个运动项目都有自己的技术动作特点，如篮球运动员最易伤膝，是因篮球运动的一些基本动作都要求膝关节呈半蹲位（130°～150°）屈伸、扭转与发力有关；而膝关节的这个角度又恰是其解剖生理弱点，关节的稳定性相对减弱，易发生内外旋或内外翻，关节面间也会发生"不合槽"运动，因而易引起膝关节损伤。又如，体操运动员易伤肩，是因经常出现大幅度的转肩动作，肩部承受的牵拉力很大，而肩关节运动时的稳定性主要靠肩袖的肌肉来维持，同时肩袖肌腱又易受到肱骨大结节与肩峰的挤压和摩擦，一旦活动过多即会引起肩袖损伤。

（二）运动损伤的预防原则及方法

1. 加强安全教育

平时要注意加强防伤观念的教育，无论是健身运动还是在体育教学、训练和比赛中，都要认真贯彻"预防为主"的方针。应对社会体育指导员、体育教师、教练员和运动参加者，加强运动损伤预防知识的普及，经常性的进行安全教育，克服麻痹思想，使其养成良好的体育道德风尚。

　　儿童青少年运动经验不足，思想麻痹，缺少防伤意识；运动中好胜心强，盲目地从事力所不及的运动动作，导致运动损伤的发生。女生在体育运动中，有胆小、害羞、畏难等情绪，做动作时表现为恐惧、犹豫或紧张等，也容易导致运动损伤。上述这些情况都应在预防工作中引起的重视。

　　2. 认真做好准备活动和整理活动

　　在正式运动或比赛之前，应充分做好准备活动。准备活动的目的是提高中枢神经系统的兴奋性和克服自主神经的惰性。通过全身各关节、肌肉的活动加速全身的血液循环，使肌肉组织得到充分的血液供应，增强肌肉的力量和弹性，并恢复技术动作的条件反射，为正式活动做好充分的准备。进行准备活动应注意以下几个方面的要求：

　　（1）一般的准备活动要做得充分，使身体明显发热，并微微出汗。

　　（2）专项准备活动一定要有针对性，与后面的正式活动建立有机的联系。

　　（3）准备活动的内容与负荷应依据正式活动的内容、个人身体机能状况、当时的气象条件等，多方面因素而定。

　　（4）易伤部位的准备活动要加强，一般需要加大局部活动的比重。

　　（5）损伤康复期，损伤局部的准备活动要慎重，动作要和缓，幅度、力度、速度要循序渐进。

　　（6）在运动中，间歇时间较长时，应在运动前再次做好准备活动。

　　（7）准备活动结束与正式活动的间隔时间，一般以 1~4 min 为宜。

　　（8）在准备活动中进行适当的肌肉力量练习（针对易伤的肌肉），对于提高肌肉温度、改善肌肉功能很有益处。此外，在准备活动中加入一些肌肉伸展性的练习，对预防肌肉拉伤有积极效果。

　　除了要做好准备活动，还要注意运动后的放松练习。其中，肌肉的拉伸练习对放松局部肌肉，防止肌肉僵硬和肌肉劳损都有良好的作用。对于负荷较大的关节，运动后可适当采用冷疗的方法，使局部组织尽快降温，对防止某些慢性损伤有一定作用。

　　3. 合理安排运动负荷

　　运动负荷安排不足，不能出现生理性的"超量恢复"，达不到促进人体运动能力提高的目的。运动负荷安排过大，超出了人体所能承受的能力，不仅使运动系统的局部负荷过重，还会导致中枢神经系统疲劳，致使全身机能下降，协调能力降低，注意力、警觉反应都减弱，从而容易发生损伤。如果长期局部的运动负荷过大，则会导致一些慢性损伤。为了减少因此发生的损伤，体育运动指导者和参加者都应严格遵守体育运动的基本原则，根据年龄、性别、健康状况、训练水平和运动项目的特点，个别对待，循序渐进，合理安排运动负荷。青少年运动员和女子运动员的运动负荷更应注意合理安排。青少年儿童不宜过早地进行专项训练，不宜参加过多的比赛和过早地追求运动成绩。合理地安排运动负荷，预防运动损伤发生，对提高运动成绩有着重要意义。

4. 正确掌握技术动作

运动技术错误将直接造成运动损伤，反复进行错误动作的练习，不但运动成绩不会提高，相反会造成局部过度负荷引起损伤的不断发生。因此，应注意在动作形成阶段，不断调整动作的节奏和结构，使之合理化，避免运动损伤的发生。

5. 加强易伤部位练习

要根据运动项目的技、战术特点，加强对易伤部位和相对薄弱部位的练习，提高其机能，是预防运动损伤的积极措施。例如，为了预防膝部损伤，就要注意加强股四头肌力量的练习，以稳定膝关节；为了预防腰部损伤，除应加强腰部肌肉力量练习外，同时，还应加强腹肌的练习，因为腰部受伤，从某种意义上讲与其拮抗的腹肌有关，腹肌力量不足，易使脊柱过度后伸而致腰部损伤。为预防股后肌群拉伤，在发展其肌肉力量的同时，还应注意加强肌肉的伸展性练习。

另外，对于患有陈旧性损伤的部位也应加强其功能练习，使之能够维持应有的生理功能，以利于预防重复性损伤。

6. 合理安排教学、训练和比赛

教师要认真钻研教材，充分备课。应对教学、训练中的重点、难点以及容易发生损伤的动作做到心中有数。事先要采取相应的预防措施，遵守循序渐进和个别对待的原则。学习技术动作应从易到难，由简单到复杂，从分解动作到整体动作来进行。一次课中，难度高、负荷大的动作教学应安排在课的前面或当中进行。

7. 加强运动中保护帮助及合理使用护具

在从事某些容易造成损伤的运动项目时，要根据运动的内容和运动者的具体情况，采取合理的保护和帮助。尤其在学习新技术动作时更应注意。教师应将正确的保护与自我保护方法传授给学生。例如，摔倒时，要立即低头、团身、屈肘，以肩背着地，就势滚翻，不可直臂撑地；从高处跳下时，应双膝并拢，以前脚掌着地，以增加人体的缓冲作用。

另外，合理使用运动护具和保护带可以有效减少运动损伤的发生。特别是在对抗性较强的运动项目中显得尤为重要。例如，足球、曲棍球、长曲棍球等，都需要专业护具的保护。护具的选择一定要符合专项特点，并进行及时的淘汰和更新，以达到最佳的防护效果。

8. **加强医务监督**

对于体育运动参加者，应定期进行体格检查。参加重大比赛的前后，要进行身体补充检查，以观察体育锻炼、比赛前后的身体机能变化。对体检不合格者，则不允许参加比赛。伤病初愈的人参加体育活动或训练时，应取得医生的同意，并做好自我监督。医务监督一般包括以下内容：

（1）一般内容。

每天记录晨脉、自我感觉。每周测一次体重。如晨脉逐日增加，自我感觉不良，运动成绩下降，进行机能试验时脉搏恢复时间延长，说明身体机能不良，应及时到医院查明原因。女学生、女运动员要遵守月经期的体育卫生要求，做好监护工作。

（2）重点内容。

根据不同项目特点和运动创伤的发生规律，应做到以下两个方面：

① 特别注意观察运动系统的局部反应，如局部有无肿胀、发热，肌肉有无酸痛，关节有无肿痛等。如有不良反应应及时请医生诊治，此时不宜加大运动负荷，更不宜练习高难度动作。

② 经常认真地对运动场地、器械、设备以及个人运动服装、鞋、袜及防护用具等进行安全检查。

第二节　软组织损伤的处理原则与方法

软组织损伤指软组织或骨骼肌受到直接或间接暴力，或长期慢性劳损引起的一大类创伤综合征。根据其皮肤黏膜是否完整，分为开放性软组织损伤和闭合性软组织损伤两大类。开放性软组织损伤的共同点是有血液或组织液流出或渗出现象和伤口，如擦伤、刺伤、撕裂伤等；闭合性软组织损伤的特点是局部皮肤或黏膜完整，无裂口与外界相通，损伤时的出血积聚在组织内，如挫伤、肌肉肌腱拉伤、关节韧带扭伤、滑囊炎、肌腱腱鞘炎等。

一、开放性软组织损伤的处理原则与方法

（一）开放性软组织损伤概述

开放性软组织损伤是指受伤部位皮肤或黏膜的完整性遭到破坏，破裂伤

口与外界相通，常有组织液渗出或有血液自创口流出。体育运动中常见的开放性软组织损伤有擦伤、撕裂伤、刺伤和切割伤。

1. 擦伤

擦伤是皮肤受到外力摩擦所致。摔倒时，皮肤擦过粗糙面可造成典型的擦伤，皮肤的表皮真皮层被破坏，伤面往往面积较大，创口较浅、皮肤有擦痕，皮肤组织被擦破有散在的小出血点或有组织液渗出。

2. 撕裂伤

皮肤受到钝力直接打击时，出现不规则的皮肤裂口，可达深筋膜浅面，有时可合并肌肉组织挫伤或断裂、出血。撕裂伤中以头面部皮肤撕裂伤最为多见，如篮球运动中，眉弓被对方肘碰撞而引起眉际皮肤撕裂等。

3. 刺伤和切割伤

（1）刺伤。

如田径运动中被钉鞋或标枪刺伤，击剑运动护身以外部位被剑击中等。伤口不大但有时却很深，深部重要器官组织也可能被刺伤，异物折断于伤口内很常见。

（2）切割伤。

快速运动的肢体遇到锐利的物体时，造成皮肤和皮下软组织或黏膜裂开。例如，冬季滑冰刀切伤，这种伤口边缘较裂伤整齐，腕和手指部割伤常可累及深部的肌腱、血管、神经，出血较多。

此外，还可以根据开放性损伤的处理时间将其分为污染创伤和感染创伤。污染创伤指一般开放性损伤，在 6~8 h 内虽有细菌污染，但炎症尚未发展与蔓延，经过良好的清创缝合可以将开放创伤转变为闭合创伤。感染创伤指创伤时间较长，超过 6~8 h，又没有经过清创或预防性的抗生素治疗，细菌性炎症已发展蔓延以致伤口化脓。

（二）开放性软组织损伤的处理原则

开放性软组织损伤的处理原则是及时止血和处理创口，预防感染，先止血然后再处理伤口。

在进行止血和创口处理、预防感染时要因伤情而定：伤口较小时，消毒处理后，粘膏或创可贴粘合即可；伤口较大时，则需止血，若有必要需缝合伤口；伤情和污染较重时，注射破伤风抗毒素（破伤风抗毒血清 TAT），并给以抗生素治疗。

（三）常见开放性软组织损伤的处理方法

1. 擦伤的处理

擦伤是外伤中最轻，又较为常见的一种。针对创口较浅、面积较小的擦伤，可用生理盐水洗净创口，创口周围用 75% 的酒精消毒，局部擦以 PVP 碘溶液，一般无须包扎，让其暴露在空气中待干后即可，也可覆以无菌纱布。针对关节附近的擦伤，一般不用暴露疗法，因为干裂易影响关节运动，一旦发生感染，也易累及关节。因此，关节附近的擦伤经消毒处理后，多采用消炎软膏或多种抗菌软膏涂抹，并用无菌敷料覆盖包扎。在擦伤中，最严重的一种是刺花，指摔倒时石、煤、砂屑等镶擦入皮肤中形成的擦伤。其创伤面积较大，急救时先要用生理盐水冲洗干净，必要时可用已消毒的硬毛刷子将异物刷净，创口用双氧水冲洗、创口周围用 75% 酒精消毒，然后使用凡士林纱布覆盖，或涂上消炎软膏或消炎粉后再用无菌敷料覆盖并包扎。若创口较深、污染较重时，应注射破伤风抗毒血清，并给以抗生素治疗。若伤口感染，应每日或隔日换药。

2. 撕裂伤、刺伤与切割伤的处理

撕裂伤、刺伤与切割伤这三种创伤皮肤都有不同程度规则或不规则的裂口，虽然各有特征，但病理变化却大致相同。处理时主要是早期清洁创面、缝合及预防破伤风。若撕裂的伤口比较小，切口的创面整齐、清洁，其创面长度在 2 cm 以内，先用 2% 的碘酒在伤口周围消毒，再用 75% 的酒精处理后将伤口对和好，用粘膏粘或无菌纱布盖住伤口加压止血，4 ~ 7 天即可除去敷料，伤口便可愈合。发生在面部的撕裂伤，为了继续比赛，可用生理盐水冲洗，用肾上腺素液棉球压迫止血，再用粘胶封合，或者用创可贴粘膏固定。如果被生锈的铁钉或脏的竹枝等刺伤感染，因刺伤的伤口小而深，这种伤口应先用冷开水和过氧化氢冲洗，除去异物，再进行消毒包扎。若出血量比较多，应立即进行临时止血，马上送医院做进一步处理，并注射破伤风抗毒血清，给予抗生素治疗。

二、闭合性软组织损伤的处理原则与方法

（一）闭合性软组织损伤的病理过程

软组织损伤的恢复缓慢，若处理不当，常可留下不同程度的功能障碍。为了做到处理正确，对其病理变化和修复过程应有一定了解。这种损伤的病

开放性损伤是否要打"破伤风"针

理变化过程，可分为急性软组织损伤和慢性软组织损伤两大类。

1. 急性软组织损伤

急性软组织损伤常因一次较大暴力作用所致，发病较急，病程较短，病理变化和临床症状及体征都较明显。病理变化为组织损伤出血、炎症反应及肿胀、肉芽组织形成、疤痕形成 4 个阶段，其病理变化过程大致可分为早期、中期、晚期三个阶段：

（1）早期。

急性软组织损伤早期是指伤后 24 h 或 48 h 以内，组织出血和局部炎症期。当人体某部受到一次较大暴力作用后，局部组织细胞遭到破坏，发生组织撕裂或断裂，组织内的小血管也因此破裂、出血，出现组织内血肿。出血停止后，即出现反应性炎症。此时，坏死组织被蛋白溶解酶所分解，其分解产物使局部小血管扩张、充血，血管壁的通透性增高。因此，血液中的液体、蛋白质和白细胞等，透过血管壁形成渗出液。同时，伤后淋巴管发生损伤性阻塞，淋巴循环发生障碍，渗出液不能由淋巴管及时运走。因此，局部除了血肿外，还形成水肿，这种肿胀产生了压迫和牵扯性刺激，使局部疼痛进一步加剧，反映在外表上，则出现损伤早期的局部红、肿、热、痛及功能障碍等一系列急性炎症的症状。

（2）中期。

急性软组织损伤中期是指伤后 24 h 或 48 h 后，出血已停止，急性炎症逐渐消退但伤部仍有瘀血和肿胀，肉芽组织正在形成，组织正在修复。伤后 4~6 h，血肿和渗出液开始凝结，形成凝块。伤后 24 h 左右，创口周围开始形成主要由新生的毛细血管和成纤维细胞所组成的肉芽组织，逐渐地伸入到凝块中并开始将其吸收。同时，渗出的白细胞逐渐将坏死组织清除，邻近健康细胞发生分裂，产生新的细胞和组织，以代替那些缺损的细胞和组织，使受到破坏的组织得以逐渐修复。

（3）晚期。

急性软组织损伤晚期是指损伤基本修复，肿胀、压痛等局部征象已基本消失，但功能尚未完全恢复，锻炼时仍感疼痛，酸软无力。损伤组织的愈合是通过组织再生来实现的，再生的组织在结构和功能上都与原来的组织完全相同，称为完全再生。若缺损的组织不能完全由结构和功能相同的组织来修补，而由肉芽组织代替，最后形成瘢痕，则称不完全再生或称瘢痕修复。

损伤组织能否完全再生，首先取决于组织本身再生能力的强弱和损伤的严重程度。人体内各种组织的再生能力差异较大，如结缔组织、小血管及骨骼的再生能力较强，软骨的再生能力最差。此外，组织再生的强弱，还与患者的全身或局部血液供应有关，全身或局部血液供应都较好，则组织再生能力就较强。反之，则再生能力较差。

治疗过程中采用各种合理的治疗措施，以改善患者的全身和局部状况，可以提高损伤组织的再生能力，有利于组织的完全再生，减少粘连与瘢痕的形成。如果伤后处理不当，血肿和渗出液不能迅速地吸收，则可能发生粘连或瘢痕形成过多，不仅不具有原组织的功能，而且可产生瘢痕收缩，引起不同程度的功能障碍，轻者出现酸胀麻痛或无力等后遗症状，重者则出现关节僵直，运动功能明显受限。

2. 慢性软组织损伤

由于急性软组织损伤处理不当而转变为慢性软组织损伤，或因局部长期负荷过度引起组织劳损，即由微细的小损伤逐渐积累而成。劳损发病缓慢，症状渐起，其病理变化过程大体上可分为三个阶段：

（1）早期。

由于局部长期负荷过度，引起神经调节功能障碍，组织内部合成与分解失去平衡，但在组织形态上尚无明显变化。此期的患者多无不良感觉，或仅有局部酸胀感，因而常被忽视，若能及时改进教学训练的方法或改善局部状况，损伤可以很快康复。

（2）中期。

组织长时间遭到破坏，组织细胞营养失调，发生变性和增生。此期患者有局部酸胀、疼痛，但准备活动后症状常可消失，运动结束后症状又出现。外表检查时，可发现伤部组织弹性较差，有硬结或发硬、变厚等。

（3）晚期。

局部小血管发生类脂样变，管腔变窄，影响血液循环，造成局部缺血。若血管损害较重或产生血栓，血流被阻断，可引起局部组织坏死。此期患者的疼痛加重，局部温度下降，有发凉感。

（二）闭合性软组织损伤的处理

1. 急性软组织损伤

（1）早期的处理。

早期是指伤后 24~48 h，此期病理变化的主要特点是组织撕裂或断裂后出现血肿和水肿，发生反应性炎症。临床上表现为损伤局部的红、肿、热、痛和功能障碍。因此，该期的处理原则是制动、止血、防肿、镇痛及减轻炎症。处理方法可根据具体情况选用一种或数种并用。

冷敷、加压包扎并抬高伤肢，这种方法应在伤后立刻使用，具有制动、止血、止痛、防止或减轻肿胀的作用。冷敷一般使用氯乙烷或冰袋，也可用冷水浸泡，然后用一定厚度的棉花或海绵置于伤部，立即用绷带稍加压力进行包扎。24 h后拆除包扎固定，根据伤情再作进一步处理。

外敷新伤药常可达到消肿、止痛和减轻炎症的效果。此外，若伤后疼痛较剧烈可服用止痛剂。如局部红肿显著，可同时服用清热、活血、化瘀的中药。

（2）中期。

中期是指急性期过后的两周内，此时出血和渗出已经停止，局部肿胀开始吸收，肉芽组织已经形成，坏死组织逐渐被清除，组织正在修复。治疗原则以活血、化瘀、促进组织吸收为主。临床上，急性炎症已逐渐消退，但仍有瘀血和肿胀。因此，该期的处理原则主要是改善局部的血液和淋巴循环，促进组织的新陈代谢，加速瘀血和渗出液的吸收及坏死组织的清除，促进再生修复，防止粘连形成。治疗方法有理疗、按摩、针灸、痛点药物注射、外贴或外敷活血化瘀、生新的中草药等，可以选用几种方法进行综合治疗。热疗和按摩在此期的治疗中极为重要，按摩手法应从轻到重，从损伤周围到损伤局部，损伤局部的前几次按摩必须较轻以防发生骨化性肌炎。

（3）晚期。

损伤组织已基本修复，但可能有瘢痕和粘连形成。临床上，肿胀和疼痛已经消失，但功能尚未完全恢复，锻炼时仍感到微痛、酸胀和无力，个别严重者出现伤部僵硬或运动功能受限等。因此，该期的处理原则是恢复和增强肌肉、关节的功能。若有瘢痕和粘连应设法软化或分离，以促进功能的恢复。治疗方法以按摩、理疗和功能锻炼为主，配合支持带固定及中草药的熏洗等。

上述三期的辩证施治适用于较严重的急性闭合性软组织损伤，倘若损伤较轻，病程短，修复快，可把中、后期的治疗方法合并使用，把活血生新和功能恢复结合起来。

2. **慢性软组织损伤**

慢性损伤的治疗主要是改善伤部的血液循环，促进组织的新陈代谢，合理地安排局部的负担量。治疗方法与急性损伤的中、后期大致相同，应将功能康复锻炼和治疗紧密地结合起来。

（三）常见闭合性软组织损伤的处理

1. **挫伤**

挫伤是体表受到钝性暴力或重力打击，造成皮下软组织损伤。临床上早期伤处肿胀，局部压痛，稍后皮肤青紫，皮下瘀血，严重者可有肌肉组织损伤和深部血肿。伤时组织的连续性受到伤害，但从解剖上来看，并未完全中断。在运动中，如足球球靴、体操器械的撞击，以及运动员的相互撞击等，都易发生挫伤。最常见的挫伤部位是大腿与小腿前部。此外，头、脑、腹部及睾丸的挫伤也较常见。

手指挫伤
处理

（1）发病机制。

挫伤是接触性运动中最常见的损伤。伤后引起疼痛与暂时性功能丧失，需要较长时间康复治疗，典型挫伤发生于下肢，最常见的是股四头肌与胫前肌。

动物实验表明，腓肠肌挫伤早期的组织变化为血肿形成与炎性反应。以后由致密结缔组织的疤痕取代血肿，疤痕中没有肌纤维再生，其修复形成与肌肉裂伤相似。损伤后的适度活动可以减少疤痕形成并较快地恢复肌张力。

（2）症状与体征。

挫伤分级要根据伤残的量与时间进行：

Ⅰ度即轻度挫伤，局部压痛，膝关节活动度在 90° 以上，无步态改变。

Ⅱ度即中度挫伤，压痛较重并肿胀，膝关节活动度小于 90°，跛行，不能深度屈曲膝关节。

Ⅲ度即重度挫伤，有严重肿胀与压痛，膝关节活动度小于 45°，在没有帮助下不能行走。

骨化性肌炎是严重挫伤的并发症。挫伤后肌肉内产生的血肿均可能出现骨化，尤以大腿肌多见。这种骨化称骨化性肌炎或异位骨化。出现骨化性肌炎者的年龄以 20 岁最多，在更年轻的运动员中也有发生。骨化性肌炎可在伤后 2~4 周用 X 线测得，并可继续增大直至 6 个月，过了此时期则很少出现增大。局部疼痛与僵硬是骨化性肌炎常见的症状，有时可触及肿块，如病变靠近周围神经，偶尔亦可出现神经症状。骨化性肌炎是严重肌肉挫伤的并发症，其康复时期较长。本病一般不需特殊治疗，对于病史超过 1 年仍有疼痛或关节活动明显受阻者，才考虑手术切除。

（3）合并症。

少数患者挫伤部会续发感染化脓。肌肉挫伤有时会继发钙质沉着化骨，临床上称为化骨性肌炎。严重的挫伤有时妨碍血液循环，引起局部肌肉的缺血性挛缩。其早期症状是肢体末端青紫肿胀、麻木、发凉，发生运动障碍。三周后症状消失，但手或足逐渐挛缩于屈曲位。

（4）预防与处理。

① 在无痛范围内鼓励早期活动。

② 由于急性肌肉挫伤会发生血肿与炎性反应，其治疗应针对控制出血进行。24 h 内应使用冰敷和抗炎药物。按摩是禁忌，可能会造成更多的挫伤。

③ 这类损伤后，局部的蛋白质合成加快，尤其以进行早期活动为显著，有可能预期完全恢复。在恢复运动前应达到关节活动度与肌力的完全康复。康复期 2 天到 6 个月不等。

④ 伴有严重休克的若干挫伤，如睾丸、腹部挫伤，其处理步骤为：首先是要采用适当的方法矫正休克，然后将患者安放在适当位置休息。睾丸挫伤应用三角带吊起，卧床，局部冰敷。臂及手的挫伤可以利用悬带休息，下肢挫伤则需要静卧在床上。患肢必须抬高，并进行冷敷及压迫包扎，以减少出血及肿胀。

⑤ 股四头肌及小腿腓肠肌部严重挫伤，多伴有严重的出血，应该严密观察。如果肿胀不断发展或者肿胀严重影响血液循环，则应手术切开，取出血块，找出出血的血管，予以结扎。疼痛比较严重的挫伤可以用吗啡、可卡因或者阿司匹林等药物止痛。

2. 扭伤

扭伤是关节超过正常范围的异常活动，造成关节附近韧带与关节囊的损伤。

（1）发病机制。

多由持重不当或者活动失度，不慎跌扑、牵拉、过度扭转等原因引起。登山、上下石阶或在不平路面上行走踩空时，可引起膝部和踝部扭伤，若摔倒时手部着地，还可并发腕部扭伤。扭伤部位因瘀血而肿胀疼痛，伤处肌肤出现红、青、紫等色，如红色多系皮肉受伤，青色多系筋扭伤，紫色多为瘀血留滞。新伤局部微肿，肌肉压痛，表示伤势较轻；如红肿高耸，关节屈伸不利，表示伤势重。损伤部位多发生于肩、肘、腕、膝、腰、踝等关节处。

（2）症状与体征。

临床表现主要为受伤部位会出现不同程度的疼痛、肿胀、皮肤青紫或瘀斑及关节活动障碍等。

（3）预防及处理。

在出现关节部的扭伤后，患者应迅速停止剧烈运动，暴露受伤部位，不要揉搓伤处，静态观察，可出现情况如下：

① 迅速发生红肿发紫的现象，则说明软组织损伤严重。首先应局部降温，抬高患肢（目的：体位性减少患肢血液灌入量），使损伤部位的渗血症状减轻。待局部症状稳定，可用绷带局部适当加压包扎。冷敷患处（注意：很多人认为一旦扭伤应用热水湿敷，这是错误的方法。关节扭伤后局部的软

组织出现损伤并伴有小范围的渗血及形成，即瘀血，热敷可导致损伤的组织间渗血加重）。手足扭伤者可以抬高患肢，颈部、腰部扭伤者在搬运时不可移动患部。扭伤常伴有关节脱位或骨折，应到医院治疗。另外，扭伤后无论轻重，不易即刻洗澡、按摩，须观察数日后视情况而定。

② 红肿发紫后 10 min，将关节部（脚踝部顺时针，手腕部逆时针）轻微活动，伤者自我感觉是否伴有运动障碍，如有则骨折的可能性比较高（这里提的骨折是闭合性骨折及肉眼看不到的骨折），应采取局部夹板固定。

③ 出现血瘀症后的 3~4 天，局部不可用热水湿敷、推拿。减少活动强度，卧床休息。可口服些血竭胶囊及活血、化瘀口服药，中药里的田七、大血藤、小血藤、当归、川芎、桃仁、红花、乳香、血竭、丹皮、藕节、大黄、苏木、桂枝和山楂等常见药物都有活血化瘀之功效，但轻微的扭伤口服中成药即可。

④ 待局部软组织恢复良好，再局部使用擦剂，祛除局部的瘀血，切记不可用力过度，循序渐进方可药到病除。

⑤ 在发生扭伤的情况下，不能立即走路活动或用力按摩、搓揉，以免加重病情。

第三节　不同运动项目损伤的发病规律及预防措施

运动损伤的发生与专项训练和比赛有密切关系，不同运动项目有其特有的损伤发生规律，这与专项技、战术的特殊要求有关。为了更好地预防运动损伤，必须对各类专项运动中的常见伤和多发伤进行统计分析，找出损伤的规律，从而减少各专项运动中运动损伤的发生频率。本节主要讲述一些较为普及的运动项目中运动损伤的发病规律及预防措施：

一、田径运动

（一）跑类运动项目

1. 短跑

短跑项目中最常见的损伤有大腿股后肌群拉伤、足踝部腱鞘炎、跟腱损伤或跟腱腱围炎，短跑时也可因急停或跑道不平而引起髂前上棘撕脱性骨折、踝关节及膝关节扭伤等。

2. 中长距离跑

中长距离跑容易发生胫腓骨疲劳性骨膜炎或骨折，长距离跑过程中摔倒也可引起擦伤或骨折，个别也有钉鞋刺伤；尤其在长距离跑比赛时，由于运动的时间过长，运动员可发生会阴部及尿道口擦伤、膝外侧疼痛综合征、胫前肌腱腱鞘炎及足趾挤压伤。

3. 跨栏

跨栏最易发生大腿股后肌群拉伤、坐骨结节末端病、腰肌纤维质炎及髌骨软骨病等。

4. 马拉松

马拉松是国际上非常普及的长距离跑比赛项目，伴随着近些年在国内广泛普及及各大城市的"马拉松热"，其带来的运动损伤日益凸显。马拉松项目中的运动损伤以下肢的膝关节、踝关节及肌肉拉伤为主，如常见的胫前痛、髂胫束摩擦综合征（"跑步膝"）、跟腱炎、髌腱炎、足底筋膜炎、踝关节扭伤及应力性骨折等。主要由身体状态不佳，肌力较弱，路面较硬、不平整，路程远、跑步时间较长，对下肢各关节冲击较大，运动装备不合理，准备活动不充分，放松与恢复不及时、不彻底等原因引起。

为了预防上述运动损伤的发生应做到：短跑项目赛前充分做好准备活动，平时合理安排训练计划、加强易伤部位肌肉练习的同时避免过度训练；短跑及中长距离跑运动时，要注意运动服装和鞋袜的选择及运动场地的选择和平整度；长距离跑建议会阴部要适当涂抹凡士林膏，避免会阴部及尿道口因长时间摩擦而擦伤；跨栏项目中，应加强易伤部位的肌肉练习，注意训练内容的安排及赛前充分进行准备活动，注意跨跳技术的矫正以及栏架的摆放位置和方向等。进行马拉松时要做到，平时加强下肢力量训练，掌握正确的跑步动作；运动前要做好充分的热身和牵拉练习，运动后也要及时放松与恢复；避免过度训练、避免突然加大运动强度；选择合适的运动装备，尤其是选择比较舒适、专业的跑鞋及运动服；当在跑步过程中出现不适症状时应该及时停止运动，以免造成严重后果。

（二）跳跃类运动项目

1. 跳远及三级跳远

最常见的运动损伤是踝关节骨折、韧带损伤、跟腱损伤及跟骨下脂肪垫挫伤等，损伤发生的主要原因有跑道不平或太滑、沙坑太硬或有石块、坑沿太高，有时也可因落地踩在沙坑的外面而致伤。

2. 跳高

最常见的运动损伤是前臂骨折、肩部挫伤，踝关节韧带搓伤、骨折，主要由助跑时撞到别人身上、过杆或落地时姿势不正确等原因造成。

3. 撑杆跳高

撑竿跳高最常见的运动损伤是前臂骨折、肩部挫伤等，还可因竿的折断或落地不正确，引起头及脊柱的伤害。

为了预防上述运动损伤的发生应做到：跳远助跑跑道应平整、软硬适度；跳鞋的后跟内应垫橡胶海绵，跳坑内的沙子应松散而干净，海绵包应厚而软。跳远训练或比赛前，应做好准备活动和专业辅助练习，并掌握正确的技术动作。只有在掌握了急行跳远的技术之后，才能学习三级跳远。助跑的距离不宜太长，并要求掌握正确的助跑踏跳和落地等技术动作。对于初学跳高者，应从低杆跳起，先学腾空及转身姿势，再逐渐提高高度。跳高用的横杆与架子要符合卫生要求。在撑竿跳高运动中，每次练习前都应检查撑竿的质量，并应在专门的运动场地上练习。

（三）投掷类运动项目

1. 标枪

最为常见的是肘内侧软组织损伤（"标枪肘"）、肩袖损伤和肘的骨关节病。多因投掷技术错误，肩、肘、腰、腿部在枪出手时未呈反弓形所致。由于标枪运动对肩、肘、腰、膝部的要求较高，所以也容易发生这些部位的慢性劳损伤。膝伤最常见的是髌骨软骨病、伸膝腱末端病及髌腱炎，与出枪后膝关节的反复突然制动有关。

2. 铁饼

最易发生的损伤是髌骨软骨病和伸膝肌腱炎，这与投掷铁饼时，运动员在膝半蹲位反复支撑扭转用力有关。

3. 铅球

常见损伤有掌指关节扭伤、指屈伸肌腱拉伤或蚓状肌拉伤等。多因铅球出手时动作不正确引起。此外，左侧腰方肌也常因铅球投出时腰的突然侧倾而被拉伤。如果过多进行膝的"半蹲起"训练也可而引起髌骨软骨病。

4. 链球

最常见的是斜方肌拉伤，另外经常发生运动员把投掷物掷在投掷区以外而造成相关人员的伤害。

为了预防上述损伤情况的发生应做到：掌握正确的技术动作；运动场地要合理布局，同时要对运动员进行安全教育；针对链球配备符合要求的拦网设备；充分做好准备活动，并根据其技术特点合理安排训练内容。

二、球类运动

（一）足球

足球运动是损伤发生率最高的运动项目之一，不仅容易出现较轻的擦伤，还会经常出现严重的骨折、脱位及内脏破裂。其中最常见的有擦伤、挫伤和踝关节的扭伤；其次是大腿前后肌群肌肉拉伤和膝关节损伤。发生率较高的还有半月板撕裂、膝关节十字韧带撕裂、髌骨骨折、髌骨软骨病、踝关节骨关节病（足球踝）和趾骨炎等损伤。守门员因为经常扑球摔倒，所以很容易发生手腕和肘部损伤，其中以手舟骨骨折和鹰嘴皮下滑囊炎及血肿最常见。因此，一般守门员都应穿线衣、带护肘和手套。造成足球运动中损伤发生率较高的原因有：对抗性强，比赛激烈；球击伤、踢伤和摔倒致伤；犯规动作；击球动作过猛或技术动作错误；违反训练原则；场地原因；护具和保护支持带使用不合理；过度疲劳等。

针对以上损伤原因应做到：除了加强安全教育和全面身体素质训练外，还要求遵循训练原则，佩戴各种专业护具（护肘、护膝、护腿和护踝等）；在训练和比赛时，应使用绷带包裹脚踝，以防止踝扭伤和"足球踝"。

（二）篮球

篮球运动中多因跌倒、跳起抢球落地不正确（踩在别人脚上或被踩）、急停、急转、冲撞、场地不平或场地过滑而引起急性损伤。其中比较常见的有踝关节韧带撅伤或骨折（往往因处理不当而变成陈旧性损伤，经常出现疼痛而妨碍运动）、膝关节韧带和半月板损伤、指间关节和掌指关节韧带损伤与脱位、腕部手舟骨骨折。另外，在篮球运动中也可发生慢性损伤，其中影响专项运动最大的是髌骨软骨病，其发生主要是由于滑步进攻与防守、急停与踏跳上篮等局部运动过多所致。

预防以上损伤应做到：加强全面训练，避免单打一的训练方法；创造符合卫生标准的运动场地；加强运动员的安全教育及裁判工作；防止运动员出现过度疲劳状态。

（三）排球

排球运动中最常见的损伤部位是肩部、膝部和腰部。其中，肩部以肩袖损伤、肱二头肌腱腱鞘炎为最多，多因肩部无力、扣空球或扣球技术错误引起。在集训的运动员中，还可以因扣球姿势不正确，导致肩胛上神经麻痹，表现为冈上肌和冈下肌麻痹。膝部损伤以髌骨软骨病、髌骨上下缘腱止点末端病、半月板损伤及胫骨结节骨骺炎最多见。腰部损伤以腰部肌肉筋膜炎、椎板骨折与棘突骨膜炎较多见。此外，"扣球""拦网""倒地救球"等动作也会发生背部和臀部的挫伤及上下肢其他关节韧带的捩伤或扭伤，其中手指扭伤、骨折和脱位最常见。

针对以上损伤应做到：纠正错误技术动作；遵循训练原则；改善场地卫生条件；使用厚护膝及护腰。另外，在做准备活动时，应特别注意腰部、膝部、肩部、腕部和指关节的活动。

（四）乒乓球

乒乓球运动损伤发病率较低，以劳损伤较为多见。常见的有肩袖损伤、肱二头肌长头肌腱腱鞘炎、肱骨外上髁炎、肩过度外展综合征以及髌骨软骨病等。针对以上损伤应做到：训练中应遵循区别对待和全面训练的原则，避免"单打一"的训练方法。

（五）羽毛球

羽毛球的运动特点是变向速度快、紧急制动和起跑多。表现为腰部动作幅度大，各方向不均衡发力多，所以很易造成腰部急性损伤。也可因腰部负荷过度，造成腰部肌肉筋膜炎。另外，有时也发生髌腱腱围炎及踝腓侧副韧带损伤。为了减少以上运动损伤的发生，应做到：在力量练习时，要尽量避免做易伤动作，对带伤训练的运动员，重点安排静力性练习。

（六）网球

网球运动时，肘部损伤的发病率较高，其中最常见的为肱骨外上髁炎（网球肘）。另外，腰背肌肉筋膜炎、髌骨软骨病、髌腱末端病、肩袖损伤也常有发生。预防损伤应做到：加强上肢肌肉力量练习，增加关节的稳定性。

三、体操

（一）徒手体操

自由体操是女子损伤发生率最高的运动项目，在男子项目中仅次于单杠。常见的损伤有以下几种：① 骨骺损伤是儿童少年运动员特有的运动损伤，主要是局部过劳致伤，如蹦跳过多造成胫骨结节骨骺炎；软翻、"做桥"、挥腰等动作易造成椎体骨骺炎；劈腿易伤坐骨结节；"空翻腱子"易引起跟骨结节骨骺炎或撕脱骨折等，② 手足部肌腱及腱鞘损伤是自由体操项目中常发生的损伤，如倒立、各种翻腾中的"推手"造成腕背侧伸肌肌腱损伤，踏跳、"半脚尖"支撑等腓骨肌、跗长屈肌、胫后肌腱的腱鞘炎，"砸踺子"易引起跟腱腱围炎等；③ 腰部损伤以脊椎棘突炎最多见，也可发生疲劳性椎板骨折，多因腰过伸，如软翻、摔腰、"做桥""挤腰"等动作重复过多，或采用错误训练手段所致；④ 急性伤多因各种空翻落地时姿势错误所致膝部或踝部扭伤，也可因落地或踏跳时暴力过大造成跟腱断裂。

针对以上常见损伤应做到：遵循循序渐进的训练原则，纠正错误动作，并加强医务监督；加强腕及踝足关节的肌力训练，并配合使用护腕、护踝或粘膏支持带保护，预防手足部肌腱及腱鞘损伤；注意发展肩部、上胸部及髋部的后伸柔韧性以减少腰部的负担；加强"推手"推力及改用前足踏跳的训练，以分担腾起时跟腱的过度负担。另外，还要注意运动中的保护与帮助。

（二）器械体操

1. 单杠

单杠是男子 6 项中损伤最多的运动项目，也是严重损伤发生率较高的项目，常见的损伤有以下几种：① 手部皮肤损伤，抓杠太紧或不带皮护掌时最易发生，主要因器械过度摩擦和镁粉刺激所致；没有胼胝或胼胝太厚都易引起局部损伤，有些可继发感染；② 前臂卷缠伤、护掌卷缠伤，多因护掌不合适或质量较差所致，也可由于掌汗过多使皮革变软、变长或旋转时手握太紧，将手腕及前臂卷缠在单杠上，引起腕扭伤、脱位甚至前臂双骨折；③ 颈椎损伤，多因单杠失手所致；④ 下法及落地失当造成的损伤，多因下法落地时姿势不正确或重心失去平衡，造成膝、踝关节扭伤；⑤ 肩部肌肉劳损与拉伤，常发生的有肩袖损伤、三角肌和胸大肌的纤维断裂等。

预防以上常见损伤应做到：遵循训练原则，加强保护与自我保护，遵守纪律，注意检查器械等。其中，手部皮肤损伤预防方法为：运动时，要戴合适的皮护掌；胼胝太厚时，应以温水泡手，并和用肥皂仔细将手洗干净，再用刀片将过厚的胼胝刮去，但注意不要损伤周围组织。发生掌横纹裂伤时，将手指伸直固定 2~3 个晚上，即可自愈。出现水泡时，应将剥离的皮层剪除，并消毒以防感染；前臂卷缠伤、护掌卷缠伤预防方法是；护掌长短应合适，且专人专用，护掌的材质要选用优质皮革。当护掌变形时，要及时更换新的护掌。切记吊环护掌不可用于单杠。单杠"布带套"卷缠伤为防止"车轮"脱手，常使用"带套"保护，其一端系杠上，另一端套在手腕上，如果布带太软、太硬或太长，单杠粗糙，镁粉太多，则容易发生"布带套"卷缠伤。另外，在学习高难动作时，必须使用保险带，专人保护以及专用的海绵坑或海绵槽预防颈椎损伤；单杠下法及落地时双腿并拢，可防止以上损伤，摔倒时顺势侧滚翻，也可避免落地摔倒时单臂支撑而造成的肘部骨折或脱位。

2. 高低杠

高低杠在女子比赛项目中运动损伤发生率仅次于自由体操。由于高低杠技术动作中有较多的"折体回环"和"屈体弹杠"动作，所以髂前上棘部软组织挫伤及大腿前部擦伤较多。弹杠腾身等下法时，力量、高度不够，足被杠"挂住"或落地不稳摔倒时，可因单臂支撑造成肱骨内上髁骨折或肘脱位。

为了防止此类损伤发生应做到：在训练时，可在杠上垫些海绵；练习时，应注意保护和帮助。另外，还应加强上肢和肩带力量的发展，这对突破高难动作，防止摔伤或劳损都有重要意义。

3. 吊环

在吊环上做"砸肩""转肩"动作时，易发生肩袖损伤或肱二头肌长头肌腱腱鞘炎。这与准备活动不充分或肩带肌力量不足有关。另外，不正确的长时间的压十字，也会引起肘关节的骨关节病。下法不正确或场地器材不符合卫生要求，常会扭伤肘、膝及踝关节。为了防止此类损伤发生，应做到：充分做好准备活动，加强肩带机头力量练习；吊环的挂钩应经常检查，以免失脱摔伤；吊环下面垫子厚度和大小要符合体育卫生要求。

4. 跳马

跳马多在助跑、起跳或落地时发生损伤。例如，跑道不平、地板太滑、踏跳板损坏、起跳或落地动作错误致伤。也可因跳马过高或起跳动作不够果断造成跳马撞击腹部发生休克。双手在马上推撑腾越用力不当，常造成手舟骨骨折。在越马的腾空阶段，过度挺腹易造成棘突骨膜炎或椎板骨折。落地"收腹"时，也可发生腹直肌捩伤。落地时，因为技术不良或缺乏保护，膝关节的突然屈曲扭转，可发生膝关节内侧副韧带、半月板及交叉韧带撕裂。

预防运动损伤应做到：注重器械设备场地检查，使其符合体育卫生要求；遵循教学训练原则，科学安排训练；掌握正确技术动作，加强保护与自我保护。

四、艺术体操

艺术体操是女子项目，利用绳、圈、球、棒、带 5 种道具完成各种跳跃、翻腾、转体和平衡的动作。艺术体操下腰动作多，跟斗多，前空翻、后空翻、软翻等动作也多，因此，对腰的柔软性、力量及灵活性要求高，腰的负担重，腰部损伤多。常造成腰部肌肉纤维质炎、椎板骨折和椎体骨骺炎。另外，技术动作中弹跳多，对膝、踝关节负担大，落地动作常为单足支撑，突然落地平衡，造成膝关节劳损伤和踝关节韧带伤。如果髋关节外旋差，则运动中易发生膝关节及踝关节的异常外旋动作，久之产生这两个部位的慢性损伤。

为了避免以上运动损伤应做到：加强易伤部位周围肌肉、韧带的力量锻炼，并加强运动员的柔韧素质练习；合理安排运动量，并注意身体素质的全面发展；充分做好一般性准备活动和专门性准备活动。

五、武术

（一）徒手类武术项目

徒手类武术鉴于其具有技击性的项目特点，对速度、爆发力和协调性要求较高，运动损伤以腰、膝、踝关节为主，部分损伤发生在上肢的腕关节和肩关节。在这些损伤部位中又集中表现为肌肉韧带拉伤、关节扭伤、软骨组织损伤等，与动作幅度较大、准备活动不充分、技术动作不正确等有直接关系。尤其武术中的一些跳跃动作以及一些步型，如弓步、马步、虚步等对膝关节要求很高，动作落地也是膝关节弯曲借以缓冲，根据膝关节的解剖结构，在处于半屈时膝关节最不稳定，而武术运动要求练习者要连续完成一系列的半蹲和跳跃的高难度动作，这给膝关节带来严重的负担，极易引起半月板的损伤。

预防以上损伤应做到：从思想上强化防范意识、集中注意力；准备活动要充分且有针对性，合理安排运动负荷、避免局部负荷过重，运用正确的训练方法进行柔韧性、力量及耐力性的练习；加强医务监督和易伤部位的练习。

（二）器械类武术项目

器械类武术项目运动损伤以腰、膝、踝关节为主，损伤组织分布次序为肌肉、关节、骨骼、肌腱、韧带和滑囊等。器械对练有时会出现刺伤或切伤；其中以腰背肌肉筋膜炎、距腓前韧带损伤、胫骨结节骨骺炎、半月板损伤、棘间韧带损伤和髌骨软骨病等为多见。

为了尽可能避免以上损伤应做到：遵守武术器械使用规则；注重器材的安全，定期检查器材，并制订合理的武术器材管理制度；应避免在太滑或不平整的场地进行练习，有条件的应在地毯上训练；平时应加强易伤部位和薄弱环节的肌肉力量练习，有必要时佩戴护具进行练习。

六、游泳与跳水

（一）游泳

游泳中最严重的运动损伤是溺死，特别在初学阶段，也可能因为肌肉痉挛所致。另外，根据游泳技术特点，多发肩关节劳损、腰骶关节损伤、腰背伸肌损伤等，如蝶泳中的折腰动作，常可发生棘突骨膜炎；仰泳及蝶泳运动多发生肩袖损伤；蛙泳多发生伸膝腱膜炎。

为了尽可能避免以上损伤应做到：充分做好赛前准备活动及赛后放松，尽量避免出现过度疲劳，加强身体综合素质练习，包括柔韧性练习和力量练习等；掌握基本的水中自救技能。

（二）跳水

跳水中的折腰动作，常可发生棘突骨膜炎；高台跳水多发生肩袖损伤；较严重的损伤是高台跳水姿势错误引起的眼底视网膜剥离及鼓膜破裂。如果跳水时动作发生错误，可造成头撞池底或跳板等部位，引起严重损伤甚至死亡。

预防以上损伤，应做到：注重游泳池的规格、救生组织与项目规则，凡是有低跳台的游泳池，水深不能浅于 3 m，如果有高跳台，水深与跳台的高度应保持 1：2 的比例，跳水池与游泳池必须分开；室内游泳池光线必须充足，室内温度不低于水温，避免出现水雾；配备一定的救生员。

七、冰雪运动

（一）滑冰运动

滑冰运动主要包括速度滑冰、短道速滑、花样滑冰、冰球、冰车和冰壶等。滑冰运动以骨折、脱位及膝关节的损伤最多见，其中最常见的是滑冰时因身体的扭转而发生的小腿及踝关节骨折，以及因摔倒双手扑地而产生的前臂骨折。思想上不够重视，身体功能和心理状态不良，组织方法不当；场地、冰鞋等不合卫生要求，如冰面不平、有裂隙、冰鞋刀不好，缺乏冰场管理规则和冰场放置不必要的物品；缺乏合理的准备活动；训练后放松整理活动不充分；比赛或训练中没有选配适宜的运动护具；运动中动作粗暴或违反运动规则等均会引起运动损伤。

为了避免以上运动损伤应做到：冰场要有严格的规则。例如，必须按逆时针方向滑行，进入冰场要经过天桥，严格划分一段练习区和训练比赛区。此外，如果冰场建立在河上，还必须注意冰的厚度（河水冰厚达到25 cm才可以使用），以免陷入河中溺死。在严寒季节，还应注意保温，防止冻伤。如穿戴长的厚绒袜子、护耳套、绒帽、绒衣及无指绒手套等。男运动员还应避免生殖器冻伤，在寒冷有风的天气，裤内应带保温兜裆。此外，冰鞋必须合适，不能太大，也不能太小。

（二）滑雪运动

滑雪运动主要包括单板滑雪、双板滑雪、自由式滑雪、高山滑雪、越野滑雪、跳台滑雪、花样滑雪和特技滑雪等，多在高低不平的山地上进行，并且还有从山上急速滑下和跳板滑雪等动作，这些动作较难掌握，如果疏忽，创伤即会较严重，甚至造成死亡。滑雪运动中可能发生各种损伤，膝、踝关节损伤最为多见。膝关节损伤主要是因树木或雪沟的障碍，使滑板突然交叉造成膝关节扭伤，有时在深的积雪中转弯也可引起。另外，跳板滑雪时，滑板折断摔下可发生腰椎骨折。

为了避免以上运动损伤应做到：必须注意场地和设备的体育卫生要求；训练要由易到难，先在小的或教学用的跳板上练习，待有了良好的训练和技术水平后，再在标准跳板上进行；此外，滑雪者还要注意防止冻伤。

八、举重与自行车

（一）举重

举重运动损伤发生率较低，主要的损伤原因为训练水平低或训练中违犯纪律。最常见的损伤是在提铃或翻腕时，手腕的屈肌及腰部的伸肌暴力收缩，导致肱骨内上髁部位的肌腱撕裂或撕脱骨折，以及腰部伸肌的挫伤及手腕部的韧带捩伤。抓举动作中，因肩、肘及腰部的突然过伸，造成肩袖损伤、前锯肌伤或棘突骨膜炎。膝关节以半月板损伤、髌骨软骨病及伸膝腱膜炎较多见，多因突然下蹲或起立时，膝不当的内收扭转（并膝）所致。个别情况，也可因动作错误或失败造成杠铃片失脱砸伤。

预防损伤应做到：训练要在专门的场地上进行，杠轴要擦干净，两端的金属片要固定牢固；遵循系统性和循序渐进的训练原则；初学者在杠铃的两端要有人保护；加强腕部力量练习，训练时腕部应以绷带或皮制的护腕保护；在练习或竞赛前应做好准备活动；正确使用镁粉；使用举重专业运动鞋，鞋底应涂松香粉，以防滑倒。

（二）自行车

常见的急性损伤较多，主要有皮肤擦伤、裂伤、脑震荡、锁骨骨折与肩锁关节脱臼等。比赛时，"尾随挡风"赛者之间距离太近，撞车摔倒是最常见的外伤原因；场地不平或公路路线车辆行人太多发生冲撞，与牲畜冲控，也是重要的致伤原因；车辆设计不合卫生要求，如脱胎、掉链、断把等，也易致伤。此外，运动量过大，车座的大小、高低、前后间距调理不当等，也会引起一些慢性损伤或劳损，如腰肌劳损、尺神经麻痹（豆骨部与车把压迫时间过久）、腓神经麻痹、大阴唇一侧或两侧水肿（被较窄的车座磨损）、腰骨软骨病等，但较少见。

预防以上损伤应做到：加强准备活动和全面身体素质练习，在素质练习中避免单打一训练，尤其要加强易伤部位的力量训练；加强骑车技能，掌握基本的翻滚技巧，避免因撞车引起严重伤害；确保自行车及其零部件功能完好，定期进行检修；佩戴头盔及护目镜等必要装备；尽可能地选用专用车道，并提前检查路况，设交通哨管制交通。公路比赛时，发车时间最好有适当间隔，同一队组行车时，应禁止过近距离的挡风带车尾随，以免一车因故摔倒引起连锁摔倒的现象。另外，为了避免意外，比赛或练习时必须加强救护工作。

九、摔跤与柔道

（一）摔跤

在古典式摔跤中，运动损伤发生率较高，如膝关节韧带捩伤或断裂，肢体和肋骨的脱位及骨折，脑震荡以及其他小损伤（如挫伤、擦伤或撕裂伤)。其中,耳廓挫伤、软骨炎及撕裂伤较常见。在中国式摔跤中,除上述损伤外,胫骨损伤性骨膜炎(踢绊所致)和手的屈指肌腱腱鞘炎(过长时间地抓住对方的摔跤背心)也较多见。另外,也有因比赛场地不符合卫生条件要求而致伤的情况。

因此,预防损伤应做到:要求比赛馆内必须用 1.5 m 高的厚垫把墙围起,并使用合格的摔跤垫;每次训练或比赛后必须洗澡;垫套应经常换洗;垫上训练或比赛时,必须按规定穿上专门的清洁鞋。另外,还要求运动员严格遵守比赛规则和体重等级原则。

(二) 柔道

柔道项目激烈程度高,对抗性强,对运动员整体素质要求高,因此,受伤率较高,受伤部位广泛,病种复杂,几乎涉及全身各个部位和各种损伤。其中,膝内外侧半月板损伤、腰肌筋膜炎、膝内侧副韧带损伤、踝外侧副韧带损伤及肩袖损伤为多见。

预防损伤应做到:从运动场开始,从专项训练抓起,全面提高运动员综合身体素质,科学训练,严格管理,并做好医务监督。

十、拳击与散打

(一) 拳击

拳击运动员的颈部、脑部损伤占首位,而且损伤较重。常见的有急性脑外伤、急性硬膜下出血、脑震荡或脑挫伤,常致伤残甚至危及生命;慢性脑损伤(拳醉)更为常见,这与头部反复遭受强烈打击有关;还可引起眼部、耳听力损伤或骨折发生。另外,也可以发生膝、踝、掌指关节囊韧带损伤,腰肌纤维质炎,足部疲劳性骨折及骨膜炎等。

预防损伤要做到:要求比赛和训练中要加强组织管理,重视基本身体素质的训练,不断提高技术水平,同时,还要加强裁判工作和运动员的医务监督。

(二) 散打

散打运动可以上下肢并用进攻打击对方,属于身体直接接触且对抗性很强的运动项目,运动创伤的发生率较高,有时也会发生很严重的损伤。其中,下肢攻击对方的使用频率更高,还有单腿支撑,甚至 360°转体等,所以膝、踝、足关节韧带损伤较多。

预防损伤要做到：在训练或比赛时，应加强运动员的素质训练及良好道德品质的培养，并要加强裁判工作。

第四节 常见运动损伤

一、肌肉拉伤

肌肉拉伤是指由于肌肉突然猛烈收缩或被动牵伸，超过了肌肉本身所能承担的限度而引起的肌肉组织急性损伤。体育运动中常见的肌肉拉伤部位有腘绳肌、大腿内收肌、腰背肌和小腿三头肌等。

当准备活动不充分、注意力不集中、局部肌肉张力过高或温度较低时，易发生肌肉拉伤。肌肉拉伤可分为主动拉伤和被动拉伤两种：

主动拉伤是指肌肉突然猛烈收缩，其收缩力超过了肌肉本身的承受能力而发生的肌肉损伤。例如，疾跑时用力后蹬致使小腿三头肌拉伤；弯腰抓举杠铃时，竖脊肌猛烈收缩而拉伤。

被动拉伤是指当肌肉放松不充分或弹性不足的情况下，突然受到暴力牵拉，超过了肌肉本身的伸展限度而发生的肌肉损伤。例如，跨栏运动中摆动腿过栏时，常发生腘绳肌拉伤；压腿、劈叉时，用力过猛也会使腘绳肌或内收肌拉伤。

（一）腘绳肌拉伤

1. 原因与机制

当准备活动不充分、腘绳肌疲劳或局部温度较低时，从事剧烈的跑跳运动容易拉伤腘绳肌。例如，跳远运动中，髋关节用力向后蹬伸也容易拉伤腘绳肌。

2. 诊断与处理

（1）有明确的受伤动作，多为大腿向前摆动时被动牵拉所致。拉伤同时可以有组织断裂感或局部被击打感。

（2）患者受伤后，抬腿或跨步时腘绳肌有明显的疼痛，适当休息后减轻，局部压痛明显，断裂严重者触诊局部可以有凹陷，因疼痛造成行走困难。

（3）因血肿和继发的炎性反应，损伤局部肿胀逐渐加重，48 h 或 72 h 后才逐渐缓解。损伤组织较表浅时，局部皮肤还可以出现瘀斑。

（4）俯卧位屈膝抗阻试验（图 7-1），在腘绳肌损伤部位会出现明显

腘绳肌拉伤

疼痛。

伤后应立即停止运动，局部进行加压包扎和冷敷，患者休息时最好仰卧位，伸直膝关节，并把患者小腿垫高，以保证受伤肌肉处于拉长状态，并减少肌肉粘连。48 h 或 72 h 后可进行局部按摩和电针治疗。封闭疗法对该伤也有较好的疗效。肌肉断裂明显者应考虑早期手术缝合。

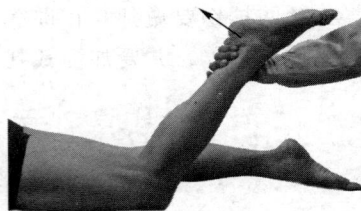

图 7-1 俯卧位屈膝抗阻试验

3. 预防与伤后锻炼

当症状减轻后可开始运动，并逐渐增加运动量及运动强度。康复运动中要注意受伤肌肉的反复拉伸练习。每次拉伸前要进行热身运动。

为了减少肌肉拉伤的发生，在剧烈运动前，要做好充分的准备活动，使身体发热。同时，要注意运动肌肉的拉伸练习；正确掌握跑、跳、投的技术要领；遵循体育运动的基本原则，防治局部肌肉过度疲劳；注意锻炼环境的温度、湿度和运动场地情况，运动间隙要注意身体的保暖。另外，运动后合理进行肌肉放松对预防肌肉急性拉伤也有重要意义。

（二）小腿三头肌拉伤

1. 原因与机制

当小腿三头肌过度疲劳、僵硬或准备活动不足时，用力踏跳或做后蹬动作，小腿三头肌突然猛烈收缩容易被拉伤。此外，在高处跳下，脚尖着地瞬间也可能被拉伤。

2. 诊断与处理

（1）有明确的受伤动作，多数在损伤时局部有组织断裂感或被击打感。

（2）患者受伤后，踝关节后蹬或踏跳动作有明显的疼痛，局部压痛明显，断裂严重者触诊局部可有凹陷，因疼痛引起行走困难。

（3）因血肿和继发的炎性反应，损伤局部肿胀逐渐加重，48~72 h 才逐渐缓解。损伤组织比较表浅的局部皮肤还可以出现瘀斑。

（4）踝关节屈曲抗阻试验（图 7-2），在小腿三头肌损伤部位出现明显疼痛。

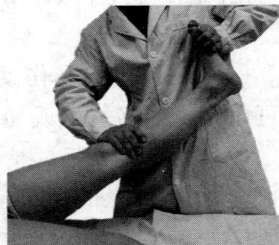

图 7-2 踝关节屈曲抗阻试验

伤后患者休息时最好采取仰卧位，并把患

小腿三头肌拉伤

侧膝关节伸直，踝关节背屈，以减少受伤肌肉粘连。其他处理同腘绳肌拉伤。

3. 预防与伤后锻炼 （同腘绳肌拉伤）

二、关节韧带损伤

关节韧带可以维持关节在正常范围内的活动，防治超范围运动，同时还可以保护其他组织，如关节囊、肌腱等。关节活动超过生理范围时，可导致关节韧带损伤。运动中常见关节韧带损伤的部位有指间关节韧带、肘关节尺侧副韧带、膝关节内侧副韧带和踝关节外侧副韧带等。

（一）膝关节内侧副韧带损伤

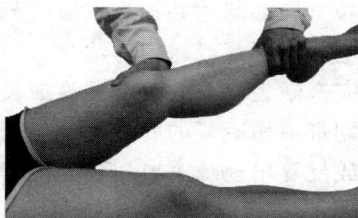

1. 原因与机制

人体重心失稳、冲撞、技术动作错误等原因易导致膝关节内侧韧带损伤，在篮球、足球等对抗运动中容易发生。有些患者可以合并半月板或脂肪垫损伤。损伤严重者可以发生韧带完全断裂，出现膝关节松动。

2. 诊断与处理

（1）有明确的受伤动作。

（2）损伤后膝关节内侧疼痛、压痛，膝关节活动时疼痛加重，继而出现局部肿胀。损伤严重者可合并关节积液，引发膝关节整体肿胀。

（3）膝关节强迫外翻可使损伤的韧带出现疼痛，如果膝关节外翻活动范围明显增大者则考虑韧带完全断裂 （图 7-3）。

膝关节内侧副韧带损伤

图 7-3 膝关节强迫外翻试验

处理同踝关节外侧副韧带损伤。

3. 预防与伤后锻炼

损伤 48 h 或 72 h 后进行伤后锻炼，为了保持正确的行走步态，早期锻炼可以利用双拐以减轻疼痛。锻炼中局部也可以采用贴扎支持带加固。对于关节积液明显或合并其他损伤的患者，必要时采取医学处理方法，并严格遵照医嘱进行锻炼。

为了减少膝关节内侧副韧带损伤，运动场要平整，光滑度符合运动项目要求；充分进行准备活动；文明比赛；掌握正确的技术动作；积极治疗膝关节各种病症。对于膝关节失稳的患者应采用护膝加固。

（二）踝关节外侧副韧带损伤

1. 原因与机制

运动场地不平、落地时踩到他人脚上、下台阶时踩空等原因易导致踝关节外侧副韧带损伤。有些患者还可以合并跗骨韧带损伤。损伤严重者可以发生韧带完全断裂，同时可合并踝关节半脱位或撕脱骨折。

2. 诊断与处理

（1）有明确的受伤动作。

（2）损伤后外踝处疼痛、压痛，踝关节活动时疼痛加重，继而出现局部肿胀，距腓前韧带损伤者可合并关节积液，引发踝关节整体肿胀。

（3）踝关节强迫内翻试验（图7-4）可使损伤的韧带出现牵拉疼痛，如果踝关节内翻活动范围明显增大者则考虑韧带完全断裂。

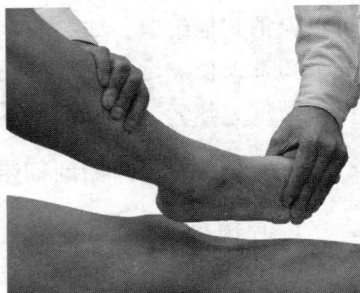

图7-4　踝关节强迫内翻试验

踝关节损伤

韧带损伤后应立即进行压迫止血和冷敷处理。休息30 min后，去掉临时包扎，进行强迫内翻试验检查，如果出现关节松动则提示韧带完全断裂。对于关节韧带轻度损伤，则重新进行加压包扎，局部制动并抬高伤肢进行休息。2~3天后可拆除包扎，进行局部按摩、电针、理疗或封闭等治疗。中药对关节韧带损伤也有较好的疗效。对于韧带完全断裂、合并关节积液或关节半脱位者，则应尽早到医院处理。一般关节韧带损伤康复的时间为6~8周，如果超过这个时间还有踝关节疼痛不适，或反复出现踝关节扭伤则应考虑关节半脱位的可能。

3. 预防与伤后锻炼

损伤48 h或72 h后进行伤后锻炼。为了保持正确的行走步态，维持良好的本体感觉，早期锻炼可以利用双拐、悬吊车或在水中进行，以减轻踝关节的负荷，防止出现错误动作。锻炼中，局部也可以采用贴扎支持带加固。随着症状好转，逐渐恢复正常运动，但需要注意保持正确的运动模式，利用平衡垫等辅助练习对维持踝关节稳定性有一定作用。

为了减少踝关节韧带损伤的发生，首先应注意运动场地要平整、运动鞋要合适，若踝关节松弛可以选择合适的护踝加固。

三、腱鞘炎

腱鞘是由两层纤维膜构成的长形管道，其内层覆盖于肌腱的表面，外层附着于肌腱周围的韧带和骨面上，两层之间有滑液，可以减少肌腱活动时的摩擦和防止肌腱被拉紧时向侧方的滑移。肌肉反复收缩容易造成腱鞘两层纤维膜间发生过度摩擦，引起腱鞘水肿、增生等损伤性炎症反应。此伤在局部受凉和滑液分泌不足的情况下活动更易发生。相关肌肉因受凉或疲劳引起的肌紧张也会增加腱鞘炎发生的概率。

腱鞘主要存在于活动比较多的手足等部位。其发病部位与运动项目密切相关，其中以桡骨茎突部腱鞘、手足屈肌腱鞘、肱二头长头肌腱鞘等部位损伤较为常见。

（一）指屈肌腱鞘炎

1. 原因与机制

在体育运动或生活中，如果出现反复屈指或抓握动作时，指屈肌过度运动造成肌肉紧张疲劳和肌张力增高，或直接引起腱鞘结构的反复磨损，多会引发腱鞘炎。例如，射击运动员反复扣动扳机引起食指屈肌腱鞘炎，洗衣服时反复抓握动作引起拇长屈肌腱鞘炎（图7-5）。

指长屈肌
腱鞘炎

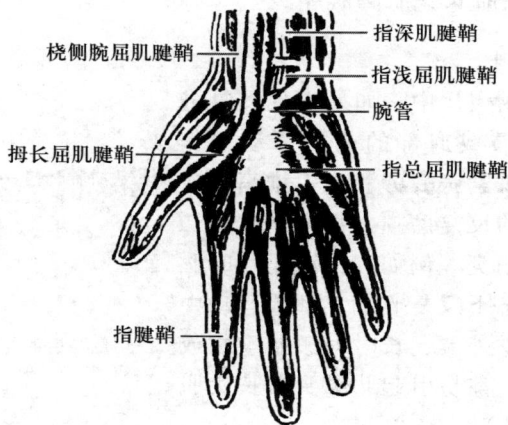

图 7-5　指屈肌腱鞘

2. 诊断与处理

（1）损伤前有反复或持续用力抓握动作，症状逐渐加重。

（2）重复抓握动作时，损伤部位局部疼痛，随着症状的加重，疼痛可向周围扩散。

（3）拇长屈肌腱鞘炎压痛点多出现在大鱼际中部或掌指关节位置，其他指屈肌腱压痛点多出现在掌指关节掌侧面。同时，大多可在相关屈肌的肌腹上触诊到紧张且压痛敏感的肌束。损伤严重、病程较长者可在局部触及小结节并有剧烈压痛。

（4）可因疼痛出现明显的抓握困难。病变严重者，因腱鞘水肿和增生，在相关肌肉活动时发生"弹响"或"绞锁"现象。

发病初期，炎性反应不明显者，应通过针刺和拉伸等治疗技术放松拇长屈肌或其他指屈肌，减少拇指的抓握动作。局部封闭对该伤早期有较好的治疗作用。理疗、中药外敷、按摩、针灸对该伤也有一定疗效。对于久治不愈的患者可采取手术治疗。

3. 预防与伤后锻炼

减少手部受凉和反复的抓握运动，降低相关屈肌的张力，是预防指屈肌腱鞘炎的主要措施。指屈肌的保暖和拉伸练习对预防腱鞘炎的发生和促进腱鞘炎的康复有很好的作用。一旦出现早期症状，应停止手指活动，最好实施固定处理。

伤后锻炼应循序渐进，锻炼前后和锻炼过程应反复进行指屈肌拉伸、热疗等放松肌肉的操作。

（二）肱二头肌长头肌腱腱鞘炎

1. 原因与机制

肱二头肌长头肌腱腱鞘炎

在体育运动或生活中，如果出现反复进行投掷、拉拽上肢或肩部的前后挥动动作时，造成肱二头肌紧张疲劳和张力增高，或运动中腱鞘结构的反复磨损，都会引发肱二头肌长头肌腱腱鞘炎。例如，拔河比赛时肱二头持续紧张状态下反复收缩，举重运动中上臂反复过度上举外展，长时间搬抬重物或反复投掷物体等，都易引起肱二头肌长头肌腱腱鞘炎（图7-6）。

2. 诊断与处理

（1）损伤前往往有典型的反复投掷，拉拽上肢或肩部的前后挥动动作，症状逐渐加重。

图7-6　肱二头肌肌腱腱鞘

（2）重复上述动作时，肩部前侧出现疼痛，随着症状的加重，疼痛可向周围扩散，相关肌肉活动时疼痛剧烈。

（3）肩部结节间沟处压痛明显，损伤严重者可触诊到肿胀的条索。同时，大多可在肱二头肌肌腹触诊到紧张且压痛敏感的肌束。

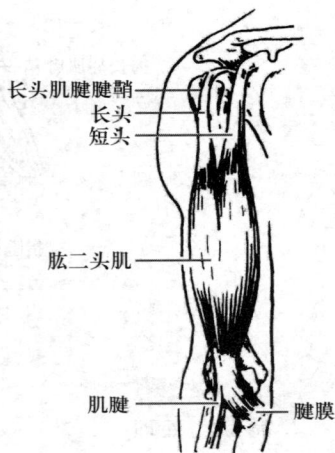

（4）因疼痛影响投掷、拉拽和肩部的前后挥动动作，损伤严重者也会影响大幅度前后摆臂动作。

当肱二头肌长头肌腱出现压痛后，首先寻找肱二头肌肌腹部位紧张且压痛敏感的肌纤维条索，在压痛部位进行针刺，并辅以肱二头肌的牵拉，以降低肌肉的张力，减轻肌腱的紧张性疼痛。对于炎症明显者，应悬吊上肢，禁止肱二头肌的活动。局部封闭对该伤早期有较好的治疗作用。理疗、中药外敷、按摩、针灸对该伤也有一定疗效。对于久治不愈的患者可采取手术治疗。

3. 预防与伤后锻炼

减少上臂受凉和反复投掷、拉拽上肢和肩部的前后挥动动作，降低肱二头肌的紧张度，是预防肱二头肌长头肌腱腱鞘炎的主要措施。一旦出现早期症状，应停止屈肘和肩关节前屈等运动，最好悬吊上肢以减少肱二头肌的活动。

肱二头肌拉伸练习对预防其肌腱腱鞘炎的发生和促进腱鞘炎的康复有良好作用。伤后锻炼应循序渐进，锻炼前后和锻炼过程中都应反复进行肱二头肌拉伸或热疗等放松操作。

四、创伤性滑膜炎

关节囊一般分为深浅两层，浅层为纤维层，深层为滑膜层。滑膜的表层有滑膜细胞，分泌滑液和吸收关节软骨的代谢产物。维持关节面的滑润和关节软骨的物质代谢（图7-7）。

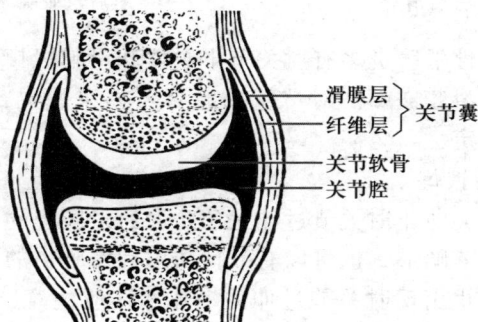

图 7-7 关节滑膜

当滑膜受到各种异常理化因素刺激时，即可发生炎性反应，滑液分泌增加，关节积液肿胀，常伴有关节疼痛或功能受限。临床上分为急性滑膜炎和慢性滑膜炎。

（一）肘后创伤性滑膜炎

1. 原因与机制

当肘关节突然暴力过伸或反复出现过伸动作时，肱骨滑车和尺骨滑车切迹之间肘后滑膜受到挤压，可以造成肘后滑膜炎，也可以因肘关节半脱位，鹰嘴偏斜挤压滑膜引起（图7-8）。体操、武术或举重运动员容易发生。

2. 诊断与处理

肘关节过伸痛或过伸受限。肘后鹰嘴两侧饱满，或触到滑膜有"吱喳"音。关节间隙挤压痛是此伤确诊的重要症状。检查者一手握住患者前臂，另一手拇指尖将关节外侧的受伤滑膜按入关节间隙，再同时将肘伸直，这时伤部多出现剧痛，最常见的痛点在鹰嘴的外侧缘（a点），b、c、d点有时也有挤压痛（图7-9）。

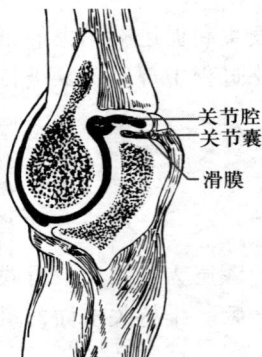

肘后滑膜炎

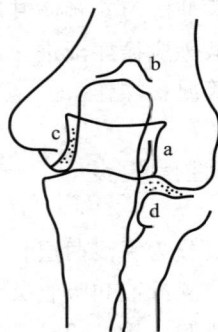

图7-8　肘后滑囊　　　　图7-9　肘后滑膜炎常见压痛点

由于肘后创伤性滑膜炎多有肘关节半脱位和滑膜嵌顿，处理时首先要矫正肘关节，并解除滑膜嵌顿。对严重的患者可以采用局部针刺、封闭等治疗，并进行悬吊固定。

3. 预防与伤后锻炼

掌握正确动作，防止肘关节过伸是预防肘后滑膜炎的关键，及时矫正肘关节半脱位和肘关节畸形，也可以有效预防肘后滑膜炎的发生。

伤后锻炼应防止出现肘关节过伸的动作，还应注意肱三头肌、腕伸肌、腕屈肌的放松，防止肘关节继发半脱位。

（二）膝关节创伤性滑膜炎

1. 原因与机制

急性膝关节滑膜炎多为内侧副韧带拉伤、半月板损伤、关节内骨折及关节脱位等引起的继发症，也可以直接损伤滑膜组织。

慢性滑膜炎多为急性创伤性滑膜炎的延续，也可由膝关节病变引发，如膝关节骨关节病、脂肪垫损伤等。膝关节力学失衡引发的膝关节半脱位是造成膝关节慢性滑膜炎最常见病因。病程较长者，滑膜肥厚或机化粘连，影响关节活动。

2. 诊断与处理

急性滑膜炎多在伤后膝关节迅速肿胀，局部皮温增高，疼痛逐渐加重。触诊有波动感，往往髌上囊也会进入大量积液和隆起，膝关节外形变得饱满。关节活动受限，多可继发股四头肌紧张。

急性创伤性滑膜炎，首先要明确诊断，排除其他原发病症，对于单纯性滑膜炎，一般进行关节穿刺，将积液抽出后，疼痛多即刻明显减轻。抽液后多同时进行抗炎处理，然后用新伤药外敷并加压包扎固定。关节内出现积液应及时抽出，否则易机化产生粘连，也可使滑膜及软骨细胞内的溶酶体膜破坏，引起软骨自溶软化变性。

慢性滑膜炎患者，膝关节大多轻度肿胀，一般运动后加重，休息后减轻，多数皮温正常。病程较长的可引发滑膜增厚，滑液润滑性下降，膝关节活动时有摩擦感。膝关节的疼痛、压痛和功能障碍程度主要由原发病症引起，单纯性轻度滑膜炎可没有明显症状。

慢性膝关节滑膜炎患者，应首先积极治疗原发损伤，从而去除致炎因素。关节内或局部痛点封闭对此伤有短期疗效。理疗、中药熏洗也有一定治疗效果。对于膝关节疼痛和活动障碍的患者，配合玻璃酸钠局部关节内注射疗效较好。对于因滑膜或脂肪垫嵌入关节间隙，受到关节挤压引发的滑膜炎，通过对膝关节的矫正和调整股四头肌的肌张力，可以有效消除滑膜炎的症状。

3. 预防与伤后锻炼

膝关节急性滑膜炎大多为半月板损伤、膝关节内侧副韧带损伤或关节内骨折的继发炎性反应，应以预防原发损伤为主。对于慢性膝关节滑膜炎患者，应控制膝关节运动量，减少引发膝关节不适的运动，如羽毛球运动、篮球运动等。同时要防治膝关节受凉。运动后要注意对膝关节相关肌肉的放松，维持膝关节的生物力学平衡。积极治疗膝关节的各种原发损伤。

慢性滑膜炎的预防应在正确处理原发损伤的基础上，尽快恢复膝关节的力学失衡，包括矫正膝关节半脱位，恢复膝关节相关肌肉的正常肌张力。对下肢畸形的患者也应该积极矫正治疗。

急性滑膜炎早期应严格限制膝关节活动。在原发损伤稳定以后再循序渐进地进行伤后锻炼，为了防止积液出现，在运动后膝关节可以配合冰疗降温。慢性滑膜炎的伤后锻炼同急性滑膜炎中后期。

五、关节软骨损伤

（一）腕三角软骨盘损伤

1. 原因与机制

腕三角软骨盘损伤

腕背伸位受到过大的冲击和旋转力时，可引起腕三角软骨盘的过度挤压或研磨，容易引发三角软骨盘损伤，同时也可以合并下尺桡关节韧带损伤和腕关节半脱位。此伤多见于体操、排球、网球、拳击等运动项目，也可在摔倒手掌撑地时发生（图7-10）。

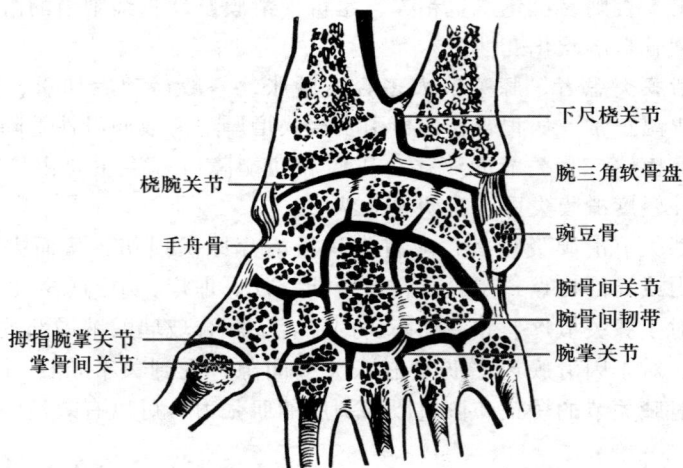

下尺桡关节
腕三角软骨盘
豌豆骨
腕骨间关节
腕骨间韧带
腕掌关节

桡腕关节
手舟骨
拇指腕掌关节
掌骨间关节

图7-10　腕三角软骨盘

2. 诊断与处理

（1）多有明确的损伤动作。

（2）腕关节后伸受限，撑地时疼痛，局部压痛。合并其他损伤的压痛范围较广泛。

（3）陈旧性腕关节疼痛和功能障碍，排除骨折后应考虑下尺桡关节和腕关节半脱位。

急性伤应固定3~4周，可配合外用中药、理疗等。急性期过后如仍有症状，可以配合泼尼松局部注射。对于长时间无法治愈的患者，要考虑尺桡关节和腕关节半脱位、骨折、软骨盘或韧带撕裂等，应采取关节整复或手术治疗。

3. 预防与伤后锻炼

做好准备活动，提高腕部肌肉的力量，在进行有损伤风险的体育运动时，可以佩戴护腕加以保护。

腕三角软骨盘损伤的病程较长，伤后锻炼要循序渐进。在未治愈前进行运动时，需用 5～6 cm 宽的布带缠紧腕部，限制活动范围，以减轻症状和避免再度伤害。

（二）半月板损伤

1. 原因与机制

起跳伸膝加旋转或落地时膝关节屈曲加旋转的动作，股骨和胫骨平台之间产生剧烈的研磨，并对半月板产生前后的撕扯力，易造成半月板急性损伤。例如，跳马落地不稳，足球运动中的转身突然启动，篮球运动中落地时伴有转身等。另外，长期从事以半蹲状态为主的运动，则易产生半月板劳损伤。例如，篮球或排球运动的半蹲位防守。

2. 诊断与处理

多数患者有明显的膝关节扭伤史。伤后膝关节立即发生剧烈疼痛，关节肿胀，屈伸功能受限；损伤严重者屈伸膝关节时有弹响或"绞锁"。关节间隙挤压痛对诊断半月板损伤有重要临床意义。膝关节强迫外翻试验（图 7-3）、麦氏征（图 7-11 和图 7-12）等均呈阳性体征。必要时可做核磁和关节镜检查。

半月板损伤

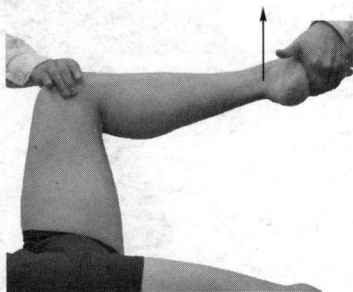

图 7-11　麦氏征-1　　　　　　　图 7-12　麦氏征-2

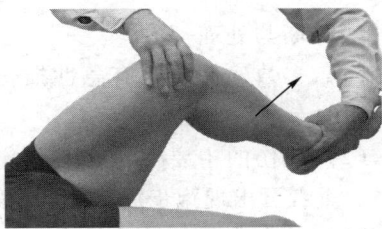

急性损伤后，应即刻进行局部加压包扎固定和冷敷；2～3 天后可进行局部理疗、针刺等处理。关节积液严重的，应尽早抽取积液注射抗炎药物，并用棉花夹板加压包扎固定 2～3 周。症状严重，经常绞锁妨碍运动者，应考虑手术治疗。对于慢性半月板损伤，可以采用痛点针刺或局部封闭的方法治疗。

3. 预防与伤后锻炼

运动前做好准备活动，提高身体的协调性；运动中掌握自我保护方法，身体疲劳时不应参加剧烈运动；加强下肢肌肉力量训练，提高膝关节的稳定性；遵守比赛规则，文明比赛；运动场地要符合体育卫生要求。

伤后锻炼要循序渐进，严格遵照医嘱。康复过程中，要加强膝关节相关肌肉力量，并加强关节稳定性训练。对于反复发生绞锁的患者建议及早进行手术治疗。

六、末端病

末端病是指肌肉在骨骼附着点的损伤，多因反复暴力牵拉所致，造成末端结构的断裂、出血和炎性反应。长时间肌肉张力过高，会引起末端结构的代谢障碍，也是造成末端病的原因之一。反复损伤也可以引起局部组织增生。

（一）髌尖和胫骨结节末端病

1. 原因与机制

常因反复暴力起跳，特别是深蹲起跳，股四头肌强力收缩牵拉髌骨，使髌尖和胫骨结节的髌韧带起止点处受到强烈的牵拉而发病。例如，排球、篮球、体操等运动项目。少数病例也可因一次性暴力起跳、高处落地或局部直接受到撞击引起。股四头肌紧张和僵硬是诱发此损伤的重要原因（图7-13）。

2. 诊断与处理

（1）多数病例中没有急性损伤史，而是经过一段时间的专项运动后出现症状。

（2）该伤的主要症状有跳跃痛、上下楼痛、半蹲痛。重者可出现跑步痛，甚至走路痛。

（3）髌尖或胫骨结节处有压痛，严重者可以出现髌尖延长和胫骨结节高凸畸形。股四头肌萎缩为慢性患者常见的继发症。

局部封闭、理疗对该病有一定的疗效。股四头肌放松对促进髌尖或胫骨结节末端病效果明显。髌尖型患者可针刺痛点结合艾熏。非手术治疗经久不

髌尖末端病

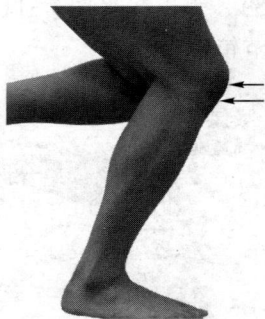

图7-13 髌尖和胫骨结节末端病

愈，影响专项训练和比赛，严重者影响日常生活，如走路、上下楼都痛者，可考虑手术治疗。

3. 预防与伤后锻炼

减少暴力起跳，特别是减少深蹲起跳动作是预防的关键。适当提高股四头肌的力量练习，运动前做好准备活动，运动后注意股四头肌的放松，大腿和膝关节要注意保暖。

一旦发病应暂停起跳活动，严重者可用支持带保护。恢复锻炼要循序渐进，运动过程都应配合股四头肌的牵拉放松练习。

（二）跟腱末端病

1. 原因与机制

多数病例是因跑跳过多引发，小腿三头肌反复强力收缩，撕扯起在跟骨肌肉的附着点，造成跟腱末端病。也有小腿三头肌僵硬或过度紧张造成局部代谢障碍引起该伤。个别病例可因一次暴力踏跳引起（图7-14）。

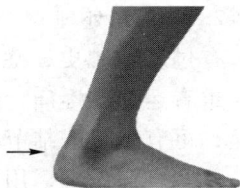

图 7-14　跟腱末端病

跟腱末端病

2. 诊断与处理

大多为慢性损伤，早期仅在用力踏跳或后蹬时局部疼痛。轻者在准备活动后疼痛消失，如得不到及时处理，则症状逐渐加重，出现走路痛或上下楼梯痛。在小腿三头肌止点位置有压痛感，损伤较重者可在局部出现肿胀，但应和滑囊炎相鉴别。大多患者会出现小腿三头肌张力过高，肌腹位置出现条索和压痛敏感。

处理采取早发现早处理原则。一旦发病应暂停跑跳活动，并用支持带保护，并对小腿三头肌进行放松。一般在1~2周疼痛即可消失。

3. 预防与伤后锻炼

减少暴力起跳和后蹬动作是预防该损伤的关键。适当提高小腿三头肌的力量，提高其末端结构的强度，对预防末端病有一定意义。运动前做好准备活动，运动后注意对小腿三头肌的放松，运动鞋一定要合脚，小腿和足部要注意保暖。

开始恢复锻炼，应用全脚掌着地，逐渐过渡到前脚掌用力。运动中和运动前后都应进行小腿三头肌的放松。

七、疲劳性骨膜炎

（一）胫腓骨疲劳性骨膜炎

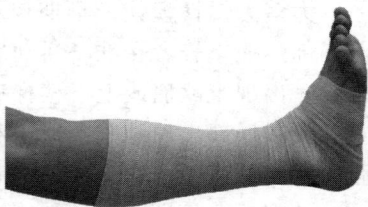

1. 原因与机制

长时间的跑跳运动，或突然加大下肢跑跳的运动负荷，地面的应力和小腿肌肉的反复牵拉，以及肌肉疲劳后持续性的肌肉紧张，都是诱发此伤的主要原因。特别是运动场地过硬、运动鞋底弹性不足、运动员踝关节缓冲不足时，更易发生胫腓骨疲劳性骨膜炎。多见于田径、篮球和足球运动中。

2. 诊断与处理

有过度跑跳史，症状渐起。胫腓骨疼痛，轻者运动后疼痛，休息后减轻；重者运动时疼痛，运动后加重，并有跛行，个别病例有夜痛。局部压痛明显，可有结节，结节处压痛更敏感，并以胫腓骨下半段为多见。

早期轻症病例，用弹力绷带将小腿包扎，减少下肢的跑跳运动，并放松小腿周围相关肌肉，2~3周症状自行消失（图7-15）。症状较重者，下肢应完全休息，抬高患肢。同时，可以进行局部封闭、针灸和按摩等治疗。

3. 预防与伤后锻炼

遵守循序渐进的训练原则。特别是体重较大且下肢无力的运动者，更应控制下肢的运动负荷。禁止突然加大下肢的运动量，避免长时间做过分集中的跑、跳、后蹬或支撑等练习。做好准备活动和运动后的放松练习，

图7-15   胫腓骨疲劳性骨膜炎弹力带固定

其中，小腿肌肉的静立拉伸对防止胫腓骨疲劳性骨膜炎有较好的效果。运动后进行小腿自我按摩，热水浴等对放松肌肉和预防此伤也有帮助。另外，还要及时纠正错误动作，选择合适硬度的运动场地和合适的运动鞋。

伤后锻炼要循序渐进，以不引起明显的疼痛为原则，运动过程中，注意小腿周围肌肉的拉伸与放松。

（二）跖骨疲劳性骨膜炎

1. 原因与机制

一般认为跖骨疲劳性骨膜炎是因长时间的走、跑、跳运动，导致踝屈肌

胫腓骨疲劳性骨膜炎

或足底肌紧张或疲劳无力，过度牵扯骨膜或使跖骨失去保护所致。多见于长距离跑、竞走和体操运动中。

2. 诊断与处理

有过度走跑跳史，症状逐渐加重，重复上述运动时疼痛，前脚掌蹬地时疼痛明显。压痛出现在跖骨或骨间隙软组织，严重者可引起足背部肿胀和疲劳性骨折。

骨膜损伤后，应停止引发疼痛的足部运动，放松相关肌肉，采用冲击波、超声波治疗有一定效果。

3. 预防与伤后锻炼

减少长时间的走跑跳运动是预防跖骨疲劳性骨膜炎的关键。运动要循序渐进，增加趾屈肌和足底跖骨间肌的力量。运动后注意放松相关肌肉。选择合适的运动鞋，对于有扁平足的患者应该积极进行矫正。

待疼痛消失后，再逐渐增加运动量，同时注意运动后对相关肌肉的放松。

作业与思考

实践训练

1. 何为运动损伤，运动损伤与生活中的损伤有无区别？
2. 运动损伤常用的分类方法有哪些？
3. 发生运动损伤的原因有哪些，如何进行预防？
4. 请叙述肌肉拉伤主要的预防措施和康复锻炼方法。
5. 关节韧带损伤常见的并发症有哪些？并叙述相应的处理方法。
6. 请叙述疲劳性骨膜炎的主要症状和预防措施。

（河北师范大学　赵　斌）

（河北师范大学　田惠林）

本章主要介绍了按摩的概念和分类、按摩对人体的生理作用、操作要求及注意事项、常用介质和穴位按摩的方法与原则，主要阐述了按摩的常用手法以及其在人体各部位和运动实践中的应用。

1. 掌握按摩的常用手法并能独立在运动实践中进行运用。
2. 熟悉按摩的一般理论与知识。
3. 了解穴位按摩的一般方法和原则。

第一节　按摩概述

一、按摩简介

（一）按摩的概念

按摩也称推拿，是以中医理论为基础，利用专门的手法作用于人体体表部位引起局部或全身反应，以达到调节人体机能、消除疲劳、防治伤病和增进健康为目的的一种自然物理方法。

按摩是人类最古老的一种治疗疾病方法，我国早在两千多年前的先秦两汉时期，人们就对按摩的医疗实践不断进行总结，形成了比较系统的按摩治疗体系。按摩是祖国医学宝库中的一项宝贵遗产，在《黄帝内经》《黄帝岐伯·按摩十卷》这两部著作中，第一次完整地建立了中医学的理论体系，同时也确立了按摩作为一门医疗学科在中医学体系中的地位。

按摩的特点是简便易学，安全可靠，无须复杂的仪器、设备，不受环境条件的限制，而且疗效快，无任何毒副作用，人们乐于接受。按摩在预防、保健、治疗、运动医学、康复医学等领域中，始终占有重要的地位。

（二）按摩的分类

按摩的分类方法很多，常用的分类方法有：根据实施按摩的操作者不同，可分为主动按摩（自我按摩）、被动按摩（由他人为之按摩）；根据按摩的目的不同，可分为运动按摩、保健按摩和治疗按摩等。

运动按摩可分为：运动前按摩、运动中按摩、运动后按摩；也可以分为兴奋性按摩、抑制性按摩和消除疲劳性按摩。运动按摩广泛应用于运动训练和体育竞赛的各个时段和环节中，只要掌握正确的操作，得其要领、运用得当，便可收到调整身体机能、消除运动疲劳、防治运动性伤病和提高运动能力的良好效果。

二、按摩对人体的生理作用

（一）对神经系统的作用

大强度的运动训练和比赛，往往会给人体机能带来较大的影响，如运动员会出现情绪紧张、失眠、多梦或倦怠、疲乏无力等神经功能调节障碍。通过一定按摩手法的良性刺激，对神经系统可起到兴奋或抑制作用。不同的按摩手法对神经系统可起到不同的作用，而同一手法其操作方式或操作部位不同也可起到不同的作用。例如，叩打、重推摩可起到兴奋作用，而轻推摩、轻揉可起到抑制作用。在操作方法上，一般频率快、力量重、时间短者可起兴奋作用，相反，手法轻缓柔和、时间长者可起镇静催眠作用。此外，运用一定的手法刺激具有相应作用的穴位，也可收到兴奋或抑制的效果。

（二）对循环系统的作用

按摩能促进人体的血液循环，使周围血管扩张、血流加快，从而降低大循环的阻力，减轻心脏的负担；能加速静脉血液和淋巴液的回流，调整血液的合理分配，改善肌肉和内脏的血流量，以适应内脏活动和肌肉紧张工作的需要；还能改变血液成分和提高机体抗病能力。

根据实验观察，按摩后可使身体内某些特异性免疫指标出现一时性改变。例如，按摩后血液中的白细胞总数可增加 10%～19%，白细胞分类也有所改变；淋巴细胞比例升高，而中性粒细胞的比例相对减少（但其绝对值并不降低，部分还是升高的）；白细胞的吞噬能力可提高 15%～20%；血清补体效价增加；同时，红细胞的总数可有少量增加。

从上述表明，按摩可以改善机体的免疫功能，对人体免疫系统有良好的调节作用，这就是中医学所讲的"扶正祛邪"。按摩不仅能够增强机体的适应能力，还可提高抗病能力，从而起到防治疾病的作用。

（三） 对运动系统的作用

按摩能扩张肌肉中的毛细血管并使闭塞的毛细血管开放，增强肌肉的血液供应，改善肌肉的营养供给，增强肌肉的弹性和收缩力，提高肌肉的工作能力；能使疲劳肌肉中的乳酸尽快得以排除，有助于消除运动后的酸痛和疲劳；能使关节周围的韧带、肌腱、关节囊的弹性和柔韧性增强，拉长挛缩的韧带，促进关节滑液的分泌，从而增大关节的活动度和灵活性；适宜的按摩能收缩松弛的韧带，使关节的稳定性、坚固性得以加强。实验证明，按摩还能促进钙质的沉积，增加钙的吸收，有利于防治骨质疏松和脱钙。

（四） 对呼吸、消化系统的作用

按摩可以直接刺激胸壁或通过神经反射使呼吸加深；按摩后可使横隔运动加强，增加肺通气量，改善肺活动功能；按摩腹部还能提高胃肠的分泌机能和加强胃肠的蠕动，从而改善消化机能。

（五） 对皮肤的作用

按摩首先作用于皮肤，使局部衰亡的上皮细胞得以清除，皮肤的呼吸得到改善，有利于汗腺和皮脂腺的分泌；还可使皮肤内的毛细血管扩张，血流量增多，从而改善皮肤的营养，使皮肤润泽而富于弹性。同时，皮肤温度也得到相应提高。

三、按摩的要求及注意事项

（一） 按摩的要求

按摩时，按摩者应首先考虑操作时所处的位置、身法、步法、手法和用力。

1. 位置

即按摩者与被按摩者所处的距离和方向。一般操作时，按摩者与被按摩者的距离应保持 10~20 cm，太远不宜发力，太近不宜操作，被按摩者处于卧位时，按摩者应位于其右侧。操作时要面向被按摩者，精力要集中，意识要专一。被按摩者所处位置要便于长时间固定不动和肌肉长时间处于放松状态。

2. 身法

按摩者操作时，身体要自然站立，避免身体姿势僵硬，以免易于疲劳。下肢可根据所操作部位的高低采用弓箭步的形式及时调整身体位置。

3. 步法

一般按摩者在操作时可两脚自然开立，与肩同宽，双腿伸直，以使身体转动灵活，移动自如。操作面积较大、用力较重时，可用弓箭步侧对被按摩者进行加力操作。

4. 手法

多数手法要求沉肩坠肘，掌虚指实，自然放松。

5. 用力

发力在脚，用力在腰，促动肩臂，力贯指端。

（二）按摩的注意事项

（1）按摩的环境要求。室内要清洁、安静，温度、光线适宜。

（2）按摩者的双手应保持清洁、温暖，指甲应修剪，指上不戴任何装饰品，以免损伤被按摩者的皮肤。更换被按摩者前一定要洗手，避免交叉感染。

（3）按摩时，要注意按身体部位顺序进行，用力要由轻到重，再逐渐减轻而结束。

（4）全身按摩时应注意操作方向，要顺着血液和淋巴液回流的方向，即向心方向，淋巴结聚集处不宜用力按摩；腹部按摩以脐为中心，沿顺时针方向按摩。

（5）按摩的禁忌证。急性软组织损伤早期不能按摩患部；患各种急性传染病；患各种恶性肿瘤的局部；患各种溃疡性皮肤病；烧、烫伤；患各种感染、化脓性疾病及结核性关节炎；月经期、妊娠期妇女的腹部；严重的心肺功能不全者；各种血液病，如血小板减少、血友病、白血病；骨折及关节脱位；胃及十二指肠溃疡急性穿孔者；年老体衰的危重患者；精神疾病患者。

四、按摩常用介质

介质又称为递质，是按摩时为了减少按摩的阻力，避免皮肤擦伤以及为了取得按摩和药物的协同治疗作用，提高按摩效果的物质。在按摩时，可酌情选用粉剂、水剂、乳剂、油剂和酒剂。例如，夏季或出汗较多时按摩，可选用医用滑石粉、爽身粉、痱子粉等有吸水、芳香、清凉、润滑作用的介质；用于损伤的治疗按摩，可酌情选用舒活酒、虎骨木瓜酒和风湿酒等，以取得药物的协同治疗作用；其他介质还有很多，可根据需要和条件选用。

第二节　常用按摩手法

按摩手法种类众多，手法名称也不统一，有时可见到同名不同法，同法不同名的现象，也有将两种手法糅合在一起组成的复合手法等。我国幅员辽阔，各地区在手法应用上也各具特色，从而形成各种流派。

本节将介绍运动按摩中常用的"按""摩""揉""捏""搓""拉""颤""打"8种手法。按摩手法的熟练程度以及如何适当地运用各种手法，直接影响到按摩的效果，因此，须认真练习按摩手法，才能在实践中熟练地应用。

练习手法要做到持久、有力、均匀、柔和，从而达到"渗透"作用。"持久"是指力能持续一定时间，即手法要有一定耐久力；"有力"是指手法必须有一定的力度，这种力度要根据按摩的实际情况随时进行调控；"均匀"是指手法动作要连贯而有节奏；"柔和"是指手法轻而不浮、重而不滞，用力不生硬、不粗暴，变换手法时要过渡自然。最后，要将各种手法练习掌握熟练，得心应手，即做到手随心转，法从手出，才能取得良好的按摩效果。

一、按法

（一）手法

将一手或双手的手掌或掌根、指腹（双手并列、重叠或相对）按压被按摩的部位，腕关节背伸，用较大的力量向下或相对按压（图8-1）。

按法

（二）要领

力度要由轻到重再到轻；按压腰背部等面积较大的部位时需用较大压力，可采取两臂伸直，借助自身体重向下按压。

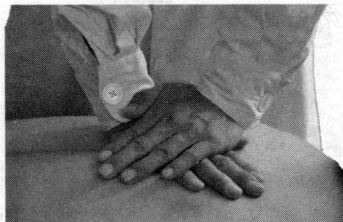

图 8-1　按法

（三）作用

放松肌肉，消除疲劳，整复小关节。

（四）应用

多用于对腰背、四肢、关节的按摩。

二、摩法（推摩）

根据推摩手法用力的大小，可分为轻推摩和重推摩。

（一）手法

肘关节微屈，四指并拢，拇指分开，全手贴于皮肤之上，沿静脉和淋巴回流方向，轻缓地向前推动（图 8-2）。

图 8-2　摩法

摩法

（二）要领

动作要柔和连贯、舒展大方，在做下肢长距离推摩时，可采用侧弓箭步，以腰为轴，下肢前后腿交替屈伸；上肢则以肩带肘，以肘带腕，进行推摩。轻推摩用力只达皮肤；重推摩动作与之相同，推动时塌腕，虎口轻抬，以免引起皮肤疼痛。着力点在掌根和大、小鱼际处，力达皮下组织。

（三）作用

轻推摩对神经起镇静作用；重推摩可加速静脉、淋巴回流，可消肿、散瘀和提高局部皮肤温度。

（四）应用

推摩多应用于按摩开始和结束时；在按摩中间变换手法过渡时使用，应结合擦摩，适用人体各部位。

【拓展知识】

擦摩：

1. 手法

拇指或四指指腹、大小鱼际、手掌、掌根紧贴于皮肤上，做往返直线摩动（图8-3）。

2. 要领

手法要轻缓、柔和，力量要均匀，力可达皮肤，也可达皮下组织。

3. 作用

提高局部皮肤温度，加强局部血液循环，增强关节韧带的韧性。

图 8-3　擦法

4. 应用

适用于全身各部位，多用于腰背部、四肢和关节。

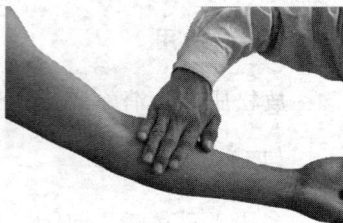

三、揉法

（一）手法

掌、掌根、大小鱼际、拇指指腹、四指指腹紧贴于皮肤上，做圆形或螺旋形揉动（图8-4）。

（二）要领

揉动中手不离皮肤，并带动手下的皮肤及皮下组织随手的揉动而滑动。

图 8-4　揉法

（三）作用

轻揉可缓和重手法的刺激，有镇静止痛作用；重揉可促进局部血液循环，松解深部组织，软化瘢痕。

（四）应用

适用于人体全身大小各部位。

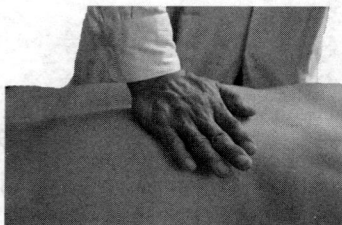

揉法

四、揉捏法

（一）手法

四指并拢、拇指分开、手成钳形、全掌及各指紧贴于皮肤，拇指与四指相对用力将肌肉捏住，略微上提，拇指捏，四指揉，沿向心方向旋转式移动。操作时可单手或双手进行，用力时也可双手叠加进行（图8-5）。

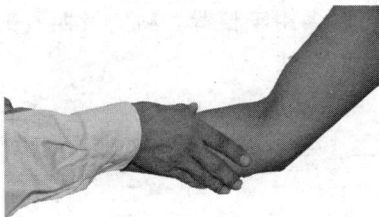

图8-5　揉捏法

（二）要领

揉捏时，掌指不可离开肌肉，做到揉中有捏，捏中有揉，手指不可弯曲，用力要均匀，避免指尖用力。

（三）作用

促进肌肉血液循环和新陈代谢，消除肌肉疲劳，消除肌肉痉挛，松解肌肉组织。

（四）应用

多用于肌肉肥厚的部位。

五、搓法

（一）手法

两掌相对，置于被按摩肢体部位两侧，相对用力，用力方向相反，来回搓动，上下缓慢移动（图8-6）。

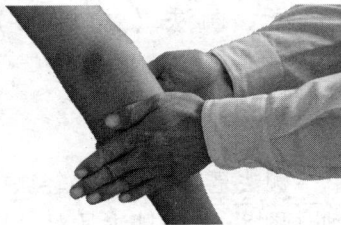

（二）要领

动作要协调、轻快、均匀、连贯；速度节奏为慢、快、慢。

图8-6　搓法

（三）作用

松解肌肉，消除肌肉疲劳。

（四）应用

多用于腰背、胁肋及四肢部，以上肢部最为常用，一般作为推拿治疗的结束手法。

六、运拉法

（一）手法

一手握住关节近侧端肢体，另一手握住关节远端肢体，按关节自主功能活动的方向和范围，做屈伸、收展、旋转和绕环活动（图 8-7）。

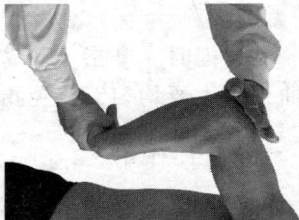

（二）要领

被按摩关节及肢体要自然放松；运拉时，关节活动幅度要做到由小到大，再到小，切忌动作生硬、粗暴。

图 8-7　运拉法

（三）作用

改善关节活动度，提高关节韧带的弹性、韧性。

（四）应用

主要用于关节部位和按摩结束时。

七、颤法（含抖法）

（一）手法

颤法是用掌、指轻轻抓住肌肉，进行短时、快速的振动，也称为肌肉抖动（图 8-8）；抖法是双手握住被按摩者肢体末端进行上下均匀、匀速抖动，也称肢体抖动（图 8-9）。

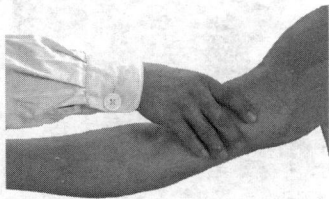 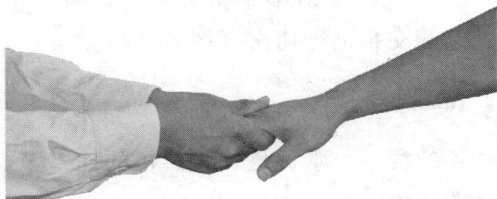

图 8-8　颤法　　　　　　　　　　　　图 8-9　抖法

（二）要领

被按摩者肌肉、肢体要放松；抖动过程中速度要掌握慢、快、慢的节奏，动作不可粗暴，用力不可过大。

（三）作用

放松肌肉和关节。

（四）应用

多用于肌肉肥厚部位（颤法）和四肢（抖法）。

八、叩打法

（一）手法

叩打法可分为叩击、拍击、切击三种手法。

（1）叩击。两手半握拳，用尺侧面交替向下叩打（图 8-10）。

（2）拍击。两手半握拳或两手伸直并拢，掌心向下拍打（图 8-11）。

叩打法

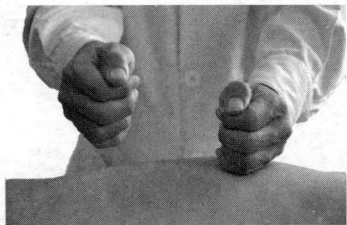 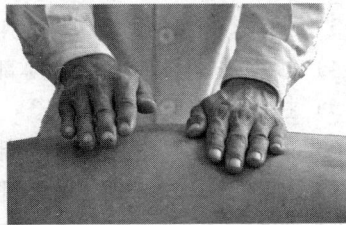

图 8-10　叩击　　　　　　　　　　　图 8-11　拍击

（3）切击。两手手指分开，伸直，用双手的尺侧交替进行切击（图8-12）。

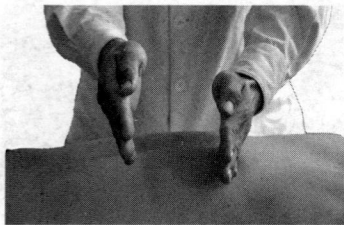

图8-12　切击

（二）要领

手腕放松，掌握慢、快、慢的叩打节奏，力度要适中。

（三）作用

消除肌肉疲劳，调节神经的兴奋性，松解深部组织。

（四）应用

主要用于腰背部、四肢和关节的按摩。

第三节　按摩的应用

一、按摩在人体各部位的应用

在本章第二节"常用按摩手法"中已经介绍了各种手法在人体各部位的应用，现将其归纳小结如下：

（一）各种手法在人体各部位的应用范围

（1）按法。多用于腰、背、四肢、关节部位。
（2）摩法。全身各部位均适用，在按摩程序上多用于按摩的始末。
（3）揉法。全身各部位均适用。
（4）揉捏法。身体肌肉肥厚部位。
（5）搓法。四肢均匀部位。
（6）运拉法。仅适用于关节部位。
（7）颤（抖）法。颤法用于肌肉肥厚处；抖法多用于肢体部位。
（8）叩打法。肩、腰、背、四肢关节部位。

（二）各部位适宜的按摩手法

依据人体各解剖部位及组织结构特点对所适用的按摩手法进行归纳小结，如表8-1所示。

表8-1　人体各解剖部位及组织结构按摩手法应用表

组织	按摩手法		各部位按摩手法	其他
软组织	推摩	揉法	揉捏法：肌肉肥厚部位 按法：腰背、四肢、关节 搓法：均匀肢体部位 颤法：肥厚肌肉处 抖法：四肢 叩法：腰背、四肢、关节	推摩
关节	推摩	揉法	按法	运拉法

（三）按摩手法在人体各部位应用的程序

依据人体各部位（解剖学）和组织（组织学）的特点，结合按摩手法的应用范围和程序，对运动按摩手法在人体各部位和组织的操作程序进行归纳、小结（表8-2）。

在身体各部位的按摩循其规律可分为以下四步程序进行：

第一步，全身各部位均可先使用推摩，使人体肌肤对按摩先有一个逐渐适应过程。类似人体在运动前的准备活动。

第二步，在身体适应后，全身各部位均可使用揉法，不仅可以使按摩部位的组织达到松解的效果，还可以缓解伤痛部位的疼痛，为下一步具有针对性地运用按摩手法做好准备。

第三步，在前两步操作的基础上，根据局部组织部位的解剖特点、机能状况和按摩的具体目的，以及不同按摩手法的作用进行选择性的组合，辩证地施用各种按摩手法，以实现满意的按摩效果。这一步是按摩的核心部分。

第四步，在第三步按摩手法充分进行并达到预期效果后，即转入按摩的结束部分。对于人体的软组织部位均施以推摩，使按摩后的组织逐渐松弛平复下来；关节部位均施以运拉法，充分放松关节，使前面按摩的效果得以检验和巩固。类似于人体运动后的整理活动。

在按摩实践中，身体各部位依序按此四步程序进行按摩即可收到良好的效果，同时也便于初学者的学习和掌握。

表 8-2　人体各部位和组织运动按摩手法操作程序表

程序	按摩时段	按摩手法	身体部位
I	开始部分	推摩	全身
II		揉法	全身
III		揉捏法	肌肉肥厚部位
		按法	腰背部、四肢、关节
		叩法	腰背部、四肢、关节
		颤法	肌肉丰厚部位
		搓法	四肢均匀部位
		抖法	四肢部位
IV	结束部分	推摩 运拉法	软组织、全身 关节

（四）操作注意事项

1. 手法操作要领

协调、均匀、柔和、连贯、刚柔相济、稳准熟练、手随心转、法从手出。

2. 按摩方向

按摩要沿静脉和淋巴回流的方向进行，即向心方向；身体上部由头、颈、肩，自上向下按摩；身体下部由足、小腿、大腿、腹、腰、胸、背，自下向上按摩；腹部以脐为中心，沿顺时针方向按摩。

3. 按摩力度

按摩初始用力轻，然后逐渐加重，撤手前逐渐力度减轻，即轻、重、轻。

4. 按摩节奏

初慢、渐快、结束前转慢。

5. 关节活动幅度

要从小到大，再逐渐减小。

6. 按摩操作五要素

按摩过程中为收到不同效果，要注意手法、强度、面积、时间、频率5个要素的不同组合，用以调整神经的兴奋或抑制，取得不同的按摩效果

（表 8-3）。

按摩中运用重手法（如重揉捏、叩打、抖动等），操作用力强度较大，作用于体表面积较小，按摩持续时间较短，按摩动作频率较高，可提高神经系统的兴奋性。反之，操作中运用轻手法（如轻推摩、轻揉等），按摩用力强度小，作用于体表面积较大，按摩时间相对延长，按摩动作频率较低，则可达到抑制神经兴奋的效果（表 8-3）。以上按摩操作 5 要素在按摩实践中可根据实际需要，辩证组合施用。

表 8-3　调节神经兴奋性的按摩 5 要素应用表

效果＼要素	手法	强度	面积	时间	频率
神经兴奋	重	大	小	短	高
神经抑制	轻	小	大	长	低

二、按摩在运动实践中的运用

（一）运动前按摩

1. 目的

保持训练、比赛前的良好状态。

2. 时间

结合准备活动进行，按摩时间需 5~10 min，宜在比赛前或训练前 15 min 内进行。

3. 手法

（1）兴奋手法。用于精神不振的按摩对象。重手法，大强度、快频率、短时，小面积重推法，揉捏法、叩打法配合穴位按摩，稍用力揉太阳穴，点风池、大椎、内关和足三里等穴位。

（2）抑制手法。用于精神过度紧张的按摩对象。轻缓手法，小强度、慢频率、时间稍长，大面积轻推法，轻揉捏手法配合穴位按摩。

具体操作步骤如下：

第一步，用拇指指腹按揉印堂穴、太阳穴各 10 次；然后双手拇指指腹紧贴皮肤、擦摩前额部 10 次；接着双手拇指分别推至太阳穴，继续推至耳后，继而五指并拢向下推，止于颈部两侧。

第二步，用拇指指腹交替沿头正中线从前额向后按压、点揉百会穴、风

踝关节扭伤运动按摩法

腰背肌筋膜炎运动按摩法

髌骨劳损运动按摩法

池穴各 5 次。

第三步，五指分开用指腹从前额向头后方向推摩，反复 5 次。冬季训练或比赛前可用重推摩、擦摩等手法来提高皮肤温度。

（二）运动中按摩

运动中按摩主要用于投掷、跳跃类运动及摔跤、拳击、举重等项目比赛间歇期间。

1. 目的

先消除肌肉疲劳，然后提高肌肉兴奋性。

2. 时间

小于 3 min。配合专项准备活动。

3. 手法

先用轻缓手法消除肌肉紧张和疲劳；然后用重、快手法，着重负荷肌肉部位，提高肌肉兴奋性。

（三）运动后按摩（恢复性按摩）

1. 目的

消除疲劳，恢复体力。

2. 时间

运动结束后 2~3 h、洗澡后或晚睡前 0.5~1 h。全身按摩时间为 30~45 min。

3. 手法

按摩大肌肉部位主要使用推摩、揉法、揉捏法；按摩关节部位主要使用推法、揉法、按法、运拉法。按摩时，要先按大肌肉群，后小肌肉群；身体各部位的按摩，依大腿、小腿、臀部、腰背部、上肢顺序进行，不同运动项目可根据项目肌肉用力特点进行调正。必要时，还可配合头部穴位按摩。

第四节　穴 位 按 摩

穴位按摩是建立在中医经络学说基础上的一种按摩方法，也常运用于运动按摩实践中。经络学说是中医学对生命规律的独特认识之一，是中医学理论体系的重要组成部分和针灸学、推拿学的理论核心。经络是经脉和络脉的总称，经是经络系统的主干，络是经脉的分支，两者纵横交错网络全身。经络是运行全身气血、联络脏腑、肢节和沟通身体上下内外的通路，它将人体脏腑、组织、器官连接成一个有机整体，并借此行气血、营阴阳，使人体各部位的功能活动得以协调和平衡。人体的穴位分布于不同经脉循行的路线上，各自有着不同的功能和主治作用。已知的人体穴位有 800 多个，其中 360 多个穴位在古代已将其归纳于 14 条经络之中，即称"经穴"。历代陆续发现的新穴，称为经外奇穴。在伤病中出现的压痛点，无一定名称，通常称为"阿是穴"或"应天穴"。

穴位按摩是当按摩刺激某一穴位时，这一刺激可沿着经脉传入人体内有关脏腑，使其产生相应的生理变化，从而调节和改善人体的生理机能。

一、穴位

（一）头部常用穴位（图 8-13，表 8-4）

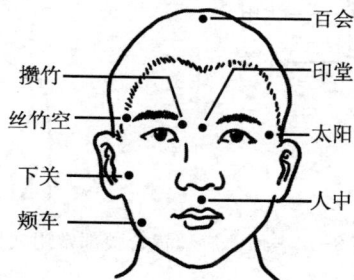

图 8-13 头部常用穴位

表 8-4 头部常用穴位表

穴位	位置	主治
百会	头顶正中线与两耳廓尖端连线的交点	头晕、头顶痛、昏迷
印堂	两眉内侧端连线的中点	头晕、前头痛、鼻病
太阳	眉梢与目外眦之间向后 1 寸凹陷处	头痛、眼病
人中	人中沟的上 1/3 与下 2/3 交界处	昏迷、急性腰扭伤
风池	胸锁乳突肌与斜方肌之间凹陷处、平耳垂	头晕、后头痛、颈痛、眼病

续表

穴位	位置	主治
下关	腭弓下部凹陷处	牙痛、面瘫、三叉神经痛
颊车	咬肌之中点，下额角前8分	牙痛、面瘫、三叉神经痛
攒竹	两眉内侧的眉端	头痛、近视、三叉神经痛
丝竹空	两眉外侧的眉端	眼疾、头痛

注：1寸≈0.033 m。

（二）颈、肩、背、腰部常用穴位（图8-14，表8-5）

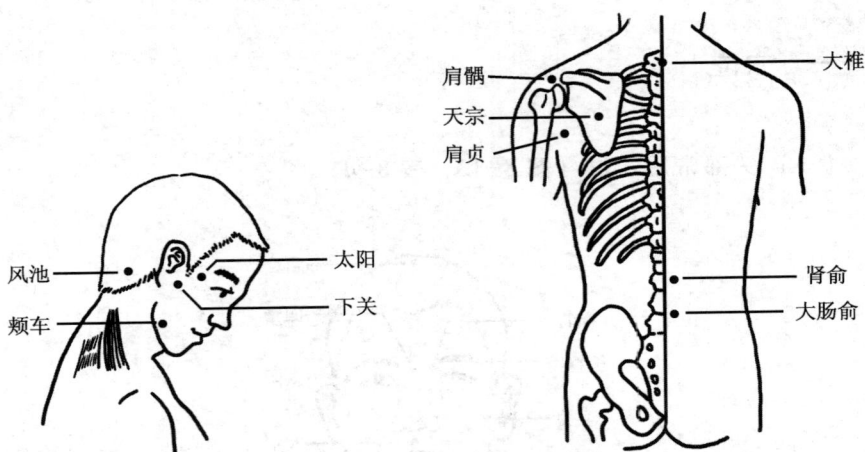

图8-14　颈、肩、背、腰部常用穴位

表8-5　颈、肩、背、腰部常用穴位表

穴位	位置	主治
大椎	第七颈椎第一胸椎棘突之间	发热、颈痛、中暑
天宗	肩胛岗下缘正中与肩胛下角连线的上1/3与下2/3交界处	肩胛部疼痛
肾俞	第二、三腰椎棘突间旁开1.5寸	腰痛、肾炎
大肠俞	第四、五腰椎棘突间旁开1.5寸	腰痛、肾炎

注：1寸≈0.033 m。

（三）上肢部常用穴位（图8-15，表8-6）

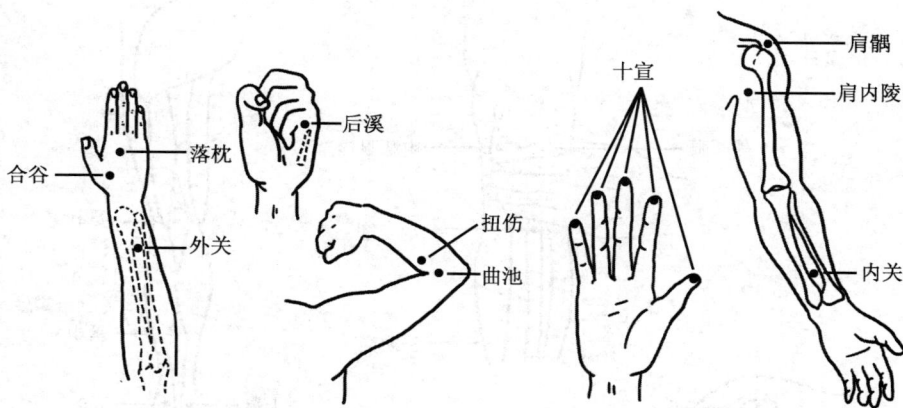

图8-15 上肢常用穴位

表8-6 上肢常用穴位表

穴位	位置	主治
肩井	肩峰与肱骨大结节之间，举臂时有凹陷处	肩痛、臂痛、上肢瘫痪
肩贞	腋后皱臂端上1寸处	肩周炎、肩背酸痛
曲池	屈肘成90°，肘横纹头与肱骨外上髁的中间	肘痛、肩臂痛、上肢关节痛
扭伤	稍屈肘，半握拳，掌心向内，曲池与腕背横纹中央连线的上1/4与下3/4交界处	急性腰扭伤
内关	前臂掌侧，腕横纹上2寸，掌长肌腱与桡侧腕屈肌腱之间	手指痛、胸痛、上腹痛、昏迷
外关	腕背侧横纹正中直上2寸处	腕、臂、指痛、头痛
合谷	第一、二掌骨之间，靠近第二掌骨体中点	上肢痛、手麻、头痛、牙痛
后溪	握拳，第五掌骨头后，掌横纹尽头处	落枕、急性腰扭伤、肩臂痛
落枕	手背，第二、三掌骨间，掌指关节后5分	落枕、手指麻木
十宣	10个指头尖端，距指甲0.1寸处	昏迷、中暑

注：1寸≈0.033 m。

（四）下肢部常用穴位（图 8-16，表 8-7）

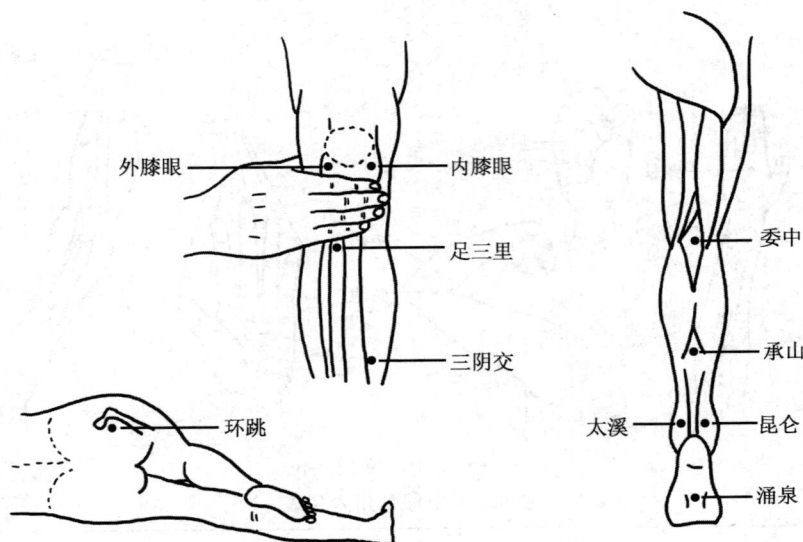

图 8-16　下肢常用穴位

表 8-7　下肢常用穴位

穴位	位置	主治
环跳	侧卧、上腿弯曲、下腿伸直，在臀部股骨大转子最高点与臀裂上端连线外 1/3 与内 2/3 交界处	腰腿痛、下肢瘫痪
风市	股部外侧，膝上 7 寸处（立正，两手下垂，中指指尖到达处即是）	腰腿痛、坐骨神经痛
委中	窝横纹中央	腰痛、坐骨神经痛、膝痛
承山	腓肠肌腹下方人字纹处正中	腰痛、腓肠肌痉挛、痔疮
膝眼	屈膝垂足、髌骨下，髌韧带内侧凹陷处	膝痛
足三里	外膝眼下 3 寸，胫骨外侧一横指	腹痛、膝痛、下肢麻木
悬钟	外踝尖上 3 寸，腓骨后缘	外踝扭伤、落枕
昆仑	外踝与跟腱之间	踝痛、腰痛、坐骨神经痛
太溪	内踝与跟腱之间	踝痛、神经衰弱
涌泉	足前部凹陷处第二、三趾趾缝纹头端与足跟连线的前 1/3 处	昏迷、中暑、脚底抽筋

注：1 寸 ≈ 0.033 m。

二、取穴

（一）取穴法

人体的穴位都有一定的位置，可以用有效的方法测量。正确的取穴与治疗的效果有密切关系。因此，掌握正确的取穴方法是十分重要的。

1. 解剖标志取穴法

以人体体表的各种解剖学标志作为取穴的依据，如头部以五官、眉、发际作为标志；背部以脊椎的棘突和肩胛骨作为标志；胸腹部以乳头、脐、胸骨为标志；臀部以髂嵴作为标志；四肢以关节和各髁作为标志等。

2. 指量法 （又称"指寸法"）

指量法是指以患者手指的宽度为标准取穴的方法。例如，拇指的横度为1寸，食指与中指二指合并宽为1.5寸，4指并拢总宽度为3寸。如果按摩者与被按摩者的手指长短大致一样，就可用按摩者的手指直接量取穴位。

（二）取穴原则

1. 就近取穴

就近取穴指在伤病的临近部位选穴。由于穴位具有局部和临近主治性的规律，所以治疗某一部位的疾病时，可以选用病变部位和邻近部位的有关穴位。例如，肩痛可选用肩井、肩贞等穴位，肌肉拉伤取阿是穴，踝关节肿痛选太溪穴等。

2. 远道取穴

即循经络选穴，按经络的内在联系，头面、躯干疾病可选用四肢肘、膝关节以下的穴位。例如，头面部疾病选合谷穴，腰痛、坐骨神经痛选委中和昆仑穴。

3. 对症取穴

针对某些疾病的症状选用相应穴位。例如，发热选大椎穴与曲池穴，腓肠肌痉挛选承山穴，昏迷选人中穴、十宣穴、涌泉穴等。

三、点穴

用拇指或中指的指端点压穴位，称为点穴。用拇指点穴时，其余四指握拳，拇指伸直或微屈，使其指间关节紧靠食指以助发力。如果用中指点穴，

足反射区
按摩保健
法

则拇指和食指紧夹中指远侧指间关节以助发力。此外，在肌肉肥厚的部位，可用肘尖或借助工具进行点穴。点穴时，用力不要过猛，应由轻到重，以引起酸胀反应为度，稍待片刻，再逐渐减轻，点穴后局部略加轻揉，以缓解点穴后的反应。

作业与思考

1. 按摩对人体有哪些生理作用？按摩时应注意哪些事项？

2. 结合实践操作认识与体会运动按摩常用手法的要领、作用与应用。

3. 如何从解剖学、组织学的角度来理解和掌握运动按摩在人体各部位应用的四步程序？

4. 在按摩实践中，如何理解和运用好按摩操作的 5 个要素。

5. 何谓穴位按摩？结合实践操作认识和掌握运动按摩中的人体常用穴位。

（首都体育学院   姚鸿恩）

第九章

运动康复

章前导言

本章介绍了运动康复以及传统运动养生锻炼的概念、基本原则及常见方法；重点介绍了常见慢性病发病机制，主要症状和体征以及对应的运动疗法；主要阐述了运动处方的概念、原理和制订运动处方的程序，以及传统体育养生功法特点及运动康复功效。

学习目标

1. 掌握运动处方制订的原则及方法以及传统体育养生锻炼的基本原则。

2. 熟悉常见几种慢性病的发病机制、运动疗法及注意事项，熟悉传统体育养生的方法、特点及运动康复功效。

3. 了解运动康复的概念、基本原则以及运动康复常见的 4 种方法；了解传统体育养生锻炼的基本原则。

第一节　运动康复的原则与方法

运动康复是新兴的体育、健康和医学交叉结合的前沿学科，要认识运动康复，需要了解运动康复的概念、原则及常见方法。

一、运动康复的原则

（一）运动康复的概念

运动康复主要是运用或组合使用机体运动或肢体运动的方法使伤病者或

残疾者在身体功能上、精神上以及劳动能力上得到最大限度的恢复，使病残者重返社会生活。在医学领域，通常会称体育运动治病的方法为体育医疗或康复锻炼。运动康复不仅可以治疗某些疾病，更为重要的是它还能促进人体脏器机能恢复或提高机能，无论是对全身还是机体局部都有良好的作用，因此，在我国临床医学以及康复医学中，占有重要的地位。体育手段或机体功能锻炼的方法本身是矫正体格的缺陷或改善人体生理功能的一种主动、全身、自然的物理疗法。其中包括气功、导引术还有各种具有针对性的医疗体操、肢体运动方法和利用自然力进行锻炼等内容。但需要注意的是，很多急性疾病是不宜甚至禁止采用运动康复的。

（二）运动康复的基本原则

1. 持之以恒原则

医疗体育方法的原理是代谢的调理，而这个调理过程对人体的内环境改变需要漫长的过程来实现。体育锻炼一般要每日或隔日进行，并坚持数周、数月甚至数年才能使疗效逐步累积，达到治疗目的。

2. 循序渐进原则

医疗体育的运动强度变化要由小到大，而且动作变化应由易到难，使机体可以逐步得到适应，并在不断地适应过程中提高机能，促使疾病痊愈。如果很快进行大运动量活动，会进一步损害机能，加重病情。

3. 个别对待原则

患者疾病的性质、程度不同，或所处的阶段不同，体质、年龄、性别各异，所以运动的方式方法和运动量也应做相应的改变。

4. 综合治疗原则

医疗体育与药物、手术或其他物理治疗方法等是互为补充、相辅相成的。因此，在应用中必须全面考虑，以收到更好的效果。

5. 密切观察原则

在锻炼中要随时进行观察，了解病情变化，发现不良反应，应及时修改锻炼方法和运动量，必要时由医生定期检查。

二、运动康复常见的方法

（一）医疗体操

医疗体操是康复医学中用于防治疾病的一种主要运动方式，常用的有下列几种：

1. 矫正运动

矫正运动是用来矫正身体畸形的一种运动。在有利于矫正畸形的预备姿势下进行选择性的肌力练习活动，以增强被畸形牵拉而削弱的肌肉，增强所有能促进畸形矫正的肌肉群，同时牵伸由于畸形影响而缩短的肌肉和韧带。常用来矫正脊柱和胸廓的畸形、平足和某些外伤引起的畸形等。

2. 协调运动

协调运动是恢复和加强动作协调性的运动。例如，上肢与下肢的运动协调、四肢与躯干的运动协调、左右两侧肢体的对称或不对称运动协调以及逐步由简单到复杂、由单个肢体到多个肢体的联合协调运动等。上肢和手的协调运动，应从训练动作的精确性、反应速度以及动作的节奏性等方面去锻炼。下肢的协调运动，主要练习正确的步态和上下肢动作的协调配合等。协调运动主要应用于中枢和周围神经的疾病和创伤。

3. 平衡运动

平衡运动是锻炼身体平衡功能的一种运动。锻炼主要从下列几方面着手：锻炼时，身体的支持面由大逐渐到小，身体的重心由低逐渐到高，由视觉监督下活动逐渐过渡到闭眼活动。平衡运动直接作用于前庭器官，可加强它的稳定性，从而改善身体的平衡功能，常应用于因神经系统或前庭器官病变而引起的平衡功能失调。

4. 呼吸运动

呼吸运动在医疗体育中应用很广。常用的有下列几种：① 一般呼吸运动。有单纯的呼吸和配合肢体或躯干运动的呼吸，常用来改善呼吸功能，促进血液循环，减轻心脏负担，或在体疗中调节运动量；② 局部呼吸运动。是重点作用到某一侧或某部分肺叶的呼吸活动，如胸式呼吸主要作用于肺尖和肺上叶，腹（或膈）式呼吸主要作用于肺底部和肺下叶，配合躯干侧弯的呼吸重点作用于一侧的肺叶等；③ 专门呼吸运动。有延长呼气或吸气时间的呼吸，有在呼气时配合发音或用手压胸廓来增加排气量的呼吸等。局部呼吸运动和专门呼吸运动主要应用于某些呼吸系统疾病，如慢性支气管炎、肺气肿和胸膜炎等；④ 器械运动。借助器械进行主动、助力、抗阻或被动运动，利用器械的重量、杠杆作用、惯性力量或器械的依托来增强肌力，扩大运动幅度，发展动作的协调性。使用器械还可使体操动作多样化，提高患者的锻炼兴趣。医疗体操中常用的器械有：沙袋、哑铃、球类、扩胸器、墙拉力、滑轮装置、体操棒、肋木、单杠、双杠、功率自行车、活动平板、各种关节练习器和练习手功能的各种器械等。

（二）医疗运动

医疗运动为医疗体育的手段之一，如太极拳、爬山、游泳、划船、散步及简易的球类活动等。运动量一般较医疗体操稍大。它对增强患者体质，发挥患者心肺功能有良好作用，适用于慢性疾病患者。例如，医疗步行及健身跑。运动时的吸氧量达最大吸氧量的 50%～60%，因此，体内代谢的供能方式以有氧代谢为主，又称有氧运动。此项运动能够逐步提高心肺及代谢功能，提高机体对运动的适应能力，并可预防高血压病、冠心病及心血管系统的疾病。在实际应用中因形式和运动量不同，可分为散步、医疗步行、走跑交替等。医疗步行可在平地或有适当坡度的道路上定量进行，可循序渐进地增加步行距离、速度及登高坡度；走跑交替常用来作为从走到慢跑的过渡形式，也用于开始慢跑或体弱者的锻炼，但必须掌握好运动强度。

（三）肌力训练

肌力训练是一种用于维持以及发展肌肉功能的专门性训练方法，是通过运动的手段促使肌肉反复的收缩，使之产生适应性改变以提高肌肉收缩力量的锻炼方法。在康复医学中，肌力训练常用于肌肉萎缩无力的患者，如因生病而使肢体被固定或由于各种原因，长期卧床不能下床活动而引起的肌肉失用性萎缩和骨关节及周围神经病变引起的肌肉软弱和无力，通过发展肌肉力量，达到恢复运动功能的目的。在选择肌力练习的方法前，应先进行肌力等级的评定再根据现有肌力水平分别采用助力运动、主动运动和抗阻运动的方式对患者进行训练

对于老年人来说，肌力的增加可以提高日常生活能力（ADL）能力，减少造成损伤的危险性，提高平衡能力、协调性和灵敏性，而这些能力的提高均为防止跌倒的有效方法；对于糖尿病患者来说，可以增加机体对胰岛素的敏感性，降低糖耐量，轻微降低舒张压和改变血浆成分；对于膝关节骨关节炎患者来说，增强肌力，提高膝关节的稳定性，是退行性骨关节疾病（OA）康复的关键之一。

肌力训练的方法，主要有以下几种：

（1）助力运动。肌力评定为二级的患者，可选择徒手助力运动和悬吊助力运动进行肌力训练

（2）主动运动。当肌力在三级或三级以上时，患者可开始进行主动运动。主动运动对肌肉关节和神经系统功能的恢复作用明显，已被广泛使用。

（3）抗阻运动。当肌力等级在三级以上时，应进行抗阻运动训练，根

据肌肉收缩类型分为等张抗阻运动、等长抗阻运动和等速抗阻运动。

（四）关节活动度训练

关节活动度又称关节活动范围，是指关节运动时所通过的运动弧或转动的角度，因关节有主动和被动之分，所以关节活动范围也有主动和被动之分，主动关节活动度是指被检查者做肌肉随意收缩时带动相应关节的活动范围，由肌肉的主动收缩产生；被动关节活动度是指被检查者在肌肉完全松弛的情况下，由外力作用于关节而发生的活动范围，无随意的肌肉活动。正常情况下被动活动范围较主动活动范围略大些。关节活动度练习是改善和维持关节的活动范围，促进患者完成功能性活动的一种重要康复治疗技术，关节活动度练习方法很多，出现关节活动度障碍时，选择的方法要视关节的具体情况而定。

1. 主动运动

最常用的是各种徒手体操，可以视情况自由编制。主动运动可改善关节肌肉循环，增强肌肉力量；活跃肢体血液循环，消除肿胀；牵拉挛缩组织，松解肌肉、韧带和肌腱的粘连，有利于维持和增加关节活动度。

2. 被动运动

当患者主动活动有困难时，可用人力或器械进行被动活动。

（1）关节可动范围的活动。它是由经过专门培训的治疗人员或护理人员完成的被动运动。

（2）手法松解。手法松解粘连挛缩的关节，即在麻醉下施行手法，松解挛缩的关节囊、关节韧带及粘连的瘢痕组织，从而恢复关节的活动度。

（3）推拿。常采用推、揉、滚等手法使肌肉放松，也可用拔、刮等手法缓解肌肉的痉挛和松解粘连。但忌用暴力被动折屈关节，以免引起新的损伤。

（4）关节功能牵引。它的基本方法是将挛缩关节的近端肢体用支架或特制的牵引器稳定的固定于适当姿势，然后再其远端肢体上按需要的方向用沙袋做重力牵引，要求充分放松关节周围肌群。

（5）连续被动运动。连续被动运动需用适合于相应关节的专用机械进行，充分放松肌肉，关节活动幅度、速度和持续时间可酌情设定。

3. 助动运动

当患者助力有所恢复，肿胀疼痛好转，关节活动幅度增加时，可进行手动助力运动，以帮助关节活动度进一步改善。

（1）人力引导。由有经验的治疗人员根据患者的具体情况，沿着关节活动的方向帮助患者进行关节活动，并逐步减少外部辅助力量，尽量促使患者主动发力。

（2）器械训练。根据杠杆原理，利用简单器械为助力，带动活动受限的关节进行活动。例如，体操棒、肋木等。

（3）滑轮训练。利用轮滑装置和绳索，通过健侧肢体帮助患侧肢体运动。其优点是活动幅度易掌握，患者很愿意接受。

（4）悬吊训练。利用挂钩、绳索和吊带等网架装置将拟活动的肢体悬吊起来。使其在减去自身重力的前提下进行主动活动，与钟摆样活动相似。

（5）水中运动。利用水的浮力，使严重无力的肌群无须用很大的力即可进行活动。

4. 抗阻运动

利用本体感觉神经肌肉促进疗法（PNF）技术中的维持—放松技术和收缩—放松技术可有效地使关节活动度增大。使患侧肢体至运动范围的极限端点，然后进行拮抗肌的等长抗阻收缩，维持 $6 \sim 10$ s，收缩已缩短的肌肉，然后逐渐放松。这时再进行主动肌收缩，将肢体移动到比运动前更大的活动范围。

5. 手术松解

严重关节挛缩时，关节内外存在广泛而致密的瘢痕粘连，不能使关节活动度达到功能活动所要求的范围或关节活动度练习无效时，宜施行关节松解术。有选择性的切开挛缩粘连组织，必要时做肌腱延长术或肌肉成形术，以恢复必要的活动度。

第二节 常见慢性病的运动疗法

本节主要介绍 5 种常见慢性疾病的发病机制、主要症状与体征以及注意事项，各种常见慢性病对应的运动疗法以及注意事项。

一、肩周炎的运动疗法

（一）肩周炎的发病机制和主要症状与体征

肩周炎即肩关节周围炎，又称冻结肩、肩凝症、五十肩等，是由肩关节周围软组织病变而引起的肩关节疼痛和功能活动障碍。其特征是肩部疼痛和肩关节障碍逐渐加剧，如任其发展，经数月或更长时间，疼痛可逐渐消退，功能慢慢恢复，最后自愈。

肩周炎的病因有两个因素：

（1）肩部因素。肩关节周围软组织的退变是基本因素；长期过度活动，姿势不良而致的慢性损伤也是重要因素；肩部急性扭挫伤治疗不当，加之肩部受寒着凉也是诱因。有的学者认为，造成肩周炎的主要原因是肱二头肌长头肌腱腱鞘炎后继发。

（2）肩外因素。由于肩关节以外的疾病，如冠心病、肺炎、胆囊炎等引起肩部牵涉痛，时间过长而使肩关节周围发生病变而转变为肩周炎，上肢骨折或颈椎病等使上肢固定时间过长，也可继发肩周炎。

本病多好发于40岁以上中老年人，女性多于男性，左侧多于右侧。多无外伤史，呈慢性病发作。主要表现为逐渐加剧的肩部疼痛和肩关节活动障碍，与动作、姿势有很大关系。疼痛大都位于肩前外侧，可放射至肘、手及肩胛区，无感觉障碍。夜间疼痛加重，影响睡眠，不敢采用患侧卧位。三角肌可有轻度萎缩，斜方肌痉挛，冈上肌腱、肱二头肌长（短）头肌腱及三角肌前后缘均可有压痛，肩关节外展、外旋、后伸受限，少数患者内收、内旋也受限，前屈受限较少。年龄较大或病程较长者，X线平片可见肩部骨质疏松，冈上肌腱、肩峰下滑囊钙化症。肩关节造影则有肩关节挛缩和关节囊下部褶皱消失等改变。

（二）肩周炎的运动疗法

根据肩周炎的病理变化，通过有针对性的运动康复方法，可促进肩关节及周围的血液循环，改善局部营养，促进非细菌性炎性渗出物的吸收，增强组织的活力，减轻组织粘连。其方法如下：

1. 摆臂运动

（1）站立式。患者两脚分开与肩同宽，上肢放松下垂，两手同时做前后、内外摆手动作，幅度由小到大，频率不宜太快，时间逐渐加长。

（2）弯腰式：又称科德曼（Godman）下垂摆动运动。患者两脚开立与肩同宽，上体前屈70°~90°，两上肢下垂并同时做前后、内外摆动动作，幅度由小到大，时间逐渐延长，每次摆动到上肢微微胀麻为止，高血压病患者头不宜太低。

2. 绕环运动

患者站立，两肘关节屈曲搭于同侧肩上，以肩为轴同时做由前上向后下绕环动作 16 次后，再做反方向绕环动作 16 次，交替进行，也可仅用患肢做肩关节绕环运动。如肩关节活动范围逐渐增大，力量逐渐增强时，可做肘关节的肩关节绕环运动，其他要求与屈肘绕环要求相同。

3. 双手托天

患者站立，两脚自然分开，两手体前相握，五指交叉，手心向上，由健手拉患肢缓慢由腹前上抬至与肩相平时，反转掌心向前、向上，抬至最大限度后，放下还原，如此重复 8~15 次。

4. 反臂拉肩

患者两脚分开站立，两手在背后相握，用健手将患手肩部向上拉动，逐步加大向上的距离，到最大幅度后，稍停片刻，再放回原处，重复 5~10 次。

5. 单手爬墙运动

患者面对墙壁，距墙 50~70 cm 站立，患侧手指贴于墙上，用食指、中指、无名指轮流做伸屈向上爬行动作，并逐渐伸直手臂，当移动到最大限度时，稍停片刻并同时压肩，然后换成侧面外展位，重复上述方法，各做 4~8次，进行过程中可能会有轻微疼痛，应尽量坚持，这样才能取得较好的效果。

6. 屈肘梳头运动

患肘屈曲、伸掌，健侧手握患肢前臂下端，推患手于前额经头顶至头后部如梳头状，再返回至前额部，重复 8~15 次。

7. 冲拳运动

两腿分开站立与肩同宽，两膝屈曲至半蹲状，两手握拳置于腰间两侧，拳心向上。先用一手用力向前冲拳后，拳心向下再用力收回至腰间，另一手再用同样的方式进行，两手轮流操作 15~30 次。

二、腰背疼的运动疗法

（一）腰背疼的发病机制和主要症状与体征

下腰背部（腰部区域）由椎骨、椎间盘和脊神经组成，在站立时，正常部分必须承受上半身躯体的重量，在工作时它起了最重要作用。这就是为什么会有众多人患腰背痛的原因所在。当神经末梢受到异常刺激疼痛就开始了，大脑就像一台复杂的电脑，处理复杂的神经冲动，将刺激转换为疼痛。为了对抗这种疼痛，腰背部肌肉就要保护腰背部，产生痉挛以保持局部固定。痉挛又可引起疼痛，如长期痉挛就可引起僵硬。

1. 腰背疼发病机制

（1）特异性腰背疼发病机制较为明确，如感染、肿瘤、骨质疏松、骨折和炎症等。

（2）非特异性腰背疼发病机制有以下几种可能：

① 缺乏体育锻炼使腰部肌肉无力。腰部力量的缺失使椎体失去了有力的保护。

② 长期不正确的坐姿和站姿，导致腰方肌和髂腰肌慢性劳损，导致腰疼。

③ 腰部软组织急慢性损伤、椎间小关节的紊乱。

④ 脊柱稳定性功能失衡。由三个亚系统相互协作维持的脊柱稳定性，如肌肉痉挛、劳损、肌筋膜炎症和肌肉及筋膜的短缩，使得患者感到腰背部沉重、僵硬、疼痛。

2. 腰背疼主要症状与体征

（1）以背部、腰部、腰骶和臀部疼痛为主要症状，可伴有或不伴有下肢的症状；通常弯腰加重，休息减轻。

（2）体征表现为局部有压痛，局部肌张力增高，或有下肢放射痛，或伴有直腿抬高试验阳性。

（二）腰背疼的运动疗法

尽管腰背痛患者十分常见，但大多数患者都可以通过各种非手术疗法治愈或好转，至少可停止病情的发展。只有少数严重的、非手术治疗无效的、查明确切原因的患者必须选择手术治疗。以下简单介绍运动疗法：

（1）腰背肌力量练习。如背起练习，俯卧位置，双脚伸直，双臂向前伸直，腰腹用力，手脚同时向臀部收缩。腹部着地，头部、胸部、手臂和脚都离开地面，保持这一姿势 5 s 左右，然后恢复。做三组，每组 12 次。

（2）核心稳定性训练。如桥式支撑练习、瑞士球支撑练习和悬吊训练等。

三、糖尿病的运动疗法

（一）糖尿病的发病机制和主要症状与体征

糖尿病是胰岛素分泌不足而引起的糖代谢紊乱，血糖增高。主要症状是三多一少，即吃的多、喝的多、尿的多，体重减少。

（二）糖尿病的运动疗法

糖尿病的治病主要是饮食治疗和胰岛素治疗，目前已把运动疗法作为治疗糖尿病的重要手段。适宜于进行运动疗法的糖尿病患者是轻度及中度患者，即血糖在 200%~250%mL，尿糖在 10%~15%。运动疗法有气功、太极拳、慢跑、骑自行车、游泳和打乒乓球等运动。注意运动量应由小到大、循序渐进，每天 1~2 次，每次不超过 30 min，避免过度疲劳。另外，体育运动应与药物治疗相结合。运动时间应在早、午饭 1 h 后进行为宜，因为，此时血糖浓度较高，运动可起到降低血糖的作用。重度糖尿病患者不宜进行运动疗法。

四、高血压病的运动疗法

（一）高血压的发病机制和主要症状与体征

高血压病是指由于动脉硬化而导致的以动脉血压持续性增高为主要症状的一种全身性疾病，又称之为原发性高血压。它不同于继发于其他疾病（如肾炎）之后的症状性高血压。高血压病是一种常见的心血管疾病，世界上约有 10 亿高血压患者。在这一群体中，年长者多于年轻者，男子多于女子，黑种人多于白种人。高血压是造成每年 100 万人心脏病发作和 50 万人心脏病发作致死的主要因素。高血压也是充血心力衰竭、外周血管病和肾衰竭等疾病的因素。因此，维持正常血压可减少上述疾病发生的概率。

世界卫生组织制订的高血压诊断标准是收缩压等于或大于 18.6 kpa（140 mmHg）或舒张压等于或大于 12.0 kpa（90 mmHg）。高血压病还可按血压升高的程度或高血压主要受累脏器的病变程度来进行分级、分期诊断（表 9-1，表 9-2）

表 9-1　高血压的分级（按血压升高程度）

分级	收缩压/mmHg		舒张压/mmHg	改善生活方式
正常	小于 120	和	小于 80	鼓励
临界性高血压	120~139	或	80~89	需要
1 级高血压	140~159	或	90~99	需要
2 级高血压	160~179	或	100~109	需要
3 级高血压	180~209	或	110~119	需要

注：当收缩压和舒张压不在一个分类等级时，应以较重的为准。

表 9-2　高血压的分期（按器官损坏程度）及其症状和体征

Ⅰ期高血压 Ⅱ期高血压	无器质性改变 至少存在下列体征之一： ① 左室肥厚（被 X 线、心电图、超声心动图证实） ② 视网膜动脉普遍或局限性狭窄 ③ 蛋白尿和（或）血浆肌酐浓度轻度升高 ④ 隐性冠心病的客观证据
Ⅲ期高血压	器官损害的症状和体征： ① 心脏：心绞痛、心肌梗死、心力衰竭 ② 脑：短暂缺血发作、脑卒中、高血压性脑病 ③ 眼底：视网膜初学、渗出 ④ 肾：血浆肌酐浓度大于 20 mg/L，肾功能衰竭

（二）高血压病的运动疗法

1. 适应证与禁忌证

运动疗法主要适宜于临界性高血压和一二期高血压，其中对二期高血压要以药物治疗为主，运动康复手段为辅；三期高血压患者参加康复运动，要视具体情况而定。特别需要指出的是，不是所有类型的高血压都适合进行运动康复。例如，对因各种疾病而导致的症状，急性高血压患者以及症状不稳定和有较严重并发症者，一般不适宜用运动康复的手段进行治疗。高血压病患者参加康复锻炼前应进行体检，并按照医生的建议进行下一步活动。

2. 运动疗法的方法

美国运动医学学会报道的实验结果显示，有氧运动训练可使收缩压和舒张压分别降低 3~4 mmHg 和 2~3 mmHg，而且高血压患者训练后降低的幅度更大，收缩压可降低 7.4 mmHg，舒张压可降低 5.8 mmHg。从训练安排上来看，当强度为最大摄氧量的 40%~70%，每周训练 3~5 天，每次持续时间为 30~60 min 时，所产生的降压效果基本一致。因此，有规律的体育活动，对于高血压病的一级预防和二级预防都是其核心内容。

为了能够准确了解高血压患者的身体状况和机体能力，以便更好地为他们制订个体化的运动处方，在运动康复开始前，一般应先进行运动测定。2005 年，美国运动医学学会针对高血压患者提供了下列运动测定和运动训练建议：

（1）高血压患者在进行最大运动负荷测定或参加高负荷训练前应先排

除临床上的问题，然后可使用常规的程序进行运动测定。

（2）在有其他因素干扰时，如受试者肥胖或年龄偏高，可对特定程序进行适当的改良（如改良的 Bruce 方案）。

（3）不测定时间和运动测定时间，不要相互影响。

（4）测定中认真监测血压的变化，收缩压大于 260 mmHg、舒张压大于 115 mmHg 时停止测定。

（5）不应提倡对运动血压反映强烈的高血压患者进行大运动量测定，但是，如果可以得到运动测定的结果，并且上述患者的运动出现了高血压反应，则这些信息可为危险分层提供依据。同时，也说明他们应对其生活方式有所改善，以期减少血压的升高，并且在某些环境下服药情况可能也需有所改变。

五、肥胖症的运动疗法

（一）肥胖症的发病机制和主要症状与体征

肥胖症是一种与环境（社会和文化）、基因、生理、新陈代谢、行为心理等相关的、复杂的、多因素的慢性代谢性疾病。当人体摄取食物过多、消耗能量减少，使过多的热量在体内转变为脂肪大量蓄积起来，体重超过标准体重的 20% 以上，就发展成为肥胖。世界卫生组织将肥胖定义为一种疾病，可损害健康。目前，肥胖的全球化和低龄化趋势使之成为全球关注的公共健康问题。肥胖既是一个独立的疾病，又是 2 型糖尿病、心血管病、高血压病、脑血管疾病和多种癌症的危险因素，被世界卫生组织列为导致疾病负担的十大危险因素之一。

肥胖的分类有多种方法，通常将其分为单纯性肥胖、继发性肥胖和药物引起的肥胖。单纯性肥胖是各类肥胖中最常见的一种，约占肥胖人群的 95%，这类患者全身脂肪分布比较均匀，没有内分泌紊乱现象，也无代谢障碍性疾病，其家族往往有肥胖病史，主要是由遗传因素及营养过度引起的。继发性肥胖是由内分泌紊乱或代谢障碍引起的一类疾病，占肥胖症的 2%~5%，肥胖只是这类患者的重要症状之一，同时还会有其他各种各样的临床表现，治疗时主要治疗原发病，运动及控制饮食的减肥方法均不宜采用。有些药物在有效的治疗某种疾病，但却还有使患者身体肥胖的副作用，这类肥胖患者占肥胖症的 2% 左右，一般情况而言，只要停止使用这些药物，肥胖情况可自行改善。但也有些患者因此成为"顽固性肥胖"患者。

肥胖的原因很多，普遍认为肥胖是多因素作用引起的综合征，研究发现，肥胖主要受遗传神经内分泌、饮食因素、运动不足和生活方式等因素的影响。

（二）肥胖症的运动疗法

肥胖症的治疗目标是减轻体重，长期保持降低的体重，预防体重的进一步增加，减少各种肥胖相关的并发症。肥胖症的治疗原则是强调以一个人行为治疗为主，坚持饮食和运动疗法这两种最重要的治疗措施，必要时辅以药物治疗以及万不得已时的手术治疗。此外，全社会重视和预防超重也是预防肥胖症发生的重点。

1. 肥胖症运动疗法要素

（1）合理的运动强度。

一般，用运动中的脉搏数反映运动的强度，准确测量 10 s 脉搏乘以 6 即代表运动中的每分钟心率，在运动康复处方中要求达到个人的最适运动心率，计算公式如下：

$$最大心率（次/min）= 220-年龄（岁）$$
$$心力储备 = 最大心率-安静心率$$
$$最适运动心率 = 心力储备×75\%+安静心率$$

一般认为，运动强度在 55% ~ 65% 的最大心率强度较为适宜，但要根据受试者的肥胖度及其并发症的程度而做适当调整，一次的运动量不应低于一日所消耗总能量的 10% ~ 15%（1 046 ~ 1 255 kJ）。在以 55% ~ 65% 的运动强度运动时，糖类和脂肪燃烧供能的比例几乎相同，此时体内环境的变化更适合于参与脂质代谢的各类酶的活化作用，该强度相当于平时没有运动习惯人的无氧阈强度，而长时间运动一般也不会造成乳酸等物质的堆积，对心脏和下肢运动也不会产生影响，该强度对肥胖者来说是最为适宜的运动强度。

（2）合理的运动项目。

运动减肥主要是以中等强度较长时间的有氧运动为主，辅以力量运动及球类运动等，可以根据肥胖者的体质和个人爱好选择运动项目，目前普遍流行的有节律的动力性有氧运动主要有：长距离步行、远足、慢跑、骑自行车、游泳、跳舞、划船、上下楼梯、骑马、健身操以及水中运动（如水中行走、水中跑、水中跳跃和踢水等）。研究表明，水中运动被认为是最有效的减肥运动，但要摒弃哪肥练哪的观念，这是因为局部减肥几乎是不可能的，在运动中，机体动用的脂肪并不是仅仅来自运动的某个部位，而是来自遍布全身的脂肪组织，即使是减少局部脂肪，也必须在进行全身运动的基础上再进行局部运动，才会达到良好的效果。另外，可以适当选择一定的力量训练，以增加肌体的瘦体重使体形更加健美。力量性的运动，主要是进行躯干和四肢大肌群的运动，主要活动方式有仰卧起坐、下蹲起立、俯卧撑等，也可以利用哑铃或拉力器进行力量练习。科学研究表明，有氧运动可以有效地改善心血管系统和呼吸系统的机能，提高人体的最大吸氧量，但并不提高机体瘦体重的含量，力量练习虽然不能有效地改善心肺功能和最大摄氧量，但却可以明显增加体内瘦体重的含量，瘦体重的增加可以提高人体安静状态下的代谢率。也就是说，瘦体重多的人比肌肉少的人消耗的能量要多，因此，有氧运动结合力量练习是最有效的减肥方法。

（3）合理的运动时间。

运动持续时间与运动强度相互影响，增加运动强度则运动时间会减短，反之，负荷减轻时则可以持续运动更久，持续时间可用距离或能量消耗来表示。美国运动医学会建议每天应进行中等强度、持续练习 30~60 min 的活动量，消耗 300 kcal 左右。在以中等强度运动时，肌体在开始阶段并不会立即动用脂肪供能，至少需要 15 min，因此，要有效地消耗脂肪运动时间必须长于 30 min。

（4）合理的运动频率。

运动持续时间与运动强度不同，每周的运动频率也不相同。例如，日本爱知大学运动医疗中心发现运动强度为 60%~80%，每次运动 150 min，每周应至少运动三次才会取得运动减肥的良好效果。

2. 运动减肥注意事项

（1）在制订减肥运动处方时，必须确定肥胖的原因及机体的健康状况，以便对症下药，最好在医生和体育指导员的指导下进行。

（2）要达到个体化，运动处方要因人而异，大运动量运动、短时间运动、快速爆发力运动是不利于减肥的三种运动方式。

（3）在实施运动处方的过程中应遵循循序渐进的原则，不可操之过急，特别是中老年人更应该加强医务监督，并根据自己身体的实际情况，适当调整运动量。肥胖者因不经常运动，肌肉关节都比较僵硬，需要慢慢锻炼，切不可求快而伤害身体。而且，肥胖者心肺负荷已经较大，如果在短时间内运动量增加过多，会造成心肺等器官负担过重。

（4）运动要达到减肥效果不是一两天就可以的，而是要长年累月持之以恒，为了避免单调，可以变换运动种类。

（5）在运动减肥期间要科学的控制饮食，保证均衡膳食为机体提供全面均衡的营养物质。虽然专家们一致认为减肥的关键在于运动，但科学的饮食也是不容忽视的，科学饮食与运动相结合会使减肥的效果更佳。减肥时应当限制膳食的总能量，而不仅仅是限制脂肪的摄入，减肥期间应适当增加蛋白质，食用低糖食物和适量脂肪。正常情况下，碳水化合物比例为 55%～60%、脂肪为 20%～25%、蛋白质为 15%～20%，摄入量比为 4∶1∶1，在减肥期间也要保持营养素的摄入比例。

（6）出现下列症状应停止运动：心跳不正常（心跳不规则、心悸、快脉搏突然变慢）；胸部、上臂或咽喉部突然疼痛或沉重，特别眩晕或轻度头痛、意识紊乱、出冷汗、昏厥、严重气短；身体任何一部分突然疼痛或麻木，上腹部疼痛或胃灼热；一时失明或失语。

第三节　运 动 处 方

运动处方是指针对个人的身体状况，采用处方的形式规定健身者锻炼的内容和运动量的方法。其特点是因人而异，对"症"下药。

一、运动处方的概念和发展历史

（一）运动处方的概念

近些年，随着医疗体育和康复医学、康复方法的不断进步，为运动处方的发展和扩展提供了理论和实践的巨大空间。同时，由于冠心病、糖尿病等慢性代谢性疾病的发生，使人们开始更加重视运动本身对慢性病的治疗和体育运动对慢性病患者的康复方法。1969 年，世界卫生组织开始正式使用和推广运动处方这个比较成熟的术语，并且很快得到国际的认可和广泛使用。

世界卫生组织将"运动处方"概括为：对从事体育锻炼者或患者，根据医学检查资料，包括运动试验和体力测验，按其健康、体力以及心血管功能状况，结合生活环境条件和运动爱好等个体特点，用处方的形式规定运动的适当种类、时间及频率，并指出运动中的注意事项，以便有计划的经常性锻炼，达到健身或治病的目的。

运动处方的概念从不同角度来看，有很多的理解方式，同样，也因此有很多解释其概念的不同理念。除了世界卫生组织的概括，也有另一种完整的概念如下：专业康复医师、体疗师或健康管理师，对专业从事体育锻炼者、亚健康人员以及具有患病后遗症人群可接受康复治疗者，按照其健康程度和体力情况，结合其心血管功能，通过问卷结合临床检查和体力检查，以处方的规定和形式，为达到提高机体能力、改善健康状况或改善治疗状况等目的，制订运动类型、运动强度、运动时间以及运动频率、注意事项，从而有针对性、安全可靠性的锻炼方式的一种方法。

（二）运动处方的发展历史

早在 20 世纪 50 年代，美国生理学家卡波维奇就提出过"运动处方"的概念。1960 年，日本猪饲道夫教授首先使用了"运动处方"这一术语。1969 年，世界卫生组织使用了"运动处方"（prescribed exercise）术语，从而在国际上得到了认可。西德 Holl-mann 研究所从 1954 年起对运动处方的理论和实践进行研究，制订出健康人、中老年人、运动员、肥胖症等各类运动处方，社会效果显著。

二、运动处方的原理及主要内容

（一）运动处方的原理

人体运动时体内发生各种变化，如脉搏和呼吸频率加快，血压升高，体温上升等，这种在运动中和运动刚结束时发生的变化，称为"一时性适应"，表明通过运动身体产热过程已经加强，身体功能通过调节已经动员起来。

"一时性适应"的发生情况可因运动方法而不同，如举重运动和跑步运动时所引起的反应就有所不同，即使是跑步，短距离快跑和长距离慢跑所引起的反应也有所不同，即使是长距离跑，速度和时间不同引起的变化也不同。

"一时性适应"的多次重复，可产生持续性适应，持续性适应也因运动方法不同而有差异，如反复进行强烈的用力运动，会使肌肉变粗，使肌肉力量更加增强。而反复进行长距离跑，则可增强心肺等呼吸和血液循环的功能，可使更多的氧被摄入体内。

但是，并不是重复进行什么运动都可以引起持续性适应，收到训练效果。运动强度过小或时间过短则不会引起适应，或者即使引起适应也很小，如果重复间隔时间空隙过长，也不会收到效果。相反，如果运动强度过大，超过身体能够适应的界限，也会使身体陷入危险状态。为了能收到训练的效果，在确定运动强度和时间时，运动负荷要适宜。

（二）运动处方的主要内容

一个比较全面完整的运动处方应包括以下几项内容：

1. **运动项目**

为了增强、改善心血管系统及代谢功能，防治冠心病、肥胖症、动脉粥样硬化等疾病，可练习耐力项目（有氧训练），如步行、健身跑、骑自行车、游泳、划船、登山、上下楼梯和跳绳等。为了调节情绪消除疲劳，防治高血压病，神经衰弱等，可选择运动量较小的练习，如气功、太极拳、散步、放松操和保健按摩等。为了治疗某些疾病和进行功能训练，可选择医疗体操，如肺气肿、支气管炎应做专门的呼吸体操，内脏下垂应进行腹肌锻炼，肢体骨折后应进行功能训练，截瘫患者要进行轮椅训练，截肢患者应进行假肢训练等。

2. **运动强度**

运动强度、运动时间和运动频率是组成运动量的三要素，其中运动强度是最重要的因素，其是能否获得锻炼效果和安全的关键。因此，掌握适宜的运动强度是制订及执行运动处方的主要内容之一。

反映运动强度的生理指标有三个：① 运动时的心率；② 运动时吸氧量占最大吸氧量的百分数；③ 代谢当量及运动时代谢率为安静时代谢率的倍数，其单位是梅脱（MET）。

为了临床应用方便，国内外常采用心率作为掌握运动强度的标准。大强度相当于最大摄氧量的 70%~80%，运动时的心率可达 125~165 次/min，这种强度很少在慢性疾病中应用；中等强度相当于最大吸氧量的 50%~60%，运动时的心率为 110~135 次/min；小强度相当于最大吸氧量的 40% 以下，运动时的心率在 100~110 次/min。

3. **运动时间**

进行耐力性运动（有氧训练）可做 15~60 min，其中，维持反映运动强度的心率时间必须在 5~15 min 才能达到锻炼的效果。

运动强度和运动持续时间决定运动量，当运动强度较大时，持续时间较短，采用同样运动量时，年轻和体质好的锻炼者可选择强度大、持续时间短的练习，中老年及体弱者宜选择强度小而持续时间较长的练习。

4. **运动频率**

一般每日或隔日运动一次，由运动量的大小而定，若运动量较大，休息间隔时间应较长些。

三、制订运动处方的程序

（一）制订运动处方的主要程序

制订运动处方时，首先应进行自我筛查，然后进行医学和体力检查。自我筛查主要采用体力活动准备问卷（PAR-Q）和运动前筛查问卷。医学检查的目的，是为了评定目前的健康状况，如有无慢性疾病和参加运动的禁忌证。体力检查的目的，是推测其活动能力，找出有效运动的上限（安全界限）和下限（有效界限）。

最重要的检查是运动负荷实验，目前，采用较多的是跑台和自行车功量计。通过运动负荷试验测定心率、血压、心电图、自觉症状等，以评定有氧活动能力，有无心电图异常、血压异常以及出现这些异常与运动强度的关系。最后根据检查结果制订出适合每个人的运动处方。

（二）运动负荷试验

运动负荷主要是测定有氧运动能力，诊断冠心病并对心脏病病情分类，测定运动中最高心率及确定运动时的安全性。

试验中的运动负荷有两种，最大负荷与次最大负荷。最大负荷的试验比次最大负荷试验更合乎要求，但其危险性较大，尤其是老年人或有某些疾病的患者不适宜采用。

运动处方必须做运动负荷试验，它是最重要的检查方法之一。就其危险性，日本的山村氏曾报道了过去运动负荷试验中的死亡事故，死亡率是1/10 000。一般以健康人为对象时，死亡率低于1/10 000。

为了确保运动负荷试验中的安全性和运动处方的有效性，常放弃最大负荷试验而采用次最大负荷试验。此外，在进行运动负荷试验时，对那些在医学检查发现有潜在病患的人或可疑者，必须准备相应的对策。

1. **试验前的安全检查**

运动负荷试验前，首先应清楚锻炼者有无禁忌证。由于临床应用运动处方时，死亡事故以心血管系统的原因较多，所以循环系统特别是心电图和血压是不可缺少的检查项目。

2. **确定当天安全性检查项目**

评价检查当天身体状态是非常必要的，具体检查项目如下：

（1）有没有感冒等传染性疾病。

（2）体温（腋下）不超过37℃。

（3）安静时心率每分钟在 100 次以下。

（4）安静时收缩压不超过 120 mmHg。

（5）当天未曾饮酒。

（6）有足够的睡眠。

（7）有规律的按时进餐。

（8）已接受医学诊断，并得到医师对进行运动的许可。

3. 确定运动负荷试验中的安全性

在试验对象面色苍白、发绀、高度呼吸困难、胸闷、脚疼、发生外伤时，终止试验；比较安静时与运动中心电图有无差异，若有 ST 段下降，心律失常等，应终止试验；运动中如果血压过高（超过 250 mmHg）就要终止运动；当增加负荷时，如果出现血压下降，这表明心脏衰弱，也应终止运动。为了运动负荷试验的安全性，在最大负荷试验时，预先给受试者设定一个明确的"目标心率"，试验中一旦达到预定目标心率，就可终止运动负荷试验。目标心率应随人而异，一般来说，最高心率会随年龄而下降，目标心率也应随年龄的变化而下降。

尽管建立了以上安全措施，事故还有发生的可能，所以运动负荷试验只能在医师到场的情况下实施。另外，还要预先做好急救的安全准备，一旦事故发生，确保有相应对策。

要根据上述检查和运动负荷试验的结果，合理安排运动量。

（三）体能测试

体能测试也是验证运动者实际耐受运动负荷能力的一种方法，进行体能测试也是为了保障运动处方的安全性和有效性。经典的体能测试有定时的 12 分钟跑和定距离的 3 000 m 跑，还有 500 m 游泳，国外还常采用 1.5 英里（约等于 2 400 m）跑。无论哪种方法都是根据运动者的成绩来进行评价的，特别要说明的是，体能测试要在运动负荷试验结果正常的前提下再进行，以防止出现意外。目前，在我国学生体质测试中，体能测试一般采用男子 1 000 m 跑和女子 800 m 跑的方法。

第四节　中国传统体育养生方法

中国传统体育养生是以中国古代养生学说为理论基础，以强身健体的锻炼方法为手段的中华传统文化精髓，是中国优秀文化遗产的瑰宝之一。它注重人与自然、人与社会、人体阴阳、人体脏腑、气血经络等方面的平衡及调节。主要依靠人体自身的能力来发挥主观能动作用，把姿势的调整，呼吸的锻炼，意念的运用加以整合，来调理和增强人体各部分机能，激发、强化人体的固有功能，起到防治疾病、保健强身、延年益寿的作用。作为一种焕发着勃勃生机的文化现象，传统体育养生学在数千年漫长的历史进程中，不但形成了自己独特的理论体系，而且也积累了一整套实用、同时又充满我国古代劳动人民聪明智慧的实践方法。

一、中国传统体育养生方法锻炼的基本原则

传统体育养生功法锻炼的基本原则是习练传统体育养生功法的人们在长期锻炼过程中不断摸索、长期实践、多年积累的经验概括和总结，是指导人们进行传统体育养生功法锻炼的法则。

（一）松静自然

"松"是指"身"而言，"静"是指"心"而言，"自然"是针对练功的各个环节提出来的，要求无论是姿势、呼吸、意守、心情和精神状态都要舒展、自然。"松静自然"不仅是确保练功者取得功效的重要法则，同时也是防止练功出现偏差的重要保障。

在习练传统体育养生功法的过程中，无论行走、坐卧或者是站立，都要做到自然舒适不拿劲。例如，放松时面带微笑，做动作时动作要圆匀、缓慢，这本身就是一种松静自然的状态。又如，运用意念调节时要似有似无、绵绵若存，呼吸要自然平顺，做到匀、绵、长。

身心放松一方面有利于机体内气血的自然循环，减少机体的负担和能量消耗，降低基础代谢率；另一方面可以降低机体的兴奋程度，减少内、外环境对大脑皮质的干扰，有利于诱导大脑入静，能加速进入自我调整的传统体育养生功法状态，是习练传统体育养生功法取得成效的必要条件之一。

（二）动静相兼

"动静相兼"是练习形式上的动与静的紧密配合及合理搭配，是思想与形体的活动及安静，二者是相对应的，形动则神易静，静极又能生动。因此，在练习过程中，要做到动中有静，静中有动。一般来讲，"动"对疏通经络、调和气血、滑润关节和强壮肢体有良好的功效。而"静"对平衡阴

阳、调整脏腑和安定情绪等有独特的作用。只有两者结合，做到"动中有静，静中有动"，才能发挥其长处，弥补其不足，从而达到事半功倍的效果，使身体强健，体质增强。

"动中有静，静中有动"是指练习中意念要集中在动作、穴位、经络、气息的运行上，排除一切杂念，达到相对的"静"，即所谓的"动中有静"；虽然形体处于相对安静状态，但要体会体内气机的运动，如气血的流通、脏腑的活动等，此即所谓的"静中有动"的感觉。

动静相兼要根据习练者的体质、精神状态和练功的不同阶段，灵活地调整动功和静功的比重。有的人应以动功为主，有的人应以静功为主，就是对同一个人，在不同的练功阶段，有时也会侧重于动功，有时则应侧重于静功。究竟怎样选择，一方面要靠老师指导，另一方面则要靠自己的体验进行调整。在习练传统体育养生功法时，强调动静结合。

（三）练养结合

练养结合是指练功和自我调养结合起来。练功对增强体质，促进身心健康的作用是非常明显的。然而只顾练功，不注意调养，就违背了练养结合的原则，也就达不到预期的健身效果。因此"练功"和"调养"必须要密切结合，才能相得益彰。

第一，要注意功法的选择。要根据自身的情况，选择适合自己的功法进行练习。单就静功来说，就有站式、坐式和卧式。对于身体强壮者，可选择站桩，站桩体力消耗大，气机发动快。而站桩又有直立站桩和屈膝站桩两种，要根据自身的体力情况选择。身体弱的练习者，可以选择坐式，坐式又分为端坐和盘坐（散盘、单盘、双盘）。对于腿脚较硬的老年人，可先从端坐练起，待上身姿势掌握好以后，再进入散盘或其他的盘坐姿势；对于体力尚好、腿脚还能坚持单盘的习练者，可从单盘开始慢慢过渡到双盘；对于站立或坐着不方便的人，可采用卧式。

第二，要注意功法强度的选择。尤其动功，要根据体力情况选择适合自己的功法，不要超强度习练，否则会影响身体的健康状况。

第三，要注意练功时间长短的选择。对于体力差的人，适宜选择时间不长的功法。

第四，注意练功环境的选择。选择好的练功环境，不仅有利于入静，而且有利于气机发动，功效显现较快。练功环境应选择地势平坦、空气清新、绿茵草坪等环境幽静的地方。切忌在人声喧闹、楼顶阳台、风口山坡等地练功。

关于调养，晋朝葛洪就曾提出"养生以不伤为本"的原则。世间一切事物都应有个适度的问题，超过了一定的"度"，就会走向反面，即所谓"物极必反"。

（四）循序渐进

传统体育养生功法的操练，动作虽然简单，但要纯熟掌握也需要通过一段时间的练习才能逐步达到。习练传统体育养生功法不能急于求成，必须做到由简到繁，循序渐进。

首先，在动作、呼吸、意念的训练中要做到循序渐进；其次，在功效的显现上要有循序渐进的思想准备；另外，练功时间的安排和练功强度也应逐步增加，习练者要根据个人的身体情况逐渐增加练功的强度和习练的时间，不能超越自己体能的限度。

（五）持之以恒

对于习练者来说，不能持久地坚持练功，是影响习功效诸多因素中最容易出现而又难以克服的困扰。持之以恒应该是发自习练者内心的行为表现，一旦习练者自己偏离习练的法则，或操之过急，或时练时停，或巧取捷径，习练的效果则将半途而废。

二、中国传统体育养生方法特点及体育康复功效

我国传统的体疗康复方法内容非常丰富，其共同特点是：要求做到意、气、身相结合，即意识、呼吸锻炼与身体动作相结合，还要求做到动静结合、形意相随、意气相依。

（一）气功

气功是指着眼于"精、气、神"进行锻炼的一种健身术，它通过调身、调息、调心等方法来调整精、气、神的和谐和统一。气功在我国已有 2 000 年左右的历史，自汉代至清代，历代医书中均有通过气功进行康复医疗的记载，是祖国文化珍贵遗产的一部分，是古人在与疲劳、病痛、衰老进行长期斗争的实践中逐步摸索、总结、创造出来的一种自我身心锻炼的养生康复方法，是我国传统文化中的瑰宝。在气功习练中将以意识、呼吸锻炼的调控和运行为主的功法称为"静功"，如内养功、强壮功、放松功、站桩功和周天功等；将以肢体运动为主的功法则称为"动功"，如太极拳、五禽戏、八段

锦、易筋经、保健功等。

虽然中国气功种类繁多，但它们都讲究练形、练意、练气的方法和原则，通常人们也把"练形、练意、练气"称为气功练习的三要素，这其中，意念起决定性的主导作用。意念的锻炼实质上是一种心理锻炼，但又不同于普通的心理疗法。因为气功中的心理不是由医生实施的，而是要带有习练者的自我主动性。也就是说，气功既不是单纯的心理疗法，也不是单纯的体育运动疗法，它是将心理、体力、呼吸的锻炼有机地结合在一起共同起作用的一种健身益寿的健身功法。

1. 气功的姿势习练 （练形）

练形指练习气功的姿势。气功的姿势是指练功过程中身体的摆放或活动形式，即"练形"，又叫"调身"。常用的练形有卧式、坐式、站式或行式。其中卧式包括侧卧、仰卧、臀高卧和半卧等；坐式包括各种盘腿坐、平坐和椅凳上坐等；行式包括凝视远方漫步，四肢和躯干的各种自然运动等。其中，坐式或站式用者较多，其动作上要求保持头正、颈直、眼轻闭、舌抵上腭、鼻呼吸、松肩、垂肘、收下颌、含胸、拔背、腰挺直、两肢平行，如肩宽、臀突、脚松、脚扒地等最佳练功姿势。无论哪种姿势，均要求习练者具有舒适、自然、持久、稳定、放松和安全感。

2. 气功的意念习练 （练意）

"练意"是指练功人有意地排除杂念以达到入静的练习方法。即练就以一念代万念，让意念集中于一点，即守意。守意的实质是通过意志控制体内生物能，即"气"的活动。

守意可分为内守和外守两种：内守包括守丹田、守呼吸、守病灶、守全身或某一病痛处使之放松缓解等。

（1）守丹田。丹田又可分为守"上丹田"即两眉之间。可以促使气血上升，提高血压和心率；守"中丹田"即两乳之间。理气，可以防止和治疗心脏病和内脏下垂；守"下丹田"即脐与耻骨之间。能使气血下行，降低血压和心率。若同腹式呼吸结合起来就能形成"气贯丹田之势"，对消化系统、呼吸系统的疾病和神经衰弱等均有良好的效果。

（2）守呼吸。主要有数息（默数呼吸的次数）、听息（细听呼吸和气流声）、顺息（即留意呼吸出入所引起的腹或胸的起伏）。需注意的是，默念必须是具有镇定作用的良性词语，如呼气时默念"松"，吸气时默念"静"等词语。

（3）守病灶。如心脏病患者应想到自己的心脏健壮发达的跳动状态；如骨畸形、错位的固定、牵引者应意想畸形、错位在放松、伸展、复位的变化恢复状态；如急症疼痛患者应意想痛处松弛、致痛因素解除的状态等。

3. 气功的呼吸习练（练气）

所谓"气"，主要是指人们所呼吸的空气和人体内在的"元气"。那么练气，就是指锻炼人体内部的"元气"。这个"元气"，相当于人体的生理功能、对疾病的抵抗力、对外界环境的适应力和体内的修复能力。旺盛的"元气"是维持身体健康、预防疾病的重要因素，气功就是一种锻炼"元气"、增强体质的功夫。

呼吸深长匀细指的即是调息（练气），它主要是指对呼吸的控制要缓慢，通过特定的身型或动作及意念的配合，练人的元气，从而达到内气鼓荡、精气畅流，正如中医所讲的通者不痛、痛者不通，气血通畅，百病皆无，进而周天运行，气达全身。调控呼吸的方法有很多种，不同的呼吸方式，其功效及作用也有所不同，大体可以归纳为以下几类：

（1）自然呼吸。呼吸时要注意胸廓随呼吸而起伏，进而达到提高呼吸肌功能，促进呼吸道炎症和分泌物的消除。

（2）腹式呼吸。可以提高呼吸功能，同时还能够运用膈肌的起伏对腹腔脏器进行按摩。

（3）逆式呼吸。吸气时扩胸收腹，呼气时缩胸鼓腹，这种方式有利于诱导意念的集中和训练运动神经的灵活性。

（4）停闭呼吸。在吸与呼之间或在呼与吸之间停止呼吸 3~7 s。

目前，气功练习方法有很多，在体疗康复中应用较多并较早的是放松功和内养功等。

（1）放松功。

放松功是松弛机体、安定心神的一种静功锻炼方法。具有安定心神、调和气血、疏通经络、增强体质和康复心身的作用。对一些疾病，如高血压病、冠心病、支气管哮喘、胃窦炎、消化系统溃疡、肠功能紊乱、神经衰弱、头痛、失眠、青光眼和焦虑恐惧心理障碍等均有着直接的治疗作用和间接的辅助调理功效。

松功放松的方法，主要靠主观意念使某些部位肌肉松弛。究竟是否放松了，全凭练功者内在的自我感觉，可称作"内反馈"。依靠内反馈，可以使过度兴奋而导致功能紊乱的皮质细胞得到复原，使顽固的病理性兴奋灶转入抑制状态，为恢复健康创造有利条件。国外的"生物反馈疗法"是利用肌电来指示肌肉放松的程度，可称为"外反馈"。

① 放松功的锻炼方法。

放松功的种类很多，常用的具体功法有"三线放松""逐步放松""分段放松""局部放松""整体放松"和"倒行放松"等。这里仅以"三线放松功"为例，以供大家领略放松功的精髓和要领。

"三线放松功"是放松功的一种，其特点主要是要求身心放松。所谓"三线"分别是：

第一线（前面）：头顶（百会）→头面部→颈部→胸部→腹部→两大腿→两膝盖→两小腿→两脚背→两脚趾（轻轻意守脚趾 1 min）；

第二线（侧面）：头顶（百会）→面部两侧→颈部两侧→两肩→两上臂→两肘关节→两前臂→两腕关节→两掌→两侧手指（轻轻意守指尖 1 min）；

第三线（后面）：头顶（百会）→后脑部→后颈背部→腰部→两大腿后面→两腿窝→两小腿后面→两脚跟→两脚底→（轻轻意守涌泉穴 1 min）。

由第一线开始到第三线结束为一循环。如果练功者仍未能入静，可以再进行一次；如果已能入静，那就可以进一步诱导：你现在全身都放松了，松、松……此时应注意呼吸要自然，意守小腹部（丹田），一般 15~30 min。可配合优美的音乐进行练习。结束时，注意收功：浴面、鸣鼓、左顾右盼、左右托天、揉膝、擦腰、攀足拍腿等。

练功时要领遵循调身、调息、调心的气功练习基本原则。调身采用坐位或侧卧位，以舒适为度；调息采用自然呼吸，吸气时默想"静"字，呼气时默念"松"字；调心时，应随着呼吸默想，用意识顺序放松身体各部分。为方便起见，可按三条线来进行放松。此功法适宜于中、老年体弱者，心血管疾病患者及一般慢性病者。

② 放松功练习的注意事项。

放松功一般采用顺腹式呼吸。呼吸要自然柔和，吸气微微，呼气绵绵，不快不慢，舒适自得。刚开始练功者如果不会腹式呼吸，可先采用自然呼吸，然后慢慢地过渡到腹式呼吸，从而提高练功的效果。

"松"是没有方向性的，感觉要从意想的部位为中心开始，随呼气同时默念字句向四周散开，使五脏六腑、四肢百骸全部松开，产生一种气充全身的圆满之感。

要求的"松"是指不紧张，绝不是懒散松懈。例如，颈部放松时不能使头低垂；胸背部放松时不能驼背；腰部放松时身体不能前屈使腹部受压。

放松功以诱导肌肉和精神放松为主，静养"元气"。以适当的安静来保养损耗了的"元气"，使身体抵抗力逐渐增强，使扰乱了的功能逐渐恢复正常。适用于一般身体虚弱的慢性病、手术后、痉挛性麻痹等，也可作为内养功的准备阶段。

每次练功 20~30 min。一周后若呼吸逐渐柔和细长，则每次练功时间可适当延长。

（2）内养功。

① 内养功概述。

内养功是一种静功功法，"内养"的意思就是"养内"，就是调养人的内气、真气和元气，以充实的正气来调整阴阳失调，填补气血虚损和恢复脏腑功能。内养功是以调心与调息为主的功法。通过锻炼可达到一种"大脑静、脏腑动"的特殊状态，对内脏特别是消化系统有较好的医疗保健作用。适用于胃及十二指肠溃疡、胃下垂、肝炎、顽固性便秘、慢性消化不良、肺气肿、高血压病、神经衰弱等

② 内养功的习练方法。

内养功的锻炼方法主要是在采用一定的姿势后（或坐或卧），注重呼吸方法的选择（主要是闭式呼吸）和意念的运用（主要是默念字句）。其锻炼的要点是默念字句、停顿呼吸、舌体起落、气沉丹田。

内养功除采用仰卧式外，还可采用侧卧式或坐式，卧式有仰卧、左侧卧、右侧卧和半躺卧；坐式有端坐和盘坐等。选择什么样的姿势应根据练功者的身体状况而定，体质弱的、年老的、久病的患者可选择卧位；体力稍好的可选择坐位。另外，也可根据习练者的病情来选择体位，如胃张力低下、排空迟缓者应选择右侧卧位；胃黏膜脱垂者应选择左侧卧位；交感神经兴奋型的应选择卧位；交感神经抑制者应选择坐位，最好是盘坐位。姿势摆好后，开始用鼻呼吸，呼吸要求自然、慢、细、匀、长而不要憋气。吸气时，舌顶上腭，稍停，将舌放下，将气缓缓呼出。呼吸时，加默念"内养功"三个字，念"内"字时吸气，"养"字时停顿一会儿，念"功"字时呼气；同时可意守丹田或意守身体其他部位。

内养功的呼吸方法较为复杂，不仅有停闭呼吸，并且还要同时配合舌体的运动和默念字句。吸气时，舌抵上腭，呼气时，舌体放下，停闭时，舌体不动。具体的方法有以下三种：

第一种：采用吸气→停止→呼气的方法。此方法可增强交感神经的兴奋性，抑制胃肠功能，升高血压和心率。

第二种：采用呼气→停止→吸气的方法。此方法可增强迷走神经的兴奋性，加强胃肠蠕动，降低血压和心率。

第三种：采用的是吸→停→吸→呼的方法。实际上是第一种呼吸方法的加强型。

第一种和第三种呼吸最好配合舌体的运动，而第二种呼吸则以不配合舌

体运动效果较好。

停闭呼吸练习功效的大小取决于停闭呼吸的长短，长的则功效强，短则功效弱。在练习时，应注意循序渐进，在适应了停闭呼吸的方法后，再逐步拉长时间以增强效果，且不可为短期追求功效而一味拉长停闭时间，造成憋气，从而损伤身体的健康状况。

默念字句时可选择3~9个字的字句来默念，少一些的字句为好，如采用第一、二种呼吸方法时最好选择三个字的句子来默念；第三种呼吸法则可采用4个字的句子来默念，这样既容易掌握又与呼吸密切配合，效果会更好。

刚开始练习时，可选择与"松""静"等有关的组合字句，如"心平静""体放松"等，练习一段时间后有一些基础了，可选择一些针对自己身体状况，并且是对这些不良状况有良性诱导作用的字句。例如，有交感神经兴奋性的失眠、头痛、心动过速等症的患者可选择含有"松""静""平""定""凉""下"等字眼的字句。默念字句一是可以收敛思绪，排除杂念，通过反复念单一的字句，以一念代万念，使大脑相对安静；二是可以借助字句的刺激起到良性的调节作用。

内养功的意守主要把意守点选择在自己体内，如腹部丹田、膻中、脚趾等。其中以腹部丹田为最好。因为腹部丹田为人体"生气之源，聚气之所"，意守丹田可强壮人体真气、元气。另外，习练者还可根据身体状况选择意守的部位，如交感神经兴奋性高的可选择体位低一点的部位，如脚趾处；如果交感神经兴奋性低的和妇女经期，可选择体位高一点的部位，如膻中等。意守只要将意念轻轻放在这些部位即可，不必刻意去想象有什么或像什么，只有这样，才不至于造成"死守"而产生气结、气滞等不良反应。

（二）太极拳的功法特点及体育康复功效

太极拳是我国流传较广的传统健身手段，在功法和体疗上有以下特点：

（1）动作柔和、稳定、圆活、缓慢进行，适用于体弱和慢性病患者练习。

（2）动作复杂、前后连贯，有助于训练协调性和平衡性。

（3）动作涉及全身主要关节和肌群，长期练习可增进关节活动性，增强韧带的机能。

（4）练太极拳时用意不用力，练习时全神贯注，使大脑皮质兴奋和抑制过程能够很好集中。

（5）练太极拳时，呼吸要调整得深沉稳定、匀细柔长，呼吸和动作要

太极拳

配合一致，能够很好地活跃腹腔血液循环，促进胃肠蠕动，从而改善消化器官功能。

（6）太极拳运动负荷可大可小，老幼强弱皆可练习。对某些疾病的患者可以根据病情特点和体疗要求，选用其中某些动作或突出某些要领。

太极拳对改善高血压病、动脉粥样硬化、溃疡病、神经衰弱、慢性腰腿痛、肺结核等病症都有较好功效。

（三）五禽戏

1. 五禽戏概述

五禽戏是后汉名医华佗参照虎、鹿、熊、猿、鸟5种动物的动作编成的一套"仿生式"导引术，以活动筋骨、疏通气血、防病治病、健身延年为目的。五禽戏运动负荷较太极拳大，常用于外伤关节功能障碍、慢性关节疾病、慢性腰痛等，练习时可针对某些疾病选用其中的某些动作。

五禽戏

2. 五禽戏功法特点及体育康复功效

习练"五禽戏"必须把握好"形、神、意、气"4个环节。习练时，躯体要放松，情绪要轻松乐观，呼吸要平静自然，最好能够逐步进入"五禽"的意境；用腹式呼吸，均匀和缓，口要合闭，舌尖轻抵上腭；吸气时用鼻，呼气用嘴；练习时，要排除杂念，精神专注，根据各意守要求，将意念集中于意守部位，以保证意气相随。

预备势

起势调息，归心入静，有利于平复心境。

虎戏

手形为"虎爪"。"虎戏"要体现虎的威猛，神发于目，所谓虎视眈眈。威生于爪，伸缩有力，讲究神威并重、气势凌人。动作变化要做到刚中有柔、柔中生刚、外刚内柔、刚柔相济，具有动如雷霆无阻挡、静如泰山不可摇的气势。

第一式　虎举：

（1）两掌举起吸入清气；两掌下按呼出浊气。一升一降，疏通三焦气机，调理三焦功能。

（2）手成"虎爪"变拳，可增强握力，改善上肢远端关节的血液循环。

第二式　虎扑：

（1）虎扑动作形成了脊柱的前后伸展折叠运动，尤其是引腰前伸，增加了脊柱各关节的柔韧性和伸展度，可使脊柱保持正常的生理弧度。

（2）脊柱运动能增强腰部肌肉力量，对腰部的疾病，如腰肌劳损、习惯性腰扭伤等症有防治作用。

（3）督脉行于背部正中，任脉行于腹部正中。脊柱的前后伸展折叠，牵动任、督两脉，起到调理阴阳、疏通经络、活跃气血的作用。

鹿戏

手形为"鹿角"。鹿喜挺身眺望，好角抵，运转尾闾，善奔走，通任、督二脉。练习时动作要轻盈舒展，神态要安闲雅静，意想自己置身于群鹿中，在山坡、草原上自由快乐地活动。

第一戏　鹿抵：

（1）腰部的侧屈拧转使整个脊椎充分旋转，可增强腰部的肌肉力量减少及腰部的脂肪沉积。

（2）目视后脚脚跟，加大腰部在拧转时的侧屈程度，可防治腰椎小关节紊乱等症。

（3）中医认为"腰为肾之府"。尾闾运转，可起到强腰补肾、强筋健骨的功效。

第二式　鹿奔：

（1）臂内旋前伸，肩、背部肌肉得到牵拉，对颈肩综合征、肩关节周围炎等症有防治作用；躯干弓背收腹，能矫正脊柱畸形，增强腰、背部肌肉力量。

（2）向前落步时气充丹田。身体重心向后坐时，气运命门，加强了人先天与后天之气的交流。尤其是重心后坐，整条脊柱后弯，内夹尾闾，后凸命门，打开大椎，意在疏通督脉经气，具有振奋全身阳气的作用。

熊戏

手形为"熊掌"。"熊戏"要表现出熊憨厚沉稳、松静自然的神态。练习时讲究运势外阴内阳，外动内静，外刚内柔，以意领气，气沉丹田。行步外观笨重拖沓，其实笨中生灵，蕴含内劲，沉稳之中显灵敏。

第一戏　熊运：

（1）活动腰部关节和肌肉，可防治腰肌劳损及软组织损伤。

（2）腰腹转动，两掌划圆，引导内气运行，可加强脾、胃的运化功能。运用腰、腹摇晃，对消化器官进行体内按摩，可防治消化不良、腹胀纳呆、便秘腹泻等症。

第二式　熊晃：

（1）身体左右晃动，意在两胁，调理肝脾。

（2）提髋行走，加上落步的微震，可增强髋关节周围肌肉的力量，提高平衡能力，有助于防治老年人下肢无力、髋关节损伤和膝痛等症。

猿戏

手形为"猿勾"。猿生性好动，机智灵敏，善于纵跳、折枝攀树、躲躲闪闪、永不疲倦。习练"猿戏"时，外练肢体的轻灵敏捷，欲动则如疾风闪电，迅敏机警；内练精神的宁静，欲静则似静月凌空，万籁无声，从而达到"外动内静""动静结合"的境界。

第一戏　猿提：

（1）"猿钩"的快速变化，意在增强神经—肌肉反应的灵敏性。

（2）两掌上提时，缩颈，耸肩，团胸吸气，挤压胸腔和颈部血管；两掌下按时，伸颈，沉肩，松腹，扩大胸腔体积，可增强呼吸，按摩心脏，改善脑部供血。

（3）提踵直立，可增强腿部力量，提高平衡能力。

第二式　猿摘：

（1）眼神的左顾右盼，有利于颈部运动，促进脑部的血液循环。

（2）动作的多样性体现了神经系统和肢体运动的协调性，模拟猿猴在采摘桃果时愉悦的心情，可减轻大脑神经系统的紧张度，对神经紧张、精神忧郁等症有防治作用。

鸟戏

手形为"鸟翅"。"鸟戏"取形于"鹤"，"鹤"是轻盈安详的鸟类，人们对它进行描述时往往寓意它的健康长寿。习练"鸟戏"时，要注意表现出鹤的昂然挺拔、悠然自得的神韵，仿效鹤翅飞翔、抑扬开合。两臂上提时要伸颈运腰、真气上引；两臂下合时则含胸松腹，气沉丹田。从而达到活跃周身经络，灵活四肢关节的健身效果。

第一戏　鸟伸：

（1）两掌上举吸气，扩展胸腔；两手下按，气沉丹田，呼出浊气，可加强肺的吐故纳新功能，增强肺活量，改善慢性支气管炎、肺气肿等病的症状。

（2）两掌上举，作用于大椎和尾闾，督脉得到牵动；两掌后摆，身体成反弓状，任脉得到拉伸。这种松紧交替的练习方法，可增强疏通任、督两脉经气的作用。

第二式　鸟飞：

（1）两臂的上下运动可改变胸腔容积，若配合呼吸运动可起到按摩心肺作用，增强血氧交换能力。

（2）拇指、食指的上翘紧绷意在刺激手太阴肺经，加强肺经经气的流通，提高心肺功能。

（3）提膝独立，可堤高人体平衡能力。

引气归元（收势）

使气息逐渐平和，意将练功时所得体内、体外之气，导引归入丹田，起到气血、通经脉、理脏腑的功效。

（四）八段锦

1. 八段锦概述

八段锦是我国民间流传的一套健身防病导引法。八段锦功法简短易学且效果良好，不受时间地点所限，容易推广，长期坚持练习"八段锦"可有利于发展肌肉力量，防治不良姿势和腰背痛，从而达到增强体质，防治疾病的效果。八段锦由 8 个动作组成，即"两手托天理三焦，左右开弓似射雕，调理脾胃单举手，五劳七伤向后瞧，摇头摆臂去心火，两手攀足固肾腰，攒拳怒目增气力，背后七颠诸病消"。

八段锦

2. "八段锦"功法特点及体育康复功效

"两手托天理三焦"法：可吐故纳新，调理脏腑功能，消除疲劳，滑利关节（尤其是对上肢和腰背）。

"左右开弓似射雕"法：通过扩胸伸臂可以增强胸肋部和肩臂部肌力，加强呼吸和血液循环，有助于进一步纠正姿势不正确所造成的病态。

"调理脾胃须单举"法：有助于防治胃肠病。

"五劳七伤向后瞧"法：通过整个脊柱的尽量拧曲旋转，眼往后看，达到调整中枢神经系统的功能；颈部的拧转有助于活络颈椎，松弛颈肌，有益于心肺两脏；腰部的拧转具有强腰健肾，调理脾胃的作用；可消除疲劳，健脑安神，调整脏腑功能，防治颈肩酸痛。

"摇头摆尾去心火"法：是全身运动，主要是头顶百会穴到盆底会阴穴的中脉运动，主要作用是降低中枢神经系统的兴奋性，从而宁心安神，治疗因交感神经兴奋性增高一类"心火上炎"性疾病。

"两手攀足固肾腰"法：可增强腰部及下腹部的力量，但高血压病和动脉粥样硬化患者，头部不宜垂得太低。

"攒拳怒目增气力"法：可激发经气，加强血运，增强肌力。

"背后七颠百病消"法：可疏通背部经脉，调整脏腑功能。

"八段锦"习练时应注意做到，呼吸均匀（自然、平稳、腹式呼吸），意守丹田（精神放松，注意力集中于脐部），刚柔结合（全身放松，用力轻缓，切不可用猛力）。每段可做两个八拍，每日 1~2 次。

（五）易筋经

1. 易筋经概述

易筋经

易筋经，即"健身气功·易筋经"。"易"的含义是移动、活动、改变，隐有增强之意；"筋"泛指肌肉筋骨；"经"指常道、规范、方法。"易筋经"即是活动肌肉、筋骨，使其变得强壮有力，以增进健康，祛病延年的一种养生健身方法。它以劳动时的各种动作为基本形态，活动以形体屈伸、俯仰、扭转为特点，达到"伸筋拔骨"的锻炼效果。在我国传统功法和民族体育发展中有着较大的影响，千百年来深受广大群众的喜爱和欢迎。

练易筋经时通常有两种方法：第一是在做每个动作时，要求姿势保持一定的时间，直至肌肉酸胀难忍时方停止，休息2~3 min再做其他动作。第二则是强调动静结合，松紧结合，即配合呼吸、意念、动则全身用力，静则全身放松。

易筋经练习的动作要领是：精神清静，意守丹田，舌抵上腭，呼吸匀缓，用腹式呼吸，松静结合，刚柔相济，身体自然放松，动随意行，不得紧张、僵硬。

2. 易筋经功法特点及体育康复功效

（1）动作舒展，伸筋拔骨。

易筋经功法中的每一势动作，不论是上肢、下肢还是躯干，都要求有较充分的屈伸、外展内收、扭转身体等动作，从而使人体的骨骼及大小关节在传统定势动作的基础上，尽可能地呈现多方位和广角度的活动。其目的就是要通过"拔骨"的运动达到"伸筋"，牵拉人体各部位的大小肌群和筋膜以及大小关节处的肌腱、韧带、关节囊等结缔组织，促进活动部位软组织的血液循环，改善软组织的营养代谢过程，提高肌肉、肌腱、韧带等软组织的柔韧性、灵活性和骨骼、关节、肌肉等组织的活动功能，达到强身健体的目的。

（2）柔和匀称，协调美观。

易筋经功法是在传统"易筋经十二定势"动作的基础上进行了改编，增加了动作之间的连接，每势动作变化过程清晰、柔和。整套功法的运动方向，为前后、左右、上下；肢体运动的路线，为简单的直线和弧线；肢体运动的幅度，是以关节为轴的自然活动角度所呈现的身体活动范围；整套功法的动作速度，是匀速缓慢地移动身体或身体局部。动作力量上，要求肌肉相对放松，用力圆柔而轻盈，不使蛮力，不僵硬，刚柔相济。每势之间无繁杂和重复动作，便于中老年人学练。同时，对有的动作在难度上作了不同程度的要求，也适合青壮年习练。

易筋经功法动作中要求上下肢与躯干之间，肢体与肢体之间的左右上下，以及肢体左右的对称与非对称，都应有机地整体协调运动，彼此相随，密切配合。因此，"健身气功·易筋经"呈现出动作舒展、连贯、柔畅、协调，动静相兼。同时在精神内含的神韵下，给人以美的享受。

（3）注重脊柱的旋转屈伸。

脊柱是人体的支柱，由椎骨、韧带、脊髓等组成，具有支持体重、运动、保护脊髓及其神经根的作用。神经系统是由位于颅腔和椎管里的脑和脊髓以及周围神经组成。神经系统控制和协调各个器官系统的活动，使人体成为一个有机整体以适应内外环境的变化。脊柱旋转屈伸的运动有利于对脊髓和神经根的刺激，以增强其控制和调节功能。因此，本功法是通过脊柱的旋转屈伸运动以带动四肢、内脏的运动，在松静自然、形神合一中完成动作，达到健身、防病、延年、益智的目的。

（六）练功十八法功法特点及体育康复功效

练功十八法是在我国传统体疗手段和我国医学推拿术的基础上，依据颈肩腰腿痛的病因病理，整理成的一套防治颈肩腰腿痛及其他疾病的锻炼方法。它由三套共 18 个动作组成，即第一套防治肩颈痛；第二套防治腰背痛；第三套防治臀腿痛的练功法。每套中包括 6 节动作，每节可做 2~4 个 8 拍。

练功十八法 前十八式

练功十八法的功法特点及体育康复功效主要是：有目的地通过各大关节、肌肉群的柔韧性及力量练习，来改善软组织的血液循环，活跃软组织代谢和营养过程，以防治软组织挛缩、粘连、退行性变化和萎缩，提高运动系统的功能。其动作具有针对性强、活动全面、形式多样、节拍缓慢、动作连贯、简单易学的特点。练习时，应注意动作正确，要用"内劲"，动作幅度要大，要有得气感，练功要与呼吸配合。

练功十八法 后十八式

（七）"六字诀"功法

1. 六字诀概述

六字诀，即六字诀养生法，正所谓六种气，一吹、二呼、三嘻、四呵、五嘘、六呬，是我国古代流传下来的一种养生方法，为吐纳法。它的最大特点是：强化人体内部的组织机能，通过呼吸导引，充分诱发和调动脏腑的潜在能力来抵抗疾病的侵袭，防止人随着年龄的增长而出现过早的衰老。六字诀全套练习每个字做 6 次呼吸，早晚各练三遍，日久必见功效。

2. "六字诀"功法特点及体育康复功效

六字诀因历代流传，版本较多。传至唐代名医孙思邈，按五行相生之顺序，配合四时之季节，编写了卫生歌，奠定了六字诀治病之基础。歌云：春嘘明目夏呵心，秋呬冬吹肺肾宁。四季常呼脾化食，三焦嘻出热难停。发宜常梳气宜敛，齿宜数叩津宜咽。子欲不死修昆仑，双手摩擦常在面。

调息是六字诀功法中非常重要的环节，其作用是调整呼吸，使其恢复自然并稍事休息。通常讲呼有意吸无意（无意即顺其自然），头脑空，肌肉松，头顶悬则气下沉。6个字均用这种呼吸法，每个字读6次后调息一次。

预备式

每次练功时，预备式可多站一会儿，以体会松静自然，气血和顺之雅境。当放松之时，心中默念、头脑松、肩背松、沉肩垂肘、含胸拔臂心空、腹松、腰脊松、臀部松、两腿松、膝松、足部松、五趾松、两臂十指都放松。微觉轻微摇摆，松弛如肉之欲坠，呼吸微微绵绵如安睡状态，再开始练功。

吹

"吹"字功补肾气，发音：吹（chui），读炊。口型为撮口，两嘴角向后咧，舌尖微向上翘。

体育康复功效：按照五行相生之顺序，金生水、肾属水，呬字功做完，即做吹字功以补肾气。肾为先天之本，主藏精，关系于生殖系统的一切疾患。肾开窍于耳，肾亏则耳内蝉鸣，听力减退。肾主骨，肾亏则骨脆易折，支柱无力。齿为骨之余，肾亏则牙齿动摇。其华在发，肾亏则毛发干枯，容易脱落。目中之瞳子属肾，肾亏则视物模糊、散光、近视、老视等目疾出现。肾之腑在腰，肾亏则腰疼、腿软无力。其邪在腘，肾亏则膝盖酸痛，屈伸困难。所以做吹字功时，可能会出现手心和中指气感较强。腰腿无力或冷痛、目涩健忘、潮热盗汗、头晕耳鸣、男子遗精或阳痿早泄、女子梦交或子宫虚寒、牙动摇、发脱落，皆可练此功治疗。肾为寒水之经，节令属冬，所以古人说：吹以去寒。用辩证法穷源溯本，委曲治病，所以用吹字功以固肾。肺为肾之母，肺属金，金能生水，肾水亏损，应以"呬"字功补充。若相火旺盛，口干心烦，小便赤黄而涩痛，则用"嘻"字功平之。

呼

"呼"字功培脾气，发音：呼（hu），读忽。口型为撮口如管状，舌放在中央两侧向上微卷。

体育康复功效：按照五行相生之顺序，火生土，脾胃属土，应时于四季，开窍于口。所以做完呵字功，当念呼字以修补脾胃。念呼字的气感与念呵字相同的原因也在于此。脾虚、腹胀、腹泻、皮肤水肿、肌肉萎缩、脾胃不和、消化不良、食欲不振、便血、女子月经病、四肢疲乏均可练此功治疗。脾病可用"呼"字功治。心为脾母，若"呼"字练后感到力量不足，可再做"呵"字功，以加强脾胃的消化功能。若由于肝气郁热而引起脾胃失调，则用"嘘"字功平肝后，再用"呵"字功健心，以补脾。

嘻

"嘻"字功理三焦气，发音：嘻（xi），读希。口型为两唇微启，有嘻笑自得之貌，怡然自得之心。

体育康复功效：三焦主相火，为六腑中最大的腑，其根在命门，与各脏腑经络的关系极其密切，是全身通调气机的道路。三焦有病，常表现为气滞瘀塞，因而寒热往来，口苦胸闷，恶心腹胀，小便赤黄。五脏六腑功能的调整，完全靠气的运行；而气的运行主要靠三焦。所以，练"嘻"字功是为了理三焦气。从膀胱到肚脐是下焦，肚脐到心口窝是中焦，心口窝到天突处是上焦。三焦的功能是主气化，所以有"下焦如渎""中焦如沤""上焦如雾"之说。气一定要顺，练"嘻"字功，要面带笑容，心里美滋滋的。练嘻字功，呼气时无名指气感强，下落时足四趾气感强，这是少阳之气，随呼气上升与冲脉并而贯通上下，则三焦理气之功能发挥，促进脏腑气血通畅之缘故。三焦不畅可引起耳鸣、眩晕、喉痛、咽肿、胸腹胀闷、小便不利，应多练"嘻"字功。用"嘻"字功调三焦不畅，再用"呼"字功助胃气，这样更有利于祛病强身。

呵

"呵"字功补心气，发音：呵（ke），读科。口型为口半张，舌平放于口内，舌尖轻顶下齿，下颌放松。

体育康复功效：按五行相生之顺序，木能生火，心属火，应时于夏，在窍为舌。夏日炎热，心火上炎，咽喉肿痛、口舌生疮、出气灼热、心烦不安等症时有发生。做呵字功时，小指尖、中指尖可能有麻胀之感，同时与心经有关之脏器也会有新的感受。心悸、心绞痛、失眠、健忘、出汗过多、舌、体糜烂、舌强语塞等症均可练此功治疗。

嘘

"嘘"字功平肝气，发音：嘘（xu），读需。口型为两唇微合，嘴角横绷，略向后用力。

体育康复功效：肝属木，木旺于春，开窍于目。春天万物生长，肝阳上亢，肝病容易发作。产生头晕目眩，两眼红肿，两肋胀满，肝区疼痛，性情烦躁等症状。慢性肝炎或肝硬化的患者，这时病情可能加重或复发。做嘘字功时，工夫稍长，则眼可能有气感。初时发胀，有的人感到刺痛、流泪，拇指感到麻胀。慢慢地眼睛明亮，视力会逐渐提高。嘘字功可治眼疾，肝火旺、肝虚、肝肿大、肝硬化、肝病引起的食欲不振、消化不良以及两眼干涩，头晕目眩等，练此功都有疗效。

呬

"呬"字功补肺气，发音：呬字从俗读四；正音为戏，五音配商，读如夏，声短气长。口型为开口张腭，舌尖轻抵下腭。

体育康复功效：土能生金，肺属金，应时于秋，开窍于鼻。秋天气候凉爽，但是还有炎夏蒸热之余威，显得干燥。此时毛窍收敛，郁热未消，很容易存留在肺经之内，应该用"呬"字功清洗肺经里的郁热。所以做呬字功两臂左右展开时，可能会有气感，以拇指、食指气感较强。外感伤风、发热咳嗽、痰涎上涌、背痛怕冷、呼吸急促而气短、尿频而量少，皆可以呬字功治之。如果肺气虚弱易受外感，应练"呼"字功补肺，这即是培土生金。

由于站立式的六字诀，使年老体弱者和不便持久站立者会感到困难，可改用坐、卧式的六字诀，临床实践效果良好。

（八）自然力锻炼

自然力锻炼是利用日光、空气和水等自然因素的作用来改善机体调节功能，提高人体对外界环境变化的适应能力，活跃生命过程，增强人体对疾病的抵抗力的方法。常用的有日光浴、空气浴和水浴。

1. 日光浴

日光是生物赖以维持生命活动的刺激物。按照一定的方法使日光照射在人体上，能够引起一系列的生理、生化反应。太阳能射出的紫外线、红外线和可见光线对人体各有不同的作用。紫外线能刺激中枢神经系统，加强血液、淋巴循环，促进物质代谢，活跃网状内皮系统功能，提高人体免疫能力。紫外线能使皮肤中的麦角固醇转变成维生素 D，调节钙、磷代谢，促进骨骼的正常发育，防止发生佝偻病或骨软化症。紫外线照射后，使皮肤产生红斑，皮肤细胞蛋白质分解变性，释放出的类组织胺物质进入血液后，能刺激造血功能，使红细胞、白细胞和血小板数量增加，吞噬细胞更加活跃，并使皮肤变黑、色素沉着，增强了皮肤的抵抗力。此外，紫外线具有强大的杀菌能力，是一种良好的天然消毒剂。红外线主要是温暖光线。能透过皮肤达到深层组织，红外线被身体吸收转变为热能，使局部和全身温度升高，血管扩张，血液循环加快，心脏搏出量、肺活量增加，呼吸加深，新陈代谢加强。经常参加日光浴，可提高体温调节能力和对高温的耐受力。常用于治疗关节疾病、肌肉酸痛、钙缺乏等。进行日光浴应循序渐进，先照射身体一部分，再逐渐增强照射范围，照射时间可从十几分钟逐渐增加到 1~2 h。可在日常生活、劳动或体育锻炼时顺便进行日光浴。

进行日光浴时，应选择在没有尘埃，干燥，绿化的环境内，不应在水泥、沥青地上进行。注意保护头部和眼睛。根据不同的地区和季节选择不同的照射时间，一般在上午 9—11 时或下午 3—5 时，夏季可在上午 8—10 时或下午 4—6 时进行。冬季日光中紫外线量为夏季的 1/6，因此冬季照射的时间可适当延长。但是，饭前或饭后 1~1.5 h 内不宜进行日光浴，进行日光浴时要避免被紫外线灼伤。

2. 空气浴

空气浴是利用空气的温度、湿度、气流、气压、散射的日光和阴离子等物理因素对人体的作用，来提高机体对外界环境的适应能力的一种健身锻炼法。

进行空气浴时，应穿短衣短裤，在户外或通风良好的室内进行，应从温暖季节开始，逐渐向寒冷季节过渡。专门的空气浴前，要做适当的准备活动，并尽可能与体育活动相结合。空气浴的持续时间应因人而异，一般以不引起寒战为度。有太阳照射时是进行空气浴的最好时间，使空气浴与日光浴结合起来。进行空气浴应遵守循序渐进、个别对待和持之以恒的原则。

3. 冷水浴

冷水浴主要是利用水的温度、器械和化学作用来锻炼身体的方法。由于水的导热性比空气大 28 倍，所以，冷水浴对人体的刺激作用较强，对各器官系统功能的影响也更大。

冷水浴能改善中枢神经系统的功能。冷水刺激可提高神经系统的兴奋性，减轻或消除大脑皮质的抑制过程。对精神萎靡不振、情绪抑郁、疲倦及神经衰弱的患者，短时间的冷水浴可以振奋精神，改善情绪，消除疲劳和提高工作效率；改善心血管系统的功能。进行冷水浴时，心率加强，血流加快，血压上升。由于冷水的刺激，使皮肤血管急骤收缩，大量血液流向内脏和深部组织，皮肤苍白并出现寒冷感。不久皮肤血管扩张，体表的血流量增加，皮肤变为浅红，全身有温热感。冷水浴时间过长，散热过多，使皮肤毛细血管又收缩，皮肤又变成苍白并起鸡皮疙瘩，可产生反应性寒战。经过冷水浴锻炼，可以提高血管神经的调节功能，增强机体对寒冷刺激的适应能力。冷水浴锻炼可使呼吸加深，胃肠蠕动增强，促进体内新陈代谢，改善皮肤营养，增厚皮下脂肪层，使皮肤清洁、红润、富有弹性和皱纹较少。此外，水的机械作用是指水的压力、流动对身体起着按摩作用，水中的碳酸镁、碘、溴盐、氯化钠等化学物质刺激皮肤，也能使皮肤血管轻微扩张、充血。

冷水浴的方法有擦浴、冲浴、淋浴、盆浴和游泳。开始冷水浴锻炼时，要从气候比较温暖的季节或作用最轻的擦浴开始，逐渐降低水温或转入淋浴和盆浴，应全年坚持进行。冷水浴效果最好的是游泳，既起到了冷水浴的作用又达到了锻炼的目的。每次冷水浴的持续时间应因人因地而异，可以从3~5 min 开始，逐渐延长，水温越低持续时间就应越短，一般在冷水中不应超过 15 min。

作业与思考 --

1. 针对不同年龄段人群，运动强度应如何确定？举例说明。

2. 对于慢性疾病治疗处方中的缓解疼痛与功能锻炼，如何分配两部分的比例？

3. 如何评价运动疗法的效果？

4. 试分析自然力锻炼的方法及应用。

5. 试按照颈部、肩部、腰部的康复养生需要，推荐或组合适用的传统体育养生功法或动作。

实践训练

（首都体育学院　荣湘江）

（安阳师范学院　卢红梅）

主要参考文献

［1］杨忠伟. 体育运动与健康促进［M］. 北京：高等教育出版社，2004.

［2］赵斌，姚鸿恩. 体育保健学［M］. 北京：高等教育出版社，2011.

［3］杨忠伟，李豪杰. 运动伤害防护与急救［M］. 北京：高等教育出版社，2015.

［4］黄敬亨，邢育健. 健康教育学［M］. 5 版. 上海：复旦大学出版社，2011.

［5］王安利. 运动医学［M］. 北京：人民体育出版社，2008.

［6］任玉梅. 大学生冬季运动锻炼项目选择与注意事项［J］. 冰雪运动，2016.

［7］中国营养学会. 中国居民膳食营养指南（2016）［M］. 北京：人民卫生出版社，2016.

［8］中国营养学会. 中国居民膳食营养素参考摄入量（2013 版）［M］. 北京：科学出版社，2014.

［9］张钧，张蕴琨. 运动营养学［M］. 2 版. 北京：高等教育出版社，2010.

［10］王陇德. 健康管理师基础知识［M］. 北京：人民卫生出版社，2013.

［11］姚鸿恩. 体育保健学［M］. 4 版. 北京：高等教育出版社，2006.

［12］曲绵域，于长隆. 实用运动医学［M］. 4 版. 北京：北京大学医学出版社，2003.

［13］荣湘江，孙绪生，杨霞. 体育康复 运动处方 医务监督［M］. 桂林：广西师范大学出版社，2001.

［14］何梦乔，钟后德，毛仁忠. 实用急救学［M］. 上海：复旦大学出版社，2005.

［15］王予彬，王人卫，陈佩杰. 运动创伤学［M］. 2 版. 北京：人民军医出版社，2015.

［16］孙成榆，张长江. 创伤急救学［M］. 2 版. 北京：人民卫生出版

社，2006.

　　［17］赵斌. 运动损伤与预防 ［M］. 桂林：广西师范大学出版社，2005.

　　［18］姚鸿恩，黄叔怀，郑隆榆. 体育保健学 ［M］. 3 版. 北京：高等教育出版社，2001.

　　［19］俞大方. 推拿学 ［M］. 上海：上海科学技术出版社，1985.

　　［20］王鸿谟. 中华经络学 ［M］. 北京：学苑出版社，2006.

　　［21］周军. 推拿学 ［M］. 北京：人民体育出版社，2018.

　　［22］李小兰，田海燕，贾俊杰. 论传统体育养生观对身心健康锻炼的镜鉴 ［J］. 北京体育大学学报，2011.

　　［23］李小青，李洁，许峰，等. 陆广莘的学术思想与中医气功 ［J］. 中医药文化，2017.

　　［24］高等学校新世纪体育教材编写委员会. 中国传统养生 ［M］. 北京：高等教育出版社，2006.

　　［25］邱丕相. 中国传统体育养生学 ［M］. 北京：人民体育出版社，2007.

　　［26］国家体育总局健身气功管理中心. 健身气功·五禽戏 ［M］. 北京：人民体育出版社，2003.

　　［27］国家体育总局健身气功管理中心. 健身气功·八段锦 ［M］. 北京：人民体育出版社，2003.

　　［28］国家体育总局健身气功管理中心. 健身气功·易筋经 ［M］. 北京：人民体育出版社，2003.

　　［29］陈君石，黄建始. 健康管理师 ［M］. 北京：中国协和医科大学出版社，2007.

　　［30］王健，何玉秀. 健康体适能 ［M］. 北京：高等教育出版社，2010.

　　［31］季浏. 体育与健康 ［M］. 上海：华东师范大学出版社，2005.

　　［32］田野. 运动生理学高级教程 ［M］. 北京：高等教育出版社，2003.

　　［33］姚洪恩. 体育保健学高级教程 ［M］. 桂林：广西师范大学出版社，2003.

　　［34］萧志奇. 体育测量学 ［M］. 重庆：西南交通大学出版社，1990.

　　［35］杨静宜，徐峻华. 运动处方 ［M］. 北京：高等教育出版社，2005.

　　［36］姚洪恩. 体育保健学实验指导 ［M］. 北京：人民体育出版社，2005.

　　［37］姚洪恩. 体育保健学实验 ［M］. 北京：高等教育出版社，2008.

　　［38］荣湘江，姚鸿恩. 体育康复学 ［M］. 北京：人民体育出版社，2008.

　　［39］赵斌，陈上越. 体育保健学 ［M］. 桂林：广西师范大学出版社，2006.

读者意见反馈

为收集对教材的意见建议，进一步完善教材编写并做好服务工作，读者可将对本教材的意见建议通过如下渠道反馈至我社。

咨询电话　　400-810-0598
反馈邮箱　　gjdzfwb@pub.hep.cn
通信地址　　北京市朝阳区惠新东街4号富盛大厦1座
　　　　　　高等教育出版社总编辑办公室
邮政编码　　100029

防伪查询说明

用户购书后刮开封底防伪涂层，使用手机微信等软件扫描二维码，会跳转至防伪查询网页，获得所购图书详细信息。

防伪客服电话　　（010）58582300